书名题字：张晋藩

《思想的气象》丛书编纂委员会

主　任：石亚军　黄　进

总　编：高浣月

委　员：刘琳琳　武晓红　刘　杰

主　编：孙黎萌

编　辑：李　叶　滑　然　米　莉

思想的氣象

中国政法大学学术讲演精粹

第一辑

总编◎高浣月　主编◎孙黎萌

中国政法大学出版社

2016·北京

图书在版编目（CIP）数据

思想的气象:中国政法大学学术演讲精粹. 第2辑/中国政法大学党委宣传部主编.—北京：中国政法大学出版社，2016.1
ISBN 978-7-5620-6071-0

Ⅰ.①思…　Ⅱ.①中…　Ⅲ.①法学－文集　Ⅳ.D90-53

中国版本图书馆CIP数据核字(2015)第159363号

出版者　中国政法大学出版社
地　址　北京市海淀区西土城路25号
邮寄地址　北京100088信箱8034分箱　邮编100088
网　址　http://www.cuplpress.com（网络实名：中国政法大学出版社）
电　话　010-58908285(总编室)　58908334(邮购部)
承　印　固安华明印业有限公司
开　本　880mm×1230mm　1/32
印　张　8.375
字　数　198千字
版　次　2016年1月第1版
印　次　2016年1月第1次印刷
定　价　26.00元

序

每一个走进法大的人，都会被它宽广的思想空间和浓厚的文化氛围所感染，仿佛置身于精神的乐土、智慧的海洋。而精彩的讲座，则是这片乐土上绽放的花朵，是这个海洋中不息的浪花。

每一个走出法大的人，怀念的不仅是军都晓月、蓟门徜徉，也不仅是宪法大道的拓荒牛、“婚姻法广场”的晨读，在他们的记忆深处，肯定有一幅幅在法大听讲座的图景。这或许是一场精彩的学术演讲，或许是一场高深的人文对话，或许是一场师生之间的激烈辩论，而“座无虚席”一定不足以形容各种讲座之盛况。即便如今，法大的教学条件得以改善，但热门讲座中攀窗而立、席地而坐的情景仍不时可见。

讲座，仿佛是融入大学精神的血液。缘何？

听讲座，是精神的受洗和思想的升华，是对智者的钦佩和对仁者的虔敬，是对真理的追求和对善美的崇尚。而对设坛讲座的学人、学者来说，以探索真理的勇气和精神，将自己的研究心得无私地贡献出来，或进行交流，或加以传授，只因为他们相信在济济一堂的听众中会有他们的知音和传承者。一次精神的会餐远胜过十次物质的盛宴！

然而，如果专家学者智慧的闪光仅仅局限于法大讲堂，那么对社会无疑是一件憾事。于是在2006年，《思想的气象》丛书编委会编辑出版了《思想的气象——法大学术演讲精粹》（第一辑)，企望以此书为载体，让法大讲坛上的思想之光传播得更远。

一晃已9年飞逝。过去的数年，是中国社会变化和发展最快的时期。社会变革在思想文化领域的反映则表现为各种新思潮的出现、各种观念和话语的对立与融和，以及对旧传统的颠覆和对新秩序的重建。在世界日趋全球化和多元化的背景下，法大的讲坛也成为各种话语和思潮碰撞的平台。现在，人们常用“信息化时代”“互联网时代”“大数据时代”“全媒体时代”等各种词汇来形容当今社会，仿佛跟以往的年代相比已经天翻地覆。然而，就阅读而言，无论阅读的载体是手机还是电脑，无论传播方式是网站还是微信，最受欢迎的阅读内容却从未改变，那就是——阅读智者的思想。思想为阅读增添趣味，阅读为思想提供食粮。

为了给读者们的阅读增添更多的趣味，为大家的思想提供更多的食粮，在《思想的气象》(第二辑) 中，我们试图收录比第一辑涉及领域更广的思考和对话，涉及政治、法律、经济、管理、社会、文化、国际关系等多方面，尽量兼容并蓄，博采众长，且尤以政治和法律问题为核心，以展现法大之特色，聚焦时代之热点。

在收录和整理的过程中，我们尽量保持讲座原有的现场感，希望能让读者身临其境。当然，这种现场感若能让曾在法大听过讲座的学子们回想起当年风雨无阻地排票、边啃面包边听讲座的时光，将令我们更觉欣慰。

苏轼曰：“博观而约取，厚积而薄发，吾告子止于此矣。”愿以此语与读者诸君共勉。

黄　进

2016年1月于蓟门

目 录

依法行政的新形势

演讲嘉宾：应松年

评 议 人：刘 莘

主 持 人：林鸿潮

时　　间：2008 年 3 月 13 日

整 理 者：渠 滢

嘉宾简介：

应松年，1936 年出生，浙江宁波人。现任国家行政学院法学教研部主任，中国政法大学教授、博士生导师。第九届、第十届全国人大代表，内务司法委员会委员，北京市第十届、十一届、十二届人大代表、法制委员会副主任。享受政府特殊津贴。兼任全国人大法工委行政立法研究组副组长，中国法学会行政法学研究会会长，国务院突发公共事件应急预案专家组成员，国家减灾委员会专家委员会成员，中国法学会理事及专家委员会委员、中国监察学会副会长、中国卫生学会副会长、最高人民法院、最高人民检察院、公安部特约咨询员、特约监督员，北京市、天津市、福建省人民政府法律顾问等。

应松年教授是我国著名法学家，是我国最早从事行政法学理论研究和教学的工作者之一，是新中国行政法学科的创始人和带头人。二十多年来在理论研究、人才培养、行政法制建设、提高干部和群众的行政法律意识以及国际学术交流等方面作出了开创性的贡献。自1986年全国人大常委会法工委成立行政立法研究组起，应松年即担任研究组的主要负责人，先后组织或参与《行政诉讼法》、《国家赔偿法》、《行政处罚法》、《立法法》、《行政许可法》、《行政强制法》的研究和起草工作。并根据全国人大常委会的立法计划，正在组织起草和修改《行政程序法（草案)》，修改《行政诉讼法》和《国家赔偿法》。

主持人:

各位晚上好，欢迎大家光临法治政府论坛学术讲座！今天是2008年的第一场讲座，我们非常荣幸地邀请到了中国法学会行政法学研究会会长、国家行政学院法学部主任应松年教授为我们的讲座开张！同时我们也非常荣幸地邀请到了法学院的刘莘教授担任今天讲座的评议人。首先让我们用热烈的掌声对应老师和刘老师的到来表示衷心的感谢和热烈的欢迎！

应老师就不用我多做介绍了，相信法大的同学们比我还要熟悉。谁要是研究中国行政法学史的话，都可以将应老师的成就作为一个重要的课题来研究。总之，应老师既是德高望重的学界泰斗，也是我们青年学生的良师益友。他今天给我们演讲的题目是“依法行政的新形势”，让我们一起来聆听应老师的精彩讲解！

应松年:

中国行政法的发展历程

1978～1990：行政法发展的第一个阶段

对于中国行政法的发展历程，我们可以从1978年开始研究。1978年以前，新中国成立后曾有一段时间想要建立行政法

(体系)。那时候我们学习苏维埃，人民大学还邀请苏联的专家司徒节尼金到中国来讲学，并出版了两本《苏维埃行政法》(上、下册)。那是在五十年代。不过两三年后不知为什么就没有人提起了。直到1978年十一届三中全会以后，恢复了法治，这才考虑恢复行政法。

我认为，中国行政法的发展可以分成三个阶段。第一个阶段是开创阶段，即1978～1990年。1990年是《行政诉讼法》生效的那一年。在这一阶段，历史曾给了我们两次很好的机遇。一次是十一届三中全会以后要恢复法治。要恢复法治就要有人才，就需要恢复法学教育；而要开展法学教育就要有老师、有教材。司法部当时成立了法学教材编辑部，由王岷灿当总编，现在图书馆的书架上还可以找到很多统编教材。我记得最早的《刑法学》是高明暄主编的，《民法学》是佟柔主编的。这些人当主编，然后又把各个大学里曾经从事过或者准备要从事法学教育的人集中到一起去编书。编书的过程对老师来说其实也是一个重新训练的过程。后来教育部觉得这个方法不错，于是也参与进来，变成教育部和司法部法学教材编辑部。

王岷灿曾经讲过宪法，他那时决定也要编写一本《行政法》。不像刑法、民法那样研究的人比较多，可以找到合适的主编，那时候行政法找不到，于是王岷灿就决定自己着手，因为他也曾研究过宪法。这样就由他当主编，同时还邀请了一些其他学校的或不在学校的学者们，大概十几个人一起来编写一本书。当时行政法教材编出来后，很多大学都开设了这门课。这时司法部又做了一件重要的事情。因为它发现在各个大学讲授行政法课程的教师，虽然有一些参加过这本教材的编写，但大多数教师并没有参与，所以还存在师资培训的问题。于是司法部办了一个行政法的师资培训班，即我们现在经常说的“黄埔一期”。为什么说是“黄埔一期”呢？因为现在的行政法学的人才，有相当一部分是从这个师资培训班里培训出来的，像现在我们经常碰到的杨海坤、叶必丰等各个大学中的优秀教师。

我感觉现在的行政法的师资主要是由两批人组成的，一批是早期大学里毕业的硕士生，另一批则是当时师资培训班中的人，比如我们政法大学的刘莘老师就属于第一届的硕士，是行政法的元老。其他大学也是这样的。从这以后，我们行政法在各个大学里开始开课，科学研究也在不断向前发展，这是历史给我们的一次重要机遇。

在这段时间里，历史给我们的第二个机遇就更加重要了。当时《民法通则》刚刚编纂完，中央人民政府第一任法制局局长陶希晋，当时在法工委当顾问，在民法编纂完成以后提出，我们中国应该有我们的“新六法”，废除“旧六法”。“新六法”是指民法、民诉、刑法、刑诉、行政法和行政诉讼法。然而，与前“四法”不同，当时对于行政法和行政诉讼法，连立法机关的人都不太了解，研究的学者也不是太多。所以，他提出要建立一个行政立法研究组，把实际部门的工作人员和学者们结合在一起，成立一个研究组来起草这部重要的行政法草案。在这以后，他指定了江平当组长，我和罗豪才当副组长，还有其他一些成员。其实，当时帮着干活最多的就是 80 年代毕业出来留在学校里的一些学生。

当时本来准备要先编行政法，但是没有编出来。碰巧《民事诉讼法》正试行，要修改《民事诉讼法》的第 3 条第 2 款。我们曾开过一次会，我记得江平在那次会议上说过一次话，他指出立法必须先立程序法再立实体法，这是规律。于是我们就把主要的注意力转而放到起草《行政诉讼法》上。

《行政诉讼法》从 1987 年开始起草，当时也获得了法工委的同意，但至于该法是要单独作为《行政诉讼法》还是作为《民事诉讼法》的一章则要视当时的具体情况再定。当时我们一接到这个任务就立马开始动工。1987 年开始起草，到 1989 年 4 月 4 日《行政诉讼法》就通过了。要知道，那时候《民事诉讼法》的修改还在艰难起步阶段呢！所以我经常说，这个历史现象值得我们思考。为什么《行政诉讼法》的通过会这么迅速呢？开始还在纠结是作为《民事诉讼法》的一章内容还是要单独作为一部法律，结果两年以后就通过了。我想这是由于时代的需要。1989 年 4 月 4 日，此时正处于政治体制改革迅速推进的时期，《行政诉讼法》作为一部诉讼程序法，改变了中国几千年的传统，使老百姓可以告官，这可以说是我们国家的一个巨大进步。事实证明，时代需要《行政诉讼法》。

1990～2004：行政法发展的第二个阶段

从《行政诉讼法》通过开始，中国的行政法制建设进入一个新的时代。这就是我想说的第二个阶段：从 1990 年开始到 2004 年，因为 2004 年通过了《全面推进依法行政实施纲要》。

我经常说，我们行政法学者最大的追求、最大的希望无非就是要在中国建立一个法治政府、一个为人民服务的政府，这是我们奋斗的目标。2004 年国务院出台《全面推进依法行政实施纲要》，并提出要在十年内建成法治政府，这就是我们追求的目标。在这十几年时间里，因为有了《行政诉讼法》的铺垫，立法的进展速度非常快。《行政诉讼法》提出三个标准：一是要有事实根据，二是要有法律准绳，三是要符合法定程序。这三个标准涉及法律，所以法律要加紧制定。那么程序怎么办？我们拥有的程序方面的法律太少了。过去立法很少涉及程序问题，在我们的观念中对它也不够重视，我们不仅不了解中国程序的基本情况，对国外的也不了解。因此，当时看来，本来我们希望像国外一样制定一部行政程序法，里面既包括一些实体的规则，也包括一些程序性的规则，但当时条件确实还不太成熟。

我曾说过，如果要比较起来，英美法系要比大陆法系重视程序，而欧洲的大陆法系要比亚洲的大陆法系重视程序，而如果要论中国，则排名可能要倒数了，因为我们确实一点程序观念也没有。基于这一点，当时我们如果要制定一部基本法，则还需要完善实体法。但应该如何才能取得进展呢？当时我们共同讨论的结果就是，我们应该先将某些对市场经济影响最大的行为规范起来，从实体和程序上对此进行规定，在这个基础上再积累经验。因此，当时我们主要是在处罚、许可、强制和收费的基础上制定行政程序法。

制定行政程序法的过程进展很快，1990 年开始实施《行政诉讼法》以后，同年制定了《行政复议条例》，1994 年制定了《国家赔偿法》，1996 年《行政处罚法》出台，1999 年制定了《行政复议法》，2000 年还制定了《立法法》。

《立法法》是由我们行政法学者首先发展起来的，这个很有意思，也是一个历史现象。因为这本来是一个宪法问题，却先由行政法学者推动起来，这也证明了行政法是宪法的实践法和活动法，宪法的一些原则需要通过行政法来贯彻。因此，行政法学者在理论和实践中感觉到宪法存在某些问题，像立法无序等问题需要进一步完善，于是建议法工委编订《立法法》。

此外，我认为现在还存在这样一种现象，我们行政法学者在理论和实践中经常感觉到有一些问题是由于宪法的不完善带来的，因此这两个学科事实上应该互相渗透，我们也要大力促进宪法的进一步发展。《立法法》出台以后，《行政许可法》在 2003 年制定完成，2005 年还提出了《行政强制法》草案，并在 2007 年进行了第二次审议。《收费法》今年有没有可能提上大会我说不准，但好像要准备进入立法议程。总而言之，我们的任务还没有完成。

可以发现，从1990～2004年，我们在行政立法中取得了巨大进展。一方面，行政法中的一些重大问题，如处罚设定权的乱象问题，我们对此都进行了界定，确立了一套基本规范，后来也进行了立法化，使得我国法律优先、法律保留等原则得以建立起来；另一方面，程序法方面我们也取得了巨大进展。我们后来颁布了行政许可法和行政处罚法，事实证明这两大块程序是成功的。

从实践来看，我们取得的进展就更大。1990年开始实施《行政诉讼法》，意味着如果行政机关违法，普通人就可以到法院去起诉，而法院则可以撤销违法的行政行为。现在大家可能习以为常，但在当时的社会背景下可是一件了不得的事情，那时才明确了行政机关是执法机关的地位。在那以后，不到3年的时间，1993年李鹏总理向全国人大作报告的时候提出了依法行政，虽然学者们提得更早，但作为中央政府提出依法行政，这的确是一个巨大的进步。1993年以后，1997年的十五大报告提出了依法治国和依法行政，之后就开始全面讨论“依法”的问题。1999年国务院召开了一次全面推进依法行政的会议，后来还开展了省部级的依法行政教育，2004年《依法行政实施纲要》出台。也许我了解得不是很全面，但据我所知，中央政府自己提出来要依法行政、要用法律来约束自己，世界上除了咱们国家好像没有第二个。当然这也可能是因为我们的特殊情况。因为我们的市场经济是在政府推动下进行的，政府深刻感受到了法制对市场和政府的重要性，也由此提出要依法行政、建立法治政府。

2004～2014：行政法发展的第三个阶段

2004年以后，中国的法治建设再次进入到一个新阶段，这个阶段的目标就是要建立法治政府，并且加上了时间限制——十年。2004 年前后，中国发生了很大的变化。1978 年改革开放以后，我们国家提出要进行经济体制改革和政治体制改革。前者其实就是指要在中国打破计划经济，转而建立市场经济，将经济方面的权力归还给市场、社会和企业。而经过十几年的发展，我们已经初步建立起市场经济体系。大家可以看到，在这十几年时间里，我们的经济取得了巨大的进步。

市场经济到底是什么意思？其实，它就是一种自由经济，让亿万群众都来发挥自己的潜能，调动起群众的经济积极性。马克思曾说过，市场经济一旦发展起来，一百年所获得的成果将比过去几千年发展的成果更加巨大。如今，大家已经看到，我们经过十几年的发展，经济取得了何等的成就。虽然我们的经济体制改革取得了重大进展，但政治方面还存在一定的问题。

现在经常有文章说我们的经济体制改革正进入到深层攻坚时期。我个人的体会是，经济体制改革现在之所以如此艰难，就是因为最终要触及利益问题，就像为什么《行政许可法》的实施要比《行政处罚法》难一样。其实都是因为这背后涉及巨大的经济利益。所以，我们应该割断政府和经济利益的联系。如果我们的政府和经济利益脱离关系了，都按照法律来治理国家，那么现在存在的许多问题就都可以得到解决。所以，攻坚阶段的提法是有一定道理的，经济体制改革要想深入进行，就必须建立起一个比较完善的社会主义的市场经济体系。

另一方面，政府失灵可能会对经济体制改革造成不良影响。市场本身存在失灵的问题，比如贫富差距问题、环保问题、医疗问题等，其自身无法解决。现在中国还有一个比较突出的问题，就是三农问题。我们的经济发展从某种意义上说曾让农民付出了一定的代价，所以我们现在要归还回去。一言以蔽之，民生问题是市场自己解决不了的。那么此时我们就需要依靠政府对这些问题进行干预，即政府应该“将该管的问题管起来，不该管的问题就不要管”。这也是改革对政府提出的重要要求。

这样，我们可以说，十七大以后，行政法的发展又开始进入一个新阶段。因为十七大报告中提出：“政治体制改革要继续下去，要发扬民主，核心问题就是要进行行政管理体制改革，目标是建设一个服务型的政府。”这意味着民生问题的解决要求我们的政府向服务型政府转型。我所理解的服务型政府是一个非常宽泛的概念。如何建立一套社会保障体系？如何才能将教育、卫生等领域都纳入到政府关心的视野中来，并给予必要的支持？这些都是服务型政府所要关注的问题。不仅如此，政府在行为和思想方面都要有所转变，树立服务意识。

大家可以看到，在十七大报告中，法治政府、依法治国、依法行政，这些提法都被保留了下来。我们都能理解，既然要推行市场经济，就必须建立法治国家，这一点不可动摇。因为市场经济是自由经济，必须依靠法律来约束。不仅政府行为需要被约束，普通民众也要自发行使权利。权利的行使并非无边无界，而法律从某种意义上来说就是划定公共权利的自由。但中国人的特点就是法律意识还不够强，权利的边界意识还比较弱，缺乏法制传统，因此我们的普法任务还比较重。所以，在十七大报告中，依法治国、依法行政出现了好几次，从内容上来说有许多提法非常好。

依法行政的前提：建立组织法制和程序规则

十七大报告中有这样一句话：“健全组织法制和程序规则，保证国家机关依照法定权限和程序履行职责，行使权力。”而后面这句话——“国家机关依照法定权限和程序履行职责，行使权力”——就是我们行政法学者最常用的关于依法行政的定义。

这个定义实际上涉及建立法治政府的两个基础性条件。一是要依照法定权限来行使政府权力，这涉及组织法的问题；二是要按照程序规定来行使权力，这就涉及程序法的问题。而这恰恰都是我国当前行政法中的薄弱环节。如果这两部法律都不健全，我们的依法行政就失去了最重要的依据。因此，若要在十年时间内基本建成法治政府，则必须提早建立组织法制和程序规则。这个问题非常尖锐。

组织法的含义比较广泛，狭义而言是关于政府的组织法。我们现在有《国务院组织法》，还有《地方各级人民代表大会和地方各级人民政府组织法》。但显然这是不健全的。首先，《国务院组织法》上一届政府就说要修改，因为变化已经太大了，所以还是没有改；其次，由于中国地域辽阔，地方政府形态复杂，一部简单的地方政府组织法根本无法归纳所有的情况。法律线条过粗事实上就等于缺少规范的力量。因此，我认为应该相应地出台《直辖市人民政府组织法》、《省人民政府组织法》、《自治区人民政府组织法》等法律法规，根据客观的实际组织情况分别予以规定。

除此之外，中央政府和地方政府的关系问题、中央政府部门和地方政府部门的关系问题，法律中也都没有规定清楚。十七大报告中曾提到："垂直部门、垂直领导和地方政府之间的关系要理顺、要研究、要规范。"这就是条条块块的问题，但我们的法律在此方面的主观随意性却非常强，没有体现法治国家的应有状态。而关于部门组织法，我们只有 1982 年的"三定方案"，不仅层次低，规则也很粗糙。很多时候都是一件事情由好几个部门来管，不符合行政法中一件事情由一个部门负责管理的基本原则。因此，我们不仅需要在部门组织法里将各部门组织的权限规定清楚、划分明确，还应出台相关的单行法进行配套规定，这样组织法才算完成。例如，组织法里规定，管理社会治安是公安部门的权力，那么后续出台的《治安管理处罚法》则同样应该配套由公安部门负责施行。但现在的问题比较复杂：一是组织法中的内容本来就不清楚，互相影响；二是这还涉及各部门背后的深层利益。因此，关于职责权限的问题不是一件小事，要完善组织法制我们恐怕要下大功夫。这次我们准备实行大部制，其目标之一就是要解决多头执法、多头管理的问题。我不知道它到底是否有效，但这的确也是一个方向。

这是第一个方面，也是在座各位博士生、硕士生们应该着力研究的课题。另外一个问题则是关于程序规则的问题。刚才跟各位介绍，我们在制定一部诉讼法以后就希望继续制定相关的程序法，但是我们需要创造条件才能实现。这其中，第一件要做的事情就是将相关的法律分成若干条块。比如，针对抽象行政行为制定一个程序法规，针对行政许可制定一个行政法规，这些都比较好办，因为都是“硬法”。但是，还有很多“柔法”的部分，需要和老百姓商量着制定、需要调动老百姓积极性的那些行为规则，我们则缺少相关的规定。此外，目前来说，我们制定了许多强硬的办法，希望通过这些规则约束行政机关。但是，随着服务型政府的建立，柔性执法的开展，这些相关的方面我们都还未进行规定，而且这些法律之间的关系我们也未梳理清楚。

我记得在制定《行政诉讼法》时曾规定，必须先取证，后裁决，有了证据才能裁决。这是一个程序的先后问题。那么我们能不能将这种顺序也适用到柔性执法和硬性执法中来呢？这次湖南的一个程序规定中就有这样的规定，程序上应首先施行柔性手段，先进行教育、说服、指导，实在不行的时候行政机关才依法处理。也许这样会耗费一些时间，但是我们却可以摆正执法者和老百姓之间的关系，减少二者之间的纠纷和矛盾。

从《行政诉讼法》制定之后我们就开始努力制定《行政程序法》。但是，是不是在对程序进行类型化之后就可以立马制定《行政程序法》呢？我觉得我们还可以再考虑一下，或者说可以先从一些地方试行。这也是德国人以前采取的办法。德国人过去就是在某个州推行《行政程序法》，相对来说涉及面较小，问题也比较少，性质比较单纯。通过在一个地方试行来吸取其中的经验和教训。我们国家地域辽阔，各地发展也很不平衡，每个地方的情况都有所不同，在此基础上，我们通过一个地方、一个地方制定实施，并在若干个地方拥有经验之后再将此上升到全国性的法律，我相信这种做法会更加稳妥扎实。所以我觉得，中国的《行政程序法》立法途径应是先类型化再地方化，最后才形成一个全国性的《行政程序法》。这样组织法制和程序规则就全部完成了。我想这个时间应该会快一点。

湖南的《行政管理规定》是一个相当不错的规定，务实，且适合湖南的具体情况。举个例子，比如对待我们常常认为很伤脑筋的一些地方、某些部门的“土政策”问题，湖南的条例中就是这么处理的：一是在制定过程中要贯彻公开参与原则，通过公开和群众参与，实现规则制定的民主与科学；二是在规定制定完成之后，并不是让制定部门立马发出去，而是让市政府、省政府统一发出去，并进行编号，在公布之后通过专门的检索系统，方便群众查询；三是明确规定一般的红头文件有效期为5年，暂行的红头文件有效期为3年，时间一到自动失效。如果还需继续施行则必须重新进行认证。这样就可以将成年累月积累下来的红头文件全部清理一遍。通过大家互相交流、互相探讨，最终逐步形成了这样一套办法。

以前我们为全国草拟程序法的时候就没有这么具体，这么具有针对性。所以我认为，从地方开始推行相关的程序法，确实有好处，之后它可以慢慢上升为一部大的法律。实际上，湖南省拟定该行政程序规定只花了一年时间。所以，这并不是非常难做的事情，因为我们已经有相当的基础。

十七大报告中的几点重要事项

我们要通过完善行政程序规则，抓紧时间为法治政府建设打好基础，这是未来的新形势。十七大报告中曾提到大部制、完善执法部门等问题。我们的执法部门确实比较混乱，譬如基层城管队伍都不属于公务员，而是从社会上招募而来的人员，因此他们的法律素养可能存在一定问题。《公务员法》中明确将执法部门列为公务员编制，作为公务员的一大门类——行政执法类。然而现实是，在城管队伍中，部分领导是公务员，但部门基层工作人员却不是，这样的一支队伍你怎么能要求它具有整体的高水平呢？因此，涉及执法部门的问题是一个值得改善的大问题。

另外，针对事业单位的问题，现在提出要进行分类改革，我认为这很困难。理论上，事业单位可以分为三大类：一类是企业性质的事业单位，自负盈亏，但躲在大的事业单位之中。比如保监会，即保险业监督管理委员会，这是一个事业单位，但它有很大的权力。比如我们要办保险公司，需要经过它的批准，这动用的是行政权。因此你说是应该让它回到行政领域呢，还是让它保留事业单位性质？这里有一个很大的矛盾。如果让它回到行政领域，那么可能导致公务员队伍过于庞大。其实，相较于西方国家而言，在我国庞大的人口基数之上，我们的公务员队伍其实是比较精简的。但我们已经形成了一个思维定势：公务员太多了，必须精简。其实并不存在这种情况。不过这个问题值得研究。因为在我国，事业单位工作人员的数量远远超过公务员的数量，这支队伍该如何进行分类，如何进行改革，都值得研究。而我认为，关键还是要转变职能，即我所说的两个改革要齐头并进。

关于行为方面，我刚才已经说过，程序法主要是用来规范行为的。这次十七大报告里面贯穿了一个基本精神，强调要公开参与，并提出了公民的四项权利——知情权、参与权、表达权和监督权。这四项权利对公民而言是权利，对行政机关而言则是义务，因此义务与权利一定要相配套。

比如，信息公开是行政机关的义务，它对应着公民的知情权，因此我们预备出台《信息公开条例》。但是也有人担心，随着《信息公开条例》的出台，以后的纠纷肯定会层出不穷，因为法律对于什么信息应当由政府主动公开，什么信息可以由公民申请公开，说得十分模糊。对此，美国有阳光法，规定在公民申请信息公开而政府不予公开的情况下，公民可以诉之法院。法院判决公开，则政府必须公开。而日本则是另一套做法，不是由法院最后决定，而是将这个权利赋予议会。

虽然美国和日本的做法不同，但它们还是有一个共同点，即公开不公开都由一个地方说了算，或是在议会或是在法院。而如果没有这样一个地方，估计情况就会比较糟糕，纠纷矛盾就会不断。所以有人估计，《信息公开条例》一旦执行以后，法院的案子就会直线增加，因为我们很多政府的基本思路还无法完全跟上《信息公开条例》提出的“公开是原则，秘密是例外”的要求。所以，我认为在《信息公开条例》出台之前，对这个问题加以细致研究非常有必要。

至于公民的参与权和表达权，我发现十七大报告说的那句话——制定法律法规以及与公众利益有关的公共政策，原则上都要向群众公开，让老百姓参与——是一句很硬的话。这就是说，我们的法律，包括公共政策在内，都必须听取老百姓的意见。因为它们都与老百姓的利益切身相关。

最后，有关权力的监督，我仔细阅读了十七大报告，我认为里面关于加强监督、加强廉政建设的这部分是写得最好的，总结了我们这几十年的经验。

第一，它提出“权力要在阳光下运行”，阳光是最好的防腐剂，通过让政府行为暴露在阳光之下，才有可能真正做到防止腐败。这也印证了我前面所说的，公开参与几乎贯穿在十七大报告全文之中。然而，十七大报告中没有深入提到的一点是，在让政府暴露于阳光之下的同时，对于个人的私生活是否可以更加保密。在美国，这两者是同时进行的，均用法律进行了规定。但在中国，我们仅强调了阳光政府，对私生活的保密却缺少研究。

第二，十七大报告指出，“要用制度来管事、管权、管人”，这也是我们几十年经验的总结。现今的中国实现了从计划经济向市场经济的转变，而市场经济下各种行为则需要一套严密的制度来规范。邓小平 1982 年曾说过，中国政治改革最严重的问题就是权力过于集中，极易产生腐败。那么如何来解决这个问题呢？光靠道德约束显然不够，关键还是要制定严格的制度，制定一套法定程序，并且必须严格执行。过去我们的制度确实过于松懈，甚至有时候即便有了制度，也没人管或管得不严格。例如，之前海南的银行丑闻事件，案中的罪犯后来说，我们银行规定要三个人一起盖章才能将库里的钱提出来，但当时另外两个人，一个说回家有事，一个因为有病不能来，在这种情况下，他们两个人都将印章给了我，于是我就一个人拿着三个印章，将多份文件盖完提出了那笔钱。大家说这件事多么荒谬！制度如此之松散，执行如此之不严格，才会最终导致案件的发生！因此，制度问题确实是一个大问题。我在中纪委讲课的时候也曾说过，希望中纪委可以立个规矩，以后每当中纪委办完一个大案就出具一份书面报告，将该案中出现制度漏洞的所有单位都披露出来，包括是否是因为这些单位权力过于集中等。这一次十七大报告对这个问题的规定的确很到位，就是应该用制度来管权、管事、管人。

第三，十七大还提出“权力要分离，决策权、执行权和监督权要分开”。事实上，独立的三个权力本身就是一种监督，关于这一点，我们行政法的学者都有体会。例如，我们在制定《行政处罚法》时，该法中有一条原则叫裁执分离，即决策权和执行权要分开，行政处罚中收取的罚金要交给银行并由银行上交给国库。这本身是一项非常好的制度。然而，在实践过程中，我们却又未能很好地执行。财政部说你罚一万，我就返你八千，如果罚十万则可以拿到八万，这样又将行政机关和相关利益勾连起来，使裁执分离制度丧失其实际意义。这最终还是会导致腐败问题的产生。

不过最近我很高兴的一点是，我前段时间去重庆的法院和检察院，听他们的法官和检察官介绍情况。在重庆，政府给案子比较多的法官都准备了一定的业务费用，而他们所收的诉讼费用、罚没费用等必须全部上交。像礼堂建设、大厅建设、住房建设等如果确实有需要，就上报政府，由政府负责建好。各地方将这种做法形象地称之为“交钥匙”工程。这是一种很好的做法。因为我发现现在有好多基层人民法院的院长都是因为房屋建设项目出问题。其实，让法院集中精力去行使审判职能，而将物质上的事情交由政府去准备，可以解决现实生活中的许多问题。

报告后面还讲了一些关于民主监督、舆论监督的问题，我觉得口气还可以再硬一点，因为舆论监督是监督中非常重要的一部分。不过有一点报告中没有提到，就是在中国如何建立完善的行政纠纷解决机制的问题。前一阶段我刚刚去了英国，对英国的纠纷解决制度进行了了解，最近还准备请美国的专家学者为我们讲一下美国的土地征用和纠纷解决机制。国外解决纠纷的一些成熟经验，值得我们研究、借鉴。随着市场经济的推进，民生问题的不断产生，未来相关的纠纷可能也会不断增多，所以我们更要关注这个问题。

我们的行政法从 2004 年之后进入到一个新的阶段，也提出了很多需要我们解决的问题。今天我的讲座很多都是我自己的想法，仅提供给各位从中挑选一些可供研究的题目，以更好地推动行政法的发展！今天我就说到这里，谢谢大家！

刘莘：

应老师今天讲座的话题主要是回顾了行政法从 1978 年以来的发展历程。可以看到，今年恰好是三十年，不管是报纸、杂志还是十七大报告也都在反复强调这改革开放三十年，因此，我认为这恰好是我们研究改革开放三十年来推进法治经验和教训的良好时机。

1978 年开始改革开放，但行政法治的发展，尤其是控权法的发展，是从应老师他们 1986 年成立行政法立法研究组开始的。从那时，中国的行政法开始进入到一个快速发展的阶段。而应老师则是行政法发展过程中的领军人物，所以今天请他来给我们做一段历史的总结，我觉得非常合适。

在刚刚的讲座中，应老师为我们回顾了这三十年来行政法发展的历史，我自己印象比较深刻的有三点：一是应老师总结概括 2004 年以后我们的目标是建设法治政府、建设民主服务型的政府，这一点我非常赞同。它非常符合我们的改革方向和改革任务。二是应老师总结我们目前的行政改革中非常重要的一点是——制度要管人、管钱、管事。这也就是说，行政机关用权需要有节制、有范围，要深化我们的组织法制建设，而这恰好是我们改革开放以后的薄弱环节。现在我们也可以感受到，包括这次人大推行大部制改革，实际上是从实践层面进行管理体制改革。而从行政法的角度来说，我们的任务还很多，在组织法制这方面的任务确实是我们将来要做的一个重要工作。三是应老师指出，程序法制建设是我们今后改革包括行政法治改革在内需着重抓的领域。程序法的重要性相信大家都清楚，我认为，在千头万绪的改革任务中，这两项任务抓得是非常对的，从研究来说，也是我们今后的主攻方向。我一直都跟大家说，不成熟的理论是无法指导改革的，一定需要对改革的方案和改革的步骤等进行深入的研究才能跟得上实践，否则，没有成熟的理论如何指导改革，这是一个互动的过程。所以，这既是改革的一个主攻方向，也是我们研究的一个主攻方向。这是我觉得受益很深的一点观感。

下面我想从应老师的讲座中再引申出几个问题。第一个问题，刚才应老师也说到了一句话，中国的改革是中国共产党推动的，是中国政府推动的，这样的改革在世界上举世无双。但是我想从这个问题再往下问一句，中国改革的动力何来？为什么一个执政党、一个政府从统治者和管理者的角度会主动地去发动一场改革？我们需不需要对此进行总结？关于这些问题，有人总结说第一个是因为邓小平对历史进行反思后得出，我们最大的问题在于权力过于集中，我们必须依靠制度，依靠法治，这是改革的动力之一；还有人总结说是因为市场经济的发展。但是大家不要忘了，我们的市场经济也是自上而下地改革，那究竟为什么要自上而下改革呢？所以他还没追到原初那个点。从现在来看，市场经济肯定会推动改革，因为市场经济发展到现在这个阶段，我们已经有了经济上的阶级分化，我们的利益主体已经多元化了，这种博弈可能会带来一些改革的动力。但是我们再往下讲，这个动力究竟是什么？比如有人还说国际交往的需要会促进法治。因为你要外资来的话，如果不制定法律，不首先制定外资企业法，不制定税收方面的法，外资企业可能就不会到我们这里来投资，因为他们可能会觉得财产安全得不到保障。但是我不知道这是不是就是根本的动力。还有人认为改革有一部分是因为精英人士的推动。我觉得这些总结都有一定的道理，但是现在遇到了一个问题，我认为这些所谓的动力现在依然存在，但是我们的改革却碰到了问题，为什么那些原有的动力不灵了呢？为什么改革推不下去了呢？所以我在想，我们对于动力的解释是不是到位了？是不是够了？现在改革走到了今天这样的地步，我们取得了很大的进步，但是也遇到了今天这样的困难，我们在什么地方找出路？我想我们还是要从制度上下手，设计一些制度，从而让改革的动力能够通过制度来推动我们的决策，推动我们的改革措施，推动我们的经济建设。所以，还是要把应有的动力从制度层面反映出来。

第二个想法，应老师讲到改革已经进入到攻坚阶段，我们看到报纸杂志有时候也说改革进入深水期。在这样的阶段，我们确实看到了很多社会表象，比如我们看到了社会官员追求政绩的现象和某些地方政府的贪腐猖獗现象等，其实这一定与我们制度上的缺陷有关。应老师有一句话说得非常明确，他说我们要把政府和利益切割开，我认为这是非常重要的。但我们如何才能把政府和利益切割开呢？政府也是经济人，要追求利益最大化，我们不要想象政府理所当然地就代表公共利益，所以我们要怎样把政府和经济利益的关系切开？这确实也是一个很大的问题。比如我们的公务员制度建立了，但是为什么刚才那些问题却没有解决？问题一定出在我们的用人制度上。这就是一个深层改革需要注意的很重要的方面。

此外还有决策的问题。刚刚应老师的好多例子里都提到了这个问题，不过应老师强调的决策是行政管理体制里的决策，而我现在的担心是另一个问题。比如大家可以看到，现在我们的社会生活、法律生活当中所有最重要的决策其实都不是出自国家机关，而是出自中国共产党。作为执政党，中国共产党的执政首先就表现在对所有这些重大问题享有决策权。但是，我们可以看一下这个决策机制，它是由七千万党员一年开一次党代会来决定的。并且，最后出自中共的决策都是到了政治局或政治局常委，但这时就只剩下几个人。所以，我们必须指望这届领导层是非常明智、理性、和谐的集体，否则稍有差池则可能出现问题。这些都是潜在的问题。我认为我们在制度上对此应当有所弥补。

以上就是我对应老师的讲座的一些思考，仅代表个人观点，谢谢大家！

法学素养与国家建树

——近代法学第一人伍廷芳的智慧与人格魅力

演讲嘉宾：郭世佑

评 论 人：莫世健

时　　间：2010 年 4 月 1 日

嘉宾简介：

郭世佑，历史学博士，同济大学特聘教授、文化哲学博导，曾任浙江大学中国近代历史与当代发展研究所教授兼所长，浙江省人文社会科学规划委员会历史学科专家组召集人之一，日本中央大学等校客座教授。在任中国政法大学教授、法律史专业博士生导师期间，曾连续两次被评为中国政法大学“最受本科生欢迎的十位教师”之一。

主持人：

今天我们很荣幸地邀请到郭世佑老师和莫世健老师来到我们的讲座现场，让我们随着两位老师的讲授慢慢领会伍廷芳先生卓尔不群的智慧与超凡的人格魅力。

郭世佑：

各位老师、各位同学，晚上好。首先我要做个说明，非常感谢政法大学，每个学期都会有很多学院和很多社团盛情地邀请我，但是由于我个人的精力有限，因此无法一一回应，这一点我感到很抱歉。而我之所以很乐意来参加国际法学院的学术讨论或学术座谈，一是因为之前他们也曾多次邀请过我但都被我推辞了，二是因为我跟莫世健院长是非常好的朋友，为了支持他的工作，我也应该主动过来与同学们互动。

事实上，我一直以来有一个根深蒂固的理念。因为我的专业不是法学，我认为作为一名非法学教授，一年顶多讲一次。尽管作为研究史学的人，我对法律史也并不陌生，但那是另外一回事。加上今年我的身体也不是特别好，所以很多学院的讲座我都推辞了。其实同学们对我的关爱我都铭记在心。

至于今天我们为什么谈论伍廷芳？一是因为我之前已经谈过梁启超了，我需要换一个话题。二则是因为我在其他地方虽然也谈过伍廷芳，但那些主要是从史学专业的角度来谈论的，即主要是结合 1970 年加州伯克利分校、1986 年香港大学张云樵、1996 年北大法学系和 1998 年华东师大历史系的这四篇关于伍廷芳的博士论文来讲述史学博士生的学术规范与培养。而今天我们就从伍廷芳本身出发，结合法学素养与国家建树这个主题，来学习一下伍廷芳的智慧和人格魅力。

我主要说四个问题：①我们的教科书为读者、为学生构建的伍廷芳形象是怎样的？②真实的伍廷芳是什么样子？③前两者有何区别，为什么会有这些区别？④根据这些区别，我希望为在座的同学们提几点建议。

这两天尽管很忙，我也找了一些学院的同学，向他们了解我们法学专业的同学们所了解的伍廷芳是什么样子。也包括一些老师，比如我们校团委副书记郑真江老师昨天刚从外地下飞机回来就打电话告诉我，他问了人民教育出版社负责历史教材编辑的老师，编辑告诉他说我们的教材里没有提过伍廷芳。至于大学学习法制史课程，有的还是会提一下伍廷芳对我国法制改革的贡献，但主要还是强调沈家本。也有同学告诉我说，是从我们的中华文明通论课上才知道了伍廷芳这个名字。

在我看来，如果大家连伍廷芳这样的人物，包括像沈家本、顾准、李慎之、张思之这样的人连名字都不清楚的话，那么大家就不要说自己是政法大学法学专业毕业的了，因为你们的知识结构太残缺。要知道，真实的伍廷芳在近代中国的艰难历史中，在我国国力衰弱的情况下，是一名在国外为中国赢得声誉的优秀外交家。这样的人才在中国近代史上很难找出几个。况且对于我们法学学生而言，伍廷芳也是第一个到欧洲留学学习法律的人。因此，从这个角度，我希望大家对伍廷芳予以关注。

伍廷芳的生平

要说明问题，我们就需要先简单地介绍一下伍廷芳的经历。

伍廷芳 1842 年 7 月出生于新加坡的一个侨商家庭，祖籍广东新会。3 岁时他回到广州，开始接受教育。13 岁时被太平天国的人劫持，可把家里人吓坏了，因为他们家就他一个儿子，最后买通了伙夫把他放出来。放出来后伍廷芳立马到了香港，在圣保罗书院完成了小学和中学教育，在中央大学完成了接近大专性质的大学教育。我们知道香港本身接受的就是典型的英国教育，所以伍廷芳的英文比较好，加之他的家庭又是一个传教士家庭，因此他从小就受到基督教的影响。

毕业的时候，伍廷芳和黄胜一起办《中外新报》。黄胜当年是和容闳一起到美国留学的，被称为中国第一批留美的学生。现在看来，这份报纸也是中国人办的第一份报纸。伍廷芳还与王韬他们在香港办《循环日报》，并且给香港的官方报纸《展示报》写文章。那时候通过办报纸，他积累了很多相关的经验，也导致后来在做美国大使时，哪怕与《纽约时报》这些很厉害的报纸与记者对话，他也游刃有余，因此获得了很多美国名记的敬佩。伍廷芳非常清楚在什么时候恰到好处地提什么问题才会让人家把不该讲的问题都讲出来。加之那时他在香港做高级译员，并担任香港政府方面的书记员，还在法制局和立法院工作过，因此他也学习了很多法学的知识。事实上，英国在香港的治理本身就是一本很好的法学教科书。

后来到1874年，伍廷芳32岁时，他自费去英国留学，就读于英国伦敦的林肯律学馆。这里有一点我要纠正的是，很多书，包括我们有些法学教授写的书，都说伍廷芳后来取得了博士学位。事实上，当时的林肯律学馆是没有资格授予博士学位的。于是我转念一想，为什么大家在民国以后都称他为伍廷芳博士呢？这也许是因为1897年之后他做中国驻美国大使时的出色表现使得很多大学授予了他荣誉博士。尽管这不是他通过论文和答辩正式获得的，但不影响他在法学方面的建树。

在林肯律学馆学习了3年之后，伍廷芳立马就考取了英国的大律师执照。要知道，当时英国人还比较排斥中国人，因此要通过这个考试非常不容易。那时伍廷芳在法学方面的素养就已经被中国清朝驻英国的大使郭嵩焘发现。在郭嵩焘的日记里也记载，那年春节，伍廷芳等一批留学生去拜会郭嵩焘，郭嵩焘就对伍廷芳印象非常深刻，称其“讲话很得体，见世面很广”。那时郭嵩焘就想将伍廷芳留下来，但彼时中国驻美国公使陈兰彬已经跟伍廷芳联系好，让他去美国使馆做参赞。李鸿章在国内也注意着他。

当时他家中有亲人去世，我记不清是他的父亲还是母亲了。按照中国人的规矩，父母去世、祖父母去世都要守孝3年，什么官都不能做。于是伍廷芳回到了香港做律师，后来做法官。那时他已经用他的法律知识在香港社会崭露头角，并且还获得了香港政府第八任总督授予的第一个华人太平盛世的荣誉。包括对待华人的官司，伍廷芳都是很认真的，很多时候没有钱也都要到场，为华人争取权益。

伍廷芳与孙中山的老师之一——何启在对清朝的态度方面持相反意见。何启觉得清朝太腐败，而伍廷芳则认为即便清朝腐败它也属于中国，因此我们应该为清政府出力。其实大家可能不知道，何启是伍廷芳的内兄，即他妻子的哥哥，是香港中西书院的创办人。那时正值 1882 年，李鸿章已是直隶总督，预备聘请伍廷芳担任负责涉外法律和文案的秘书。那时李鸿章为他开出的薪水很高，年薪约为 6000 两。当时，很多人对此有意见，认为这个薪水太高了。

我只举一个例子给你们对比感受一下。那时曾国藩的湘军和袁世凯的新军的薪水都比较高，主要是为了鼓舞士兵士气，解决士兵的后顾之忧。即便这样，前者月饷不过四两银子，而后者也只有四两二到四两五一月，即年薪五十两左右。而伍廷芳的年薪是 6000 两！那时李鸿章对那些有意见的人解释说，这不是 6000 两的问题，而是我们的确非常需要他这样的人才。要知道，在近代中国懂四书五经的人或者懂带兵打仗的人都不少，而唯独懂法律又会外语，可以与洋人谈判的人，找不出几个来，更何况他的国学基础也不错。

伍廷芳在李鸿章身边一干就是 15 年，1897 年开始代表清朝政府出任驻美大使，还兼任西班牙和秘鲁大使。1907 ~ 1909 年间，他第二次出使，这次兼任的国家更多。在这之中还有一个小插曲，那就是本届公使任期还未届满，清朝政府就将他罢免了。主要是因为清朝政府不喜欢伍廷芳的一些主张，尤其在 1902 年到 1906 年这一段时间，他被清朝政府召回与沈家本一起合作参与修订法律。我们现在从教材中只知道沈家本是使中国法律走向现代化的第一人，是中国近代法学之父。但是，事实上沈家本并不懂外语，而我们国家要施行法律改革的话，只能以西方为蓝本进行法律改革，而这就需要伍廷芳这样既懂法律又会外语的人才，所以，他可以说是其中不可替代的人物。也正因如此，伍廷芳在某些问题上与沈家本也存在矛盾。

后来武昌起义爆发，伍廷芳被上海民军方面邀请作上海都督府的外交长。虽说是地方性的都督府，但那时实际上在很大程度上主持着全国的局面。特别是随着孙中山1911年12月回到上海，上海更是成为全国的中心。再到北洋时期，袁世凯当皇帝，本要拉拢伍廷芳出来任职，但他却说什么也不干，还写信骂袁世凯违背革命大势。这之后，袁世凯倒台，黎元洪上台邀请他做外交总长，他考虑了一下还是答应了，不过黎元洪干坏事的时候他都拒绝参与。其实这个时候伍廷芳已经76岁了。

我们很多老师上课的时候一提到伍廷芳就说他是旧官僚，参与南方革命纯属投机。大家想一想，一个七十多岁的老头怎么可能还会投机？而且当时谁也不知道武昌起义会成功。从很多资料我们可以看到，那时伍廷芳早已对清朝政府失去兴趣了，认为清朝政府无可救药。有些人真的是富有远见，我们不得不承认这是一种智慧，而绝非一点小聪明。包括曾国藩，1860年左右他的幕僚赵烈文曾问他："你说清朝还可以搞多久？"曾国藩回答："这种话你在别的地方就别乱说了，我们私下说说就够了，我看它顶多还可以搞50年。"这是曾国藩的话，赵烈文在日记里面都记载下来了。虽然最后刚好50年清朝就被推翻了，这可能是一种巧合，但是我们不得不承认，如果我们去估算的话会估算出什么结果来？所以，还是要承认有一部分人拥有对一个问题判断的准确性和经验所凝固起来的那种睿智。

后来黎元洪受张勋的压制要解散国会，解散国会要求代理总理即伍廷芳附属，要求他签名，但伍廷芳坚决辞职不干，后来去了上海，又于1917年11月31号到广州支持孙中山工作，成为七大元帅之一。据有关资料记载，南方军政府主要是两个人当家，一个是岑春煊，他是旧官僚，掌握两广实权；还有一个就是伍廷芳。当时在南方军政府，孙中山是受排挤的，孙中山和西洋军阀相互利用，西洋军阀想利用他的声望，而他也想利用西洋军阀的势力，结果孙中山没成功，于是又到上海去了。伍廷芳本想在中间进行调和，采取一种妥协的政治策略，将各方面不同的力量团结起来，但是后来他没有调和成，于是自己也离开了广州。他临走时将当时广州的关余（关税的余额），除了给他的部下们每个人发200关余，然后把剩下的100万存到上海汇丰银行，准备作为在上海支持孙中山革命的基金。

1920年孙中山回到广州重建大本营——广州军政府，伍廷芳一直跟随，担任外交总长。那时财政总长是他的亲戚唐绍仪，也是留学归国的。后来唐绍仪觉得太辛苦就辞职了，于是财政总长由伍廷芳兼任。不久后，孙中山与陈炯明闹翻，孙中山将其罢免，于是广东省省长也交给伍廷芳这个快80岁的老头子担任。最后因为孙中山要北伐，因此他大总统职务也交给伍廷芳来行使。这样一来，伍廷芳一人就兼任了四个重要职务。最后，1922年6月23号，即陈炯明炮轰总统府事件一个礼拜之后，伍廷芳逝世，享年82周岁。

伍廷芳的重要身份及建树

从伍廷芳的经历中我们可以看出，在晚清和民国时期，他有两个很重要的身份和建树：①他是近代中国杰出的外交家；②他是晚清和民国法制建设过程中的重要缔造者和实践者。

作为外交家的伍廷芳在做第一任美国公使的时候就碰上一件非常糟糕的事情。1900年义和团攻打外国使馆，杀死很多外国人，然后西方列强报复中国，八国联军血洗北京城。那个时候，任何一个在国外，特别是在欧美国家做外交官的人日子都是最难过的，必须夹着尾巴做人。我们的同学应该要用现代的思维方式来思考问题，而不能停留在中学老师给你们灌输的那种所谓的民族主义和爱国主义之上。我们破坏别人的大使馆，还将聂士成的部队从天津调过来。这时伍廷芳当然着急了，说不能这么做。他不断地给袁世凯发电报，还呼吁那些在中国有影响力的人，千万要保住美国公使，保护那些外国人的生命和财产安全，否则场面不可收拾，战争只会不断扩大。伍廷芳还主张要处置那些挑起事端、鼓动对外国使馆用兵的部长级干部，找出罪魁祸首。同学们，这绝对不是什么卖国、妥协。也正因为这件事，伍廷芳在美国的威望进一步提高。也正因为这样，在《辛丑条约》签订前后，在处理善后事宜的过程中，伍廷芳才能够将美国政府死死控制住，争取让美国方面来帮助中国说服欧洲国家，并澄清一些夸张的谣言。

当时八国联军在天津不光是赖着不走，还建立了一个殖民政府，叫做天津都统衙门。伍廷芳用国家军权跟他们交涉，要他们拆掉殖民政府并撤走所有军队。这些外国人也并不像我们想象的那么蛮不讲理，他们还是按规则出牌的。伍廷芳这么一说，他们就撤退了。其中还包括美国军队在天津一个仓库抢的我们的 30 万两银子，伍廷芳也硬是让美国人把它吐了出来。后来，这 30 万两银子中的 8 万两被用来建设华盛顿西北街第十九区中国大使馆，也是从这一年开始，中国人才不用花昂贵的租金寄人篱下，拥有了自己的大使馆。与此同时，通过交涉，伍廷芳还让美国政府说服欧洲人按照我们的银本位而不是英镑等其他货币支付赔款，否则中国要吃大亏。因此可以说，当时《辛丑条约》在很多层面上都是按照伍廷芳交涉以后的成果在运作，把损失尽量降低一些。当然因为中国当时比较弱，因此不可能从根本上扭转《辛丑条约》中那些强行惩罚性的规定。但是，尽管弱国无外交，但是弱国有能人，有伍廷芳这样的人，我们才能讨价还价。

而从法律的角度而言，虽然我们从伍廷芳的履历表中看到，伍廷芳 1902 年回到国内，即和沈家本一起被作为张之洞、袁世凯秘密上奏要启用的法律人才，但事实上那时他回国首先不是作为法律人才在发挥作用，而是肩负重要的外交使命。当时中国政府正在与美国、英国和日本等国签订商务方面的条约，这个问题我们可以追溯到 1842 年的《南京条约》，尤其是 1858 年的中英和中法的《天津条约》中去。《天津条约》第 27 条谈到，以后每隔十年都需重新修订关于进口税的问题。尽管其中“值百抽五”的规定名义上存在，而实际上由于中国的银元比价经常有波动，中国的经济又不发达，因此我们在这方面时常吃亏。所以到了 1898 年的时候，李鸿章启动商约的重新修订，并在义和团事件之后于 1902 年将修订中外商约提上日程。当时很多人都想到了伍廷芳，因为只有他既懂法律，又懂外交，而且外语也很好。

那时伍廷芳尚未完成关于用银两来支付赔款的外交谈判任务。在他谈完之后，伍廷芳首先回到上海与美国方面继续洽谈商约的问题。那时因为清朝政府希望伍廷芳到北京来启动法律改革，于是就跟美国方面提出希望将中美谈判地点转移到北京，但美国并未同意。可以看到，那时并不是以皇帝为中心，不是以其他人为中心，而是以伍廷芳为中心。于是，伍廷芳在跟美国方面基本上谈完以后才回到北京。同学们你们可以注意一下，伍廷芳作为一个法律人和外交官，在中外修约和以后的一些法律文本的修改和构建方面，他的贡献谁能取代？

我再举一个例子。当时尽管清朝政府任命沈家本和伍廷芳两个人作为修订法律的大臣，并且将沈家本的名字放在前面而将伍廷芳的名字放在后面，一是因为沈家本作为在刑部呆了三十多年、通晓中国法律的刑部左侍郎，官衔比作为外户部右侍郎的伍廷芳高一些；二是因为相比国外留学回来的人，清朝政府显然对在中国土生土长、进士出身的沈家本更放心一些。然而，在他们两个人联名上奏关于修订法律的奏折时，可以看到九份奏折中有八份，伍廷芳的名字是放在第一位的。那么，作为官衔较低、年龄较小的伍廷芳为什么可以放在前面呢？只有一种解释，那就是伍廷芳更重要。

此外，伍廷芳还有一个重要的角色，那就是他还是一个睿智的政治活动家。他并不是一个软弱的人，他在关键时往往是该出手时就出手。大家也不要以为他跟贪官污吏有任何关系，实际上他非常廉洁。

关于伍廷芳的这三个角色——外交家、法律改革家、政治活动家——我们不能完全分开来谈。我总觉得我们国内研究伍廷芳的学者有一个很明显的缺陷，那就是他们不太用外文资料来进行研究。包括美国，事实上关于伍廷芳的外交档案和一些报纸杂志对他的采访已经基本上都公布了。我之前统计过对伍廷芳的采访，像《纽约时报》这样有名的大报关于他的500字以上的采访就大概有400篇，这些我都已经翻译过来了。本来我还计划将这些外文资料和翻译资料出版成书，包括我要用我的方法、用我的视角来重新解读伍廷芳，但由于最近几年精力实在有限，因此久久没能完成。

还有两件事情我们需要关注一下。1900年9月25日，伍廷芳主动找到美国当时的国务卿，让他们惩办那些在义和团事变中发起命令攻打使馆的那些人，让他们将背后最高的头目找出来。当时美国国务卿海约翰就说："最高头目不就是慈禧吗？对慈禧的惩罚有没有可行性？"伍廷芳犹豫了一下回答："如果慈禧不惩罚，那载漪也不能放过。"事实上，那时慈禧正准备把他的儿子载漪扶起来取代光绪皇帝。并且，那时也需要慈禧速返北京，否则中国很有可能会分裂。

在这里其实传达了两个信息：一方面，当时在伍廷芳心目中已经没有了君臣观念的约束，在他看来，要借助外来力量惩办慈禧这些最高统治者和顽固守旧份子。另一方面，他始终还是从国家和民族的根本利益出发，坚守着一名外交官和政治活动家的操守，将国家和民族的利益放在首位，认为中国不能分裂。就像古巴近代的一位民族英雄同时也是诗人的何塞·马蒂说过的一句话，"虚荣的人关注自己的名字，光荣的人关注国家的未来"，伍廷芳已经达到这种境界，他是光荣的人，而且是可以代表国家的人。也如鲁迅所说："我们自古以来，就有埋头苦干的人，有拼命硬干的人，有为民请命的人，有舍身求法的人……虽是等于为帝王将相作家谱的所谓'正史'，也往往掩不住他们的光耀，这就是中国的脊梁"。在我看来，至少在义和团运动和八国联军血洗北京城、签订《辛丑条约》的过程中，伍廷芳这样的人就是中国的脊梁。

另外一件事就是关于 1922 年 7 月 2 日《纽约时报》的一则长篇报道，是伍廷芳去世之前，美联社记者对伍廷芳的一则长篇采访。刊登时伍廷芳已经去世 9 天。在这篇报道中我发现一个问题，那就是 1922 年 6 月 16 日陈炯明炮轰总统府，跟孙中山彻底决裂，而在这之后伍廷芳去世之前的最后 7 天内，伍廷芳也和孙中山决裂了。为什么？其中有一个重要的细节。

孙中山在遭到陈炯明炮轰的这一天，不顾伍廷芳的劝阻，马上下令海军炮轰广州市商业区。伍廷芳本想极力劝说孙中山不要将炮口对准老百姓，并且那里还有很多外国人以及外国建筑，容易引发新的问题。然而孙中山没有听从他的劝告，还是执行了炮轰行动。因此，伍廷芳一方面拒绝加入陈炯明的阵营，另一方面他在1922年6月20日也向孙中山提出辞职。

事实上，伍廷芳的辞职并不像孙中山后来所说的，只是为了表达对陈炯明叛变革命的一种愤怒，他的辞职其实也是在表达对孙中山的愤怒。这里就涉及一个理论性的问题，那就是对所谓的护法运动的“法”，孙中山这样的职业革命家与伍廷芳这样的系统留学欧洲学习过法律的法律人，他们所理解的“法”是不一样的。根据我的解读，孙中山所护的“法”是与自己作为革命家的权力、作为革命领袖的权力紧密联系在一起的；而伍廷芳所护的“法”则是基于公平和正义之法律精神，与包括维护人民的生命和财产安全、法律面前人人平等等法律原则紧密相连的。而这就是差别。

第三个问题，为什么真实的伍廷芳那么生动，那么优秀和出色，但长期以来同学们所了解到的这个历史人物却如此残缺不全？造成这个差别的原因主要在哪里？我想主要有两个原因。

第一，由于我们一直以来的革命史观总是夸张地，而不是真正地、全面地来描述历史。

革命只是手段，让人民过上好日子才是目的；革命只是暂时的，建设才是长久的。在中国历史上你们可以找出很多为了暴利、为了权力而献身的人，但是用自己的专业知识报效国家、始终捍卫国家利益的人却寥寥可数，这是值得我们注意的。尽管清朝政府那么腐败，后来的蒋介石政府也那么腐败，但问题是你在推翻他之前，他还是作为国家和民族的象征而存在的，从国家利益的角度出发我们还是需要他们，至少以他作为一个符号，我们还是得维护，否则就会带来灾难。我不明白，为什么我们到现在为止还把太平天国吹得那么热乎，事实上太平天国比清朝政府还腐败，比曾国藩他们腐败多了。所以我们要注意，革命史观总是这么夸张地，不是真正地、全面地来了解我们的国人是怎么“走出去”的。歌颂义和团当然也可以，但一定要把它与《辛丑条约》联系起来看，不能讲义和团的时候你就歌颂它，而一讲到《辛丑条约》就骂帝国主义，事实上它们之间存在因果关联。

我们有的同学不要总是像愤青一样。事实上我们可以看到还有很多例子，如容闳这样呕心沥血为了国家建设的人。容闳以前家里很穷，他读中学时有一个教会只要他保证毕业回国后做传教士，那么所有的学费教会都负责承担。我不知道在座的各位遇到这种“好事”会怎么选择，但容闳拒绝了。他秉持的理念就是：我的国家很穷，我的国家需要人才、需要建设，因此我需要回国建设我自己的国家。因此，他宁愿打工也要把耶鲁大学读完，然后回国来参与建设，把教育救国的理念贯彻到中国，培养我们自己的人才。

我有一次上课的时候还给同学们举过一个例子，当时很多同学都很感动。我们很多教材，在革命史观的指导下将许多丰富的东西都阉割了。其实近代有许许多多人都在为这个国家做出他们自己的贡献，至少在倾注着他们的情感和生命，其中甚至还不乏在国外辛苦打工者。

当时，有一个在美国打工的中国人，叫丁龙。他给一个美国企业家打工，那个企业家尽管有文化但对下属、佣人都很不礼貌，经常打骂，有一次甚至还要把丁龙赶走。然而，后来有一天这个老板家里着火了，丁龙却主动过来帮忙。老板就问他：“你怎么来了？”丁龙说：“你家里烧得什么都没有了，你大概需要帮助，我就来了。”这下可把这个坏脾气的家伙给感动了，于是他将丁龙留下重新创业。等到丁龙年纪大了快要退休时，这个老板就问他："你有什么要求，你尽管提出来，只要我能做到，我一定满足你。"我不知道如果是你们当时会提什么要求。但当时丁龙就回答说："我没什么要求，这些年你对我照顾得很好，薪水也给得很多，我自己也积累了几千美金。您看看能不能帮我找一个美国比较著名的大学，用这些钱请一些教授来讲讲我的国家，我的国家的历史和文化，尽管钱不多。"他这下又把老板感动了，"我还以为你有什么其他的要求呢，我一定拿出20倍的钱来满足你的愿望，一起交给我的母校哥伦比亚大学"，即启动了后来著名的哥伦比亚大学东亚系，从1901年开始。同学们，我们不妨琢磨一下，像这些人他们也是跟我们国家的历史紧密联系在一起的，我们要对这些人有一份敬意。

第二，正统史观自民国以来就总是对伍廷芳这样的旧官僚有些排斥。但是还好，台湾学者比大陆学者更重视伍廷芳一些。像我们的前辈台湾学者张存武先生，他就对伍廷芳在美国和南美华侨的权益问题做过非常深入的研究，并且他就伍廷芳在辛亥革命中的表现也研究过很多外文资料，现在只需要将相关资料进行补充和完善。后来的正统史观，一切以孙中山为中心，以孙中山的是非为是非，再到后来就是以毛主席为中心。

由于时间关系，我很多问题都来不及讲。总之，法治的尊严是靠几代人的智慧和耐心来支撑的，而不仅仅依靠一些口号。而从研究的角度，之所以大家对伍廷芳这些人进行研究存在一定难度，还有一个原因就是要研究这些人，你必须先要搜集很多外文资料，并且还得具备多学科的背景。

一些建议

最后给大家提几点建议：

第一，我们要打破革命史观的偏见，回到事实评判的角度，对事物首先进行事实评判而不是价值评判。这也是我在上课时一再强调的基本观点。而事实是不能讨价还价的，事实必须从资料出发。因此，我建议我们同学以后在研究问题时一定得首先对相关资料做考据，要用多种方法将我们的主观性限制在最低程度。并且我们还要学会尊重那些研究问题的人，特别是那些职业史学工作者。

第二，学法学的人必须要有多学科的思维，多学科的知识结构，尤其对于国际法这样的专业。为什么欧美国家本科不招法学生？为什么咱们特别喜欢从文史哲，特别是史学出身的人里面来招法学硕士、法学博士？因为我们可以看到，法学学者大部分在文史知识方面都是很厉害的。你看看我们敬爱的江平老师、张思之先生，包括贺卫方老师他们，包括我们莫院长他们，如果没有基本的文史知识做支撑，只是简单地背几个条文的话，那能打动谁？因此我们大家在这方面一定要补课。

第三，对于伍廷芳这样的人，对于这些为我们的国家和民族真正做了一些实事的人，我们需要更多地了解他们，并对他们保持敬意。否则你连伍廷芳都不知道，成天光背几个条文，你怎么去跟北大、人大那些读书读得比较多的法学专业毕业生去对话？所以，我们一定要趁着现在年轻赶快读点书，并且我们视野要宽阔、要大气，我们的阅读量要宽，而且我们还要尽量跟智慧的人、人格比较高尚的人去对话。

第四，我们的法学也要学得像伍廷芳这样，用起来的时候不用去查词典。在外语方面也要下苦功。伍廷芳教他的徒弟傅秉常——后来也是民国的外交家，曾起草过民国时期的民法——告诉他怎么样练习。例如，将国际海洋法庭的文本抽出来，将赞成的、反对的、部分中立的、部分反对的分开，分析各自赞成或反对的理由是什么，将它们一一罗列出来。傅秉常花了整整四周时间才将那一年的国际法庭文本弄清楚。然后伍廷芳就把它烧掉，说："你都已经分出来了还要它干什么，已经记在你的脑子里面了。"伍廷芳就用这些方式来训练他。包括外语的表达，长短句子的配合，长短音的配合，长短段的配合，等等。希望我们也可以这样学习，到外面去也能够像伍廷芳这样，无论是国际法还是国内法也好，你将来都可以代表中国政法大学。

由于时间关系我延长了 10 分钟，我先讲到这里，请大家批评。

莫世健：

按照原来的安排，原本是说在郭老师讲完之后希望我点评一下，但说实话我实在不敢点评。郭老师是史学大家，今天我自己也从郭老师那里学到了很多东西。当然，我也有自己的一点感想，希望和大家交流一下，因为作为老师有时候总是希望能够利用这个机会跟我们的学生讲几句。

我有这么几点感想。

第一，我特别敬佩郭老师的史学研究精神，虽然也许我们有的同学不同意他的某些观点，但我们知道郭老师总是经过考证后才说出自己的观点，这也比大家都说一样的话要累得多，因为我们都说一样的话的时候你不需要考证。但你如果有一些不同观点时，则一定会受到质疑，你要准备接受质疑，这就是做一名认真的史学家最难的地方。

其实我自己对伍廷芳了解得也确实不多，来之前下载了一篇文章读了一下，在读的过程中我确实感觉到一般的文章介绍跟郭老师介绍情况的差别，特别显示了史学研究的独特性。我特别喜欢郭老师讲的我们要尊重事实，史学研究要尊重事实，法学研究同样也要尊重事实，这一点特别重要。因为如果没有立足于事实的话，你对自己的立场是没有办法评估、判断的。从这个角度讲，我们确实应当接受郭老师的建议，认真地研究历史，踏踏实实地尊重历史，同时学会用事实来进行分析。

第二，就事实本身，我也有一点感想。之前我看过伍廷芳的介绍，都说在英国留学 3 年以后考上大律师。我原来没有想通，刚才听郭老师说林肯律学馆应该不是一所法学院，而是一个研习所之类的，我觉得这就能够想通了。因为我自己对英美法系还比较了解，但是我没有考证，根据郭老师讲的，我想林肯律学馆应该实行的大律所的学徒系统。学了 3 年以后，按照英美法系的学徒体系，大律师进去几年以后就应该出师了，取得大律师资格，我觉得这是比较合理的解释，而不是说留学 3 年考取了大律师，多数文章都是这样写的。这也提醒我们，尊重历史就一定会有独特的见解和意外的收获，同时也可以回归历史的真实面目。

第三，关于伍廷芳的一些行为方式，我也感触很深。我感觉伍廷芳更像是一个有法律基础和外交技能的专业人士，而不是作为一个政治家。因为他的行为常常不是以政治利益为标准来考量，而是从专业的角度进行的专业判断，这是非常难得的。特别是在一些条约的谈判过程中，从他自己来讲，他可能左右不了政治，但是他是作为一个专业人士来参加这些历史活动的。我们现在很多从事外交事务的官员，包括我们现在的很多外交政策，实际上是不作为的，因为不作为的话就无法判断行为的对错，他们就是秉持着“我不做就不出事，做了就出事”的观念在做事。我觉得可能也是由于他们的专业水平不够。事实上很多问题拖是没有用的，这也跟我们说的国际法上的很多问题一样，虽说有政治层面的因素，但其中很多都是法律技术层面的因素。我们如何才能够有效地利用我们现在的法律规则体系，保护、扩大国家利益甚至有导向地创造一种秩序，这是我们国际法研究的内容。特别是在听郭老师讲故事一样地讲述伍廷芳的经历的时候，在我看来，他正是作为一名专业人士，利用他的专业判断，选了一个对国家利益最佳的方式，而这种敢于负责任的做法也是专业精神的一种体现，值得我们敬佩。

另外，我还想讲讲游戏规则的问题。弱国无外交，在伍廷芳所处的时代，我们中国非常弱。在那种情况下我们能够被西方所建立的规则体系接受，能够受到最低等的——所谓体系内的平等待遇可能已经非常不容易了，这一段历史也是我们改变不了的。对于现在来讲，现在也是一个规则体系，整个历史跟现在很多地方是重复的，只是问题不同、形式各样。过去西方国家想进入我们国家时，它一定要按照当时的秩序和规则，通过国际化体系来进入中国。包括当时的通商通航条约，包括当时签订的各类条约，这就是制度体系。虽然条约只是一种形式，但是要保护权利就一定要签条约，他将这个概念带给了我们。现在我们也面临同样的问题，我们现在参加国际社会的很多活动的时候有一些规则我们多少也是被迫接受的，根本无法有效利用。这也是一个我们必须要考虑的问题。在整个国际规则、国际秩序共同体当中，当时是弱国无外交，伍廷芳只能利用法制进行国家利益的最大化保护。也许现在我们很多人会认为他的一些行为是不得体的或者是软弱的，但这只是一种政治评论。从专业的角度来讲，要看他到底在一个制度体系内做了些什么，这才是评判专业人士的应有的角度。

现在我们同样也面临着新秩序的问题。比如国际政治和国际法律都注意到的人民币和国际贸易问题。有一个美国诺贝尔奖获得者甚至说，人民币的汇率会影响世界经济复苏。这意味着什么呢？意味着一种秩序的改变。如果在一个新的秩序下我们要学会游戏规则，一定要求变，那么采取的必定不是以前我们讲的“革命”、打破旧秩序的做法，而是要在秩序内求变。包括我们现在面临的人民币汇率的问题，这就要求我们提出新的法律思考。我们到底能不能更有效地利用我们学来的知识，更有效地促进我们的国家利益，在所谓有序的、和平的博弈中更有效地保护我们自己？如果我们能做到这样，我们才能够成为有效的法律人才。我简单讲这么几点。

还有特别感谢郭老师。我知道郭老师确实很忙，最近身体也不好。很感谢郭老师将今年第一次讲座的机会给了我们国际法学院。一会儿同学们要提问题，在此我们一起先用掌声感谢郭老师。

郭世佑：

谢谢。我补充一句，莫老师很客气，我们是很好的朋友，你们不要信他对我的鼓吹，对朋友的鼓吹实际上是吹自己，说句玩笑。我和莫老师感情很深是有依据的，我到政法大学来的第一个大型的、正式的家庭聚会就是在莫老师的家里。人生难得有几个第一次，尽管没有你们的初恋那么重要，但是我们的友谊永存。谢谢！

主持人：

听完两位老师的精彩发言，相信大家一定有很多话要说。接下来就是我们的提问环节，请有问题的同学举手提问，我们的工作人员会把话筒交到您的手中。

提问：

谢谢。谈到伍廷芳，我不由地联想起另外一个人物就是李鸿章，我知道他们两个都是晚清时期在外交方面比较活跃的中国官员，我想他们也都属于那种弱国的外交家。我想提的问题是，请问郭老师能不能从外交家的角度对这两个人物做一个比较，即李鸿章和伍廷芳有哪些相同点和不同点？

郭世佑：

他们俩相同的地方就在于，都对国家有一份责任感，尽管他们各自是从不同的角度来实现，具有不同的年龄、不同的身份。他们也都是非常有才华的人。我想，李鸿章的贡献应该更多，他到欧洲去人家都是很敬畏的，可以想象一下。李鸿章跟伍廷芳最大的不同可能在于，伍廷芳是系统接受过西方法学训练的人，而李鸿章他这一代人则都是读四书五经长大的。但李鸿章也比较早地发现了这个问题的弊端，比较早地提出要改革科举制。但是我们有的人对他有些苛求，觉得他应该提出废除科举制等，那不是他这一代人要完成的。就像我们今天，尽管看到高考有这么多毛病，但谁敢废除？一样的道理。

提问：

郭老师好，莫老师好，我想问一个问题。我知道郭老师一直在评判一些历史人物，而且很多人对您的评判一直都颇有争议。我想问一下，您对历史人物的评判标准是什么？您的价值体系是什么？或者说我们现在很多评判历史人物的人都很年轻，只是作为一种个人情感的宣泄。我想知道，您认为通过一种什么样的途径和方法才能够对我们颇有争议的历史人物有一个比较合理、理性和公正的评价？

郭世佑：

第一个问题，评价历史人物，我有我的四项原则。第一个原则，一切从事实出发。从事实出发首先就是从可靠的资料出发，而不是从任何先入为主的观念出发。第二个原则，一切从历史条件出发。我要看他在当时的历史条件下能做什么，他又做了什么，然后做得怎么样，而不是以我个人的好恶来要求前人干这个、干那个。第三个原则，有的同学不一定能够理解，那就是我一切从国家和民族的根本利益出发，我不以任何党派、任何个人的好恶而立意。像近代史，我既不站在孙中山的立场，我也不站在袁世凯的立场；我既不站在蒋介石的立场，也不站在毛泽东的立场，我尽量站在中立的立场。如果能够站在中立的立场，也许就可以站在一种公正的立场。第四个原则，一切从历史发展的趋向或者潮流出发，我不以狭隘的民族主义的情绪、立场为出发点。这就是我所谓的四个方面的原则。我是尽量去这样做的，你们也可以看一看我是不是这样做的。

提问：

郭老师您好，今天晚上听了郭老师的讲座，我感受到有关人格魅力对一个国家的发展确实有很大的影响。从小的方面来说，今天晚上我听郭老师的讲座，绝大部分也是出于郭老师的人格魅力。关于伍廷芳，我在网上也查了好多资料，就为了今天晚上听这个讲座。在此，我想问的是为什么革命史观能够片面性在我们中国获得土壤，能够一直影响着我们一代又一代人对历史事件的一些看法？因为要知道，古典资本主义已经基本上走向终结，已经产生了新型的跟古典资本主义不同的形式，而社会主义在西欧那些国家也已经出现了民主社会主义，还出现了很多流派，比如说第三世界的社会主义等。谢谢郭老师。

郭世佑：

你提的问题很尖锐。说到为什么有这么深厚的土壤，一个很简单的因素，那就是我们是将历史作为意识形态的工具，而不是把它作为一门相对中性的知识层面的东西。包括我们的历史课、政治课，很多东西都还是在朝着一种声音，尤其历史那么复杂，还非要把它和意识形态绑在一块。可能与这种情况非常有关。

一个很简单的道理，像欧洲也好，美国也好，人家的历史课从来没有标准答案。但我们的历史课却有标准答案，只会讲所谓的定论。这个东西一定要打破。事实上，在我看来，在知识丰富的层面上历史学科是第一股东，而在求真品格的追求中间，历史学是构建人格的第一要素。在这个层面上，史学和法学、医学有相通性，都讲依据，只是求索的方式稍微有点差别。

莫世健：

我补充一下，我是这么看这个问题的，我认为对很多问题可能每个人都有自己不同的观点，包括史学家也是从自己的角度来解读历史的。如果我们幸运的时候就可能碰见一些像郭老师这样既尊重事实，又有解读能力的史学家，提出一些有独立见解的历史事实或对一些过去的历史现象进行合理的解读。当然有时候我们也可能看到不同的版本，这些史学家可能也不见得是真的故意偏离历史，而恐怕是由于他的研究方法或资料存在限制等，从而导致一些差别。我觉得我们可能都必须接受现实，现在我们每个人要想根据证据判断的原则，再回归到多少年以前，来判断当时真实的事实，这个想法本身就具有历史的局限性，这个是允许的。

再一个，各种史观可能都有自己的价值倾向，价值倾向需要我们自己判断。我们的制度有我们自己制度的特点，它有自己的价值导向，西方制度有西方制度的特点，一定也有他们的价值导向。但是最重要的是，不管有什么样的价值观或者什么样的结论，总得有一个机会让不同的声音来谈论，让我们能受益，让我们能够判断。只要有这种机会存在的时候，就给我们每个人提供了一个独立学习、吸取这些知识精华的机会，能够帮助我们进行独立的判断。这样我们整个学习环境和社会环境都会良性地发展。我想说的意思就是，包括我们革命史观的问题，这都是价值判断的问题。所有的史观、所有的结论统统都是有价值导向的，不管处在什么国家、什么制度下面，所有的结论都包含了一个人的价值判断。我就想补充这么一点。

郭世佑：

我再接着莫老师的话补充一下，我刚才讲到，事实评判比价值评判更重要，更多的我们应该从事实评判的层面上去研究历史。正如莫老师所言，价值观确实含有主观性，会影响看问题的角度、掌握资料的程度。但是史学也好，法学也好，在求真的层面上不应该分专业，不应该有其他各种顾虑。

主持人：

刚刚两位老师为我们带来了一场十分生动和精彩的演讲，让我们在了解伍廷芳先生的同时，也对“为天地立心，为生民立命，为往圣继绝学，为万世开太平”的中国近代知识分子们有了更深的了解。希望大家听完这场讲座后都能有自己的一番思考与理解。最后让我们再一次用热烈的掌声对两位老师表示衷心的感谢！

公权能否低下高昂的头颅

——聚焦刑诉法修正案草案

演讲嘉宾：陈光中　田文昌　王敏远
主 持 人：刘　玫
时　　间：2011年10月17日

嘉宾简介：

陈光中，著名法学家，新中国诉讼法学奠基人之一，诉讼法学带头人。浙江永嘉县人，1930年4月出生，1952年7月毕业于北京大学法律系，中国政法大学前校长，终身教授，博士研究生导师，诉讼法学研究院名誉主任。

其主要社会兼职有：中国法学会学术委员会副主任；中国法学会刑事诉讼法学研究会名誉会长；国家哲学社会科学研究“八五”、“九五”届法学规划小组（评审组）成员、副组长；国家教育部人文社会科学研究专家咨询委员会委员；最高人民法院特邀咨询员；最高人民检察院咨询委员会委员。1991年经国务院批准，享受有突出贡献专家政府津贴待遇。曾任国务院学位委员会第二届至第四届法学评议组成员；中国法学会副会长；中国法学会诉讼法学研究会会长；国家图书评奖委员会第二届至第四届委员等。

田文昌，1947年出生，1983年获西北政法大学首届法学硕士学位。1983年至1995年在中国政法大学任教，曾任法律系副主任、研究生导师。1985 年开始做兼职律师，1995 年创办京都律师事务所，现任京都律师事务所名誉主任，中华全国律师协会刑事专业委员会主任，其间主持制定了我国第一部律师自律性规范——《律师办理刑事案件规范》；主持设立了我国第一个全国性律师网站——《刑辩网》；主持起草并出版了我国第一部以律师协会名义起草出版的《刑事诉讼法修改律师建议稿》。

其素有“学者律师”之称，教学、科研、办案成果丰硕，曾发表学术论文、译文、专著、教材等数百万字，并以擅长办理各类典型疑难法律事务而著称。

王敏远，1959 年 11 月生，浙江杭州人，法学硕士。现为中国社会科学院法学研究所研究员，中国社会科学院研究生院法学系博士生导师，中国法学会刑事诉讼法学研究会副会长、华侨大学法学院院长。

主要研究领域为刑事诉讼法学。曾在《法学研究》、《中国法学》、《中外法学》、《政法论坛》、《法学家》等杂志上发表论文六十余篇。主要代表作：《刑事司法理论与实践检讨》、《一个谬误、两句废话、三种学说——对案件事实、证据的哲学、历史学分析》。

主持人：

欢迎大家来到本期刑事法论坛。本期我们邀请了陈光中、田文昌、王敏远三位教授作为我们的主讲嘉宾，为我们讲解本次刑事诉讼法修正案草案的具体情况。欢迎三位嘉宾的到来！

陈光中：

其实本次刑事诉讼法修改是继 1996 年以来刑诉法的第二次大修。15 年来，我国经济、政治、文化等各方面都发生了重大变化，特别是人权意识明显加强，数年来进行的司法改革为本次修法扫清了一些障碍。并且随着依法治国和保障人权被写入宪法，刑诉法作为“小宪法”对此肯定也要切实体现。本次修法力度比较大，增加条文占了较大比例，而且大多数内容值得肯定，但是还有很多地方需要我们冷静看待和思考，以促进刑诉法乃至整个刑事法律的不断完善。

主持人：

刚刚陈老师为我们介绍了本次刑诉法修改的背景和意义，相信大家来之前也都已经读过本次刑诉法修正案草案了。可以看到，本次刑事诉讼制度修改，涉及比较多的是辩护、强制措施和证据这几块。而大家普遍关注的重点问题之一，就是律师辩护权的保障问题。

我们注意到，1996 年《刑事诉讼法》修改时是先修改《刑诉法》，再修改《律师法》，所以《律师法》在后。但本次立法修改却是先修改《律师法》，再修改《刑诉法》，并且修改后的《律师法》已于 2008 年 6 月 1 日生效实施。实际上，这两部法存在一些相互矛盾和衔接不畅的问题。而在 3 年的立法实践中，律师也对《律师法》和《刑诉法》的衔接问题反应非常强烈。事实上，由于《律师法》先行修改，所以《刑诉法》在再修改时，其中关于律师辩护制度的修改可谓是必然。下面我们就有请田律师对这个问题发表高见。

田文昌：

刚才谈到辩护权的问题，其实作为律师来讲，我们有很多忧虑，也有很多苦衷。大家知道中国的律师制度形成得比较晚，执行的时间也不过 30 年，其实对于律师职业的作用，整个社会从观念到实质都缺乏充分的认识。不仅如此，辩护权的问题还涉及整个刑诉法的体系问题。刚才陈老师讲了他对刑诉法的总体评价，我基本上同意陈老师的意见。我的看法是，总体评价可以这样概括，理念上的进步与保障的缺失并存。总的感觉是这次刑诉法的修改，从理念上提出了很多具有突破性的问题，比如说自证其罪的问题、排除非法证据的问题、辩护权的问题等，很多方面都展现了比较先进的理念。当初在修改之前，我们开会过程中对此也提出了非常多的争论，因此最终能将这些问题写进去着实不易。但问题是，所有这些体现先进理念的条文内容的后面都缺乏一个救济性的条款保障，缺乏具体的操作性。这里面很多问题都留下了一些悬念。而这些恰恰是司法实践当中会出现的问题，所以理念与实践还是有着较大差距。

具体说到律师辩护权，本次刑诉法对此有一些新的修改。大家都知道律师有“三难”：会见难、阅卷难、调查难。比如会见的问题，这次刑诉法对此做了改变，规定应当在填单后会见。但同时有两条例外，一是有些犯罪还是要“刑讯逼供”的，另一个则是安排会见最迟不得超过 48 小时。这乍听上去似乎是一件好事，起码有个会见时间的底线。但实际情况呢？在我们的司法实践中，司法部门很有创造力和想象力，48 小时常常就变为了会见的常态。大家知道，有时候 48 小时是非常关键的。有些疑难复杂案件，留给你调查处理的时间非常短暂，再推迟 48 小时，有时候甚至多数被告人都已经发生改变。所以我们以全国律协的名义对此提了好几次修改建议，并且最后还针对草案提出了 45 条修改意见。其中一条就是提出应当及时安排会见，不能将 48 小时作为延期的常用条件，主张要废除 48 小时之说。

再比如律师阅卷的问题。现在的刑诉法规定律师享有阅卷权，可是在司法实践当中，很多情况下居然不让律师复印卷宗，或者只让复印不让拍照，或者只让拍照不让复印，或者只让手抄，甚至还有只让看不让抄的。说起来可能大家无法想象，但这确实就是我们司法实践中的真实情况。所以这次我们提出来应当明确律师有权采取复印、拍照等各种方式复制案卷内容，而且要保障律师如果无法及时阅卷该怎么处理，对此一定要有一个明确的说法。

接着说调查的问题。现在的刑诉法规定律师可以进行三项调查，但在侦查阶段却仍未取消对被害人的调查要经过法院、检察院批准的规定。事实上，这项规定是毫无道理可言的。律师的调查权是一项私权利，它本身并没有强制力，并且调查只是针对被害人问问题，为什么一定要经过司法机关许可？而且所谓被害方证人、被告方证人，有的时候根本无法判断，那么在说不清楚的情况下，就容易出现误导，谁先找的那个人就是谁的证人，那这件事就非常麻烦了。要知道，一切案件的发生，都是侦查在先、指控在先而律师辩护在后，并且有用的证据对律师而言都非常重要，所以这项规定本身就限制了律师调查取证的权利。

会见、阅卷、调查，这三方面的权利对我们律师而言可谓是最重要的权利。在律师法出台实施之后，曾对此爆发过很长时间的争议，现在律师法已经对此进行修改。然而，非常严重的问题是，修订后的刑事诉讼法在这个问题上居然和已经出台实施的律师法存在冲突，那么同一个国家、同一个立法机关制定的两部冲突的法律究竟该如何解释适用？怎么能允许这样的事情存在呢？

当然我参与了立法过程，我清楚这不是立法机关的问题，事实上，立法机关的立法过程恰恰反映了立法的民主化，它要从不同的利益、不同的角度出发做不同的考量，这些都可以理解。但问题在于我们的立法应该符合时代的要求，符合法律的基本原则。因此，尽管我们在立法上有所突破，但由于法律条款未能得到落实，那么就导致执行中出现很多问题。而1996年刑诉法修改时出现的第38条在我看来问题更大。

主持人：

我介绍一下《刑诉法》第38条的内容，这一条是作为辩护人的义务来规定的。根据该条规定，辩护律师和其他辩护人，不得帮助犯罪嫌疑人、被告人隐匿、毁灭、伪造证据或者串供，不得威胁、引诱证人改变证言或者作伪证，以及进行其他干扰司法机关诉讼活动的行为，否则要承担法律责任。而现行刑法第306条也特别规定了律师伪证罪，针对律师身份设定了一个立法上的歧视。田律师说的就是这两条。田律师接着说。

田文昌：

简单说，我理解《刑诉法》第38条是由1996年刑诉法修改中的重大进步所带来的一个衍生的副产品。1996年刑诉法的重大突破是将律师参与刑事案件的时间从审判机关往前提前了两个阶段，这是一个非常巨大的进步。但是也对侦查机关产生很大的威胁，因为侦查机关通常认为律师会妨碍侦查。这个顾虑在当时的背景下也可以理解，因为当时还缺少这方面的经验，所以坚持要给律师设定限制，规定律师不能乱来。在这种情况下出现了第38条，规定律师不能引诱证人作伪证和毁灭证据。

这一条修改之后，与该条相对应的实体法，在《刑法》中就规定了第306条。事实上，《刑法》第307条本来就对于一般主体妨碍作证罪进行了规定，但306条又将律师单列出来作为单独指向。当时这个规定一出来，在1996年其刚要出台前期，司法部连续办了几期全国高级刑事辩护律师培训班，邀请我去讲课。每次讲课我都会警告说，《刑法》306 条一旦实施，全国范围内就将有大批律师陆续被抓。这是我第一次讲课时提出来的。后来时隔不到 20 天，第二次培训班讲课的时候就已经有人被抓了。

所以我们说《刑法》第 306 条有两个明显特点：

第一，歧视性，单列一条款对律师进行单独规定。我考察了全世界两大法系，没有任何一个国家有这样的规定，独中国如此。当时针对该条，律师界、学术界，包括陈老师在内都在呼吁，要将其改成“辩护人或者其他任何人”。事实上后来确实有所改动，但是这个改动实际上没有多大力度。因为即便公检法律师四个方面都规定了，但也没有意义。为什么这么说？大家可以看到，足球比赛的时候，大家虽然是按照同一规则来踢球，但是裁判员和运动员一起踢有用吗？在警察、检察官、法官、律师四个角色当中，前三者都可以处罚律师，而律师却不能处罚他们中的任何一个，所以还是不公平。因此，我主张一定要彻底取消 38 条，否则无法从根本上解决问题。

第二，引导性。我这几年专门做过统计，据不完全统计，到目前为止，全国已有 200 名左右律师被抓，但是事实肯定远远超过这个数字。为什么？我曾经带人去过几个省调查相关情况，很多地方即便抓了也不上报，因此真正被抓的律师肯定超过这个数字。这些年律师职业报复现象急剧升温，很多律师在调查取证时害怕因为第 306 条被抓，因此事先就准备了录音录像。有些人甚至连证人的面都没见着就因为第 306 条被抓，所以说该条在司法实践中已经被滥用到无以复加的地步了。面对这种可怕的现象，现在大家知道，全国范围内很多律师办案基本上都不取证了，甚至有的省市的律师协会明确规定律师不允许调查取证。这也直接导致现在全国范围内由律师办理的刑事案件比例由30%下降到20%，并且这20%有律师参与的案件中的绝大部分也是不作证、不举证的。长此以往，我们的辩护质量该如何得到保证呢？办案质量该如何得到提高呢？我们这些犯罪嫌疑人的基本权利又如何得到保证呢？这是非常令人担忧的问题。

要知道，我们国家对于律师积极辩护的需求是非常强烈的，只有律师积极调查取证，才能真正保障犯罪嫌疑人的合法权益，才有可能还原事实的真相。因此，我从律师界的角度，从了解律师实务和律师工作的难度的角度，认为本次刑诉法修改虽然在一些方面有所进展，但仍未能设定一些针对性很强的救济性条款，在保障律师辩护权方面做得还是不够充分，这也使得现实同我们的一些理念仍存在比较大的差距。

这是我对这个问题的一些忧虑。当然，针对这个问题，现在人大开会也在讨论，全国律师界也都在做努力，陆续在向司法部门提出这样的建议、要求。我非常希望能够引起各方面人士的关注，因为辩护权不仅仅是律师的权利，更是被告人和被害人的权利，是法律的权利，是一个国家法治建设程度的重要标志。如果辩护权得不到尊重、证物的证明作用得不到发挥，那么我们国家的法治水平就会受到质疑，就难以得到实质性的发展。

主持人：

田律师表达了他一直以来的观点。在他看来，首先这次立法修改完成了刑诉法和律师法的衔接；其次他一直坚决主张要求取消第38条，甚至是《刑法》第306条。今年的律师大会将于17日在青岛召开，其中一个分会场就是专门针对刑事辩护问题进行探讨，我也接到会议邀请，可以想象这次会议将结合《刑诉法》对刑事辩护的再修改产生非常激烈的讨论。

在这里，我想利用主持人的身份对这个问题说一点补充意见。我注意到本次立法修改在辩护与代理这一章中只改了“辩护”的内容，而未对刑事代理作出任何改变，我个人认为这是一个缺失。刑事代理实际上涉及解决被害人和自诉人的权益问题，并且在上次《刑诉法》修改之后，经过15年，代理人制度已经形成了有关代理人的权限、代理人的地位等问题的很多成熟的司法解释。所以我们不但需要对刑事辩护制度予以完善，也需要对刑事代理制度予以完善。这是我的观点。下面请两位嘉宾对辩护问题发表一些补充意见。

陈光中：

关于辩护的问题，我认为本次《刑诉法》修改得比较好，特别是加强了对犯罪嫌疑人的法律援助力度。当然也还有不足。

现在我要补充一个问题，刚才田律师讲到关于追究辩护人律师的法律责任，原来的第38条变成现在的第42条。我非常赞同田律师刚才的观点，这一条应该说对我们律师而言是非常不利的，是一个限制律师、惩罚律师的条款。律师如果胡作非为，该惩罚确实要惩罚，但问题是这一条原来的规定很不合理，而后来的第306条也有问题，但是比现在的第38条稍微好一点。现在第42条修改了，应该说修改得还是不错的。

至于我们说追究律师刑事责任的问题，首先我们要考虑应不应该抓？什么时候才能抓？我们知道，追究犯罪应该是在判决生效之后，要经过法院的法庭调查，控辩双方辩论、举证，法院依法判决，然后可以上诉，再定刑、定罪或是宣告无罪。这时候才可以考虑说律师究竟有没有问题，是不是该承担刑事责任。如果检察院同公安机关一开始就互相配合将律师抓了，那法官就形同虚设了。法官还在调查，未得出结论，你们就先把人抓了，这岂不是“有罪推定”?！所以这里不单纯涉及律师的权利问题，还涉及法院的权威问题，法院法官的角色能不能充分扮演的问题。所以说，我认为，这一条如果要保留的话，就必须还要追加规定“追究辩护人的伪证责任以及其他责任都应在判决生效后追究”，这样才符合诉讼规律。我就补充这一点，谢谢大家。

王敏远：

关于辩护的问题，陈老师和田律师分别从理论和实务方面给了大家很多正面的、确定的意见，而我更多的是想与大家分享一些疑问。

第一个疑问是，上个月我参加了一个国际研讨会，遇到的一个问题是关于律师介入刑事诉讼的时间。现在的修正案包括原来的《刑诉法》规定都是“采取强制措施之后或第一次讯问以后”。为什么是第一次讯问以后？为什么是采取强制措施以后？按照相关国际公约的规定，律师应该在诉讼的各个阶段为犯罪嫌疑人或被告人提供法律上的帮助。那么，我们为什么要在这里对比进行限定?

关于这个疑问，我想很多人都有所思考。这是对内对外两种思考方式或者两种解答方式的不同。对外的场合，包括在上次国际研讨会上，当时我回答说 1979 年制定《刑事诉讼法》时，我们国家的刑事侦查还处于封闭阶段，那时还没有律师介入。到 1996 年《刑事诉讼法》修改将这个封闭的阶段打开，开始允许律师介入，但那时介入身份不明，可能属于“法律帮助人”。而在这次修正案中则规定为“辩护律师”，使得律师的身份和地位都有所提升，也为今后其作为辩护人发挥其应有的作用提供了前提。这就是对外的一种说法，主要为了表明现在的修正案在1979年《刑事诉讼法》和1996年《刑事诉讼法》基础上又往前迈进了一步。但至于这迈进的一步是不是足够大、足够有效，则是另外一个问题。

当然关于这个问题也可以引起我们更多的思考。比如，为什么要辩护？如果从程序、从刑事上看，在现代刑事诉讼中，除了控告人、公诉人外，被告人要想获得法律帮助，不仅需要自我辩护，还应当有辩护律师为他辩护，才能够为司法公正审判提供基本保障。但另一方面，我们国家现在还面临两个方面的问题，一个是辩护的数量问题，一个是辩护的质量问题。而辩护质量主要就是指有效辩护的问题。

什么是有效辩护呢？有效辩护应该从两个角度来说。第一个方面是指律师自己是不是享有与辩护权有关的各方面权利，包括刚才提到的阅卷权、调查权、会见权等，这是有效辩护的基础。而有效辩护的另一个方面则是指权利的相对人——职权机关如何对待辩护。关于这些问题，我们这次修正案和以前相比的确往前迈进了一步，从这个意义上而言，我也同意陈老师和田律师他们提出来的现在的《刑诉法》确实有值得肯定的地方。但与此同时，我们还应继续思考下一个问题，就是如何进一步地推动辩护质量的提升。因为只有辩护质量问题得到很好的解决，辩护数量问题才会得到很好的解决。我就简单补充这一点，谢谢大家。

主持人：

刚才王敏远教授提到了为律师“正名”的问题，1996年《刑诉法》规定在侦查阶段可以聘请律师，我们的很多教材大家也都可以看到，当时叫作“法律帮助人”，还不是辩护人。律师界曾有一个说法，说侦查阶段的律师不是“人”，他们说的这个“人”就是指公共参与人。在《刑诉法》规定的7种诉讼参与人里有辩护人、诉讼代理人，但是律师这个身份并不一定就是公共参与人。而现行的1996年修改后的《刑诉法》规定，审查起诉以后被委托的才叫辩护人。因此有的律师说得非常激烈，说侦查阶段的律师不是“人”。我们注意到本次《刑诉法》修改草案里面把名分问题解决了。现在在侦查阶段中委托的就是辩护人，对此田律师有什么回应?

田文昌:

我补充一句，刚才陈老师提到，很多律师在审判还未完成时就已经被抓了，这说明什么?说明第306条有充分的可利用价值，这就是它的最大作用。所以这条一定要修改，否则就会导致律师不敢辩护、当事人不敢请律师，就会从根本上摧毁律师辩护制度。这非常可怕!

主持人:

下面进入第二个话题，关于强制措施的修改。1996年《刑诉法》修改时强制措施是重头戏之一，而本次《刑诉法》草案中对于强制措施的修改力度也非常大，几乎对每一种强制措施都进行了不同程度的修改和完善，下面有请王敏远教授做主题发言。

王敏远:

我想对于我们学习过《刑事诉讼法》的人来说，刑事诉讼当中的强制措施是一个特别引人关注的立法问题，也是实践当中比较突出的问题。多年来，关于强制措施，在司法实践过程中出现了许许多多的问题，大家如果有兴趣的话可以看到，比如超期羁押的问题，变相羁押的问题，等等。在我看来，强制措施之所以会引起我们的关注，从研究的角度来说主要有两方面。

第一方面在于强制措施涉及对人身自由的限制或剥夺的正当性问题。这个问题与强制措施的终止和强制措施制度的终止联系在一起。我们国家现有的用于刑事诉讼的5种强制措施，包括拘传、取保候审、监视居住、拘留和逮捕。为什么要采取这些强制措施呢？就是为了保障诉讼秩序。但我们需要反思的是，如果是为了诉讼的顺利进行，那么作为强制措施的终止可能没有错，但是作为强制措施制度的终止就有问题。我们知道强制措施制度是规范强制措施的法律规则的总和，规定了何种情况下可以拘传，何种情况下可以取保候审，何种情况下可以监视居住以及逮捕和拘留的条件，等等，这些都是制度性的规定。

那么为什么要有强制措施制度呢？如果说制度的设计也是为了保障制度的顺利进行，那就会出现很严重的问题。按理说，如果是为了保障诉讼的顺利进行，只要一种措施就够了，那就是羁押——暂时剥夺人身自由。因为这种措施最有利于保证诉讼的顺利进行。我们根本就不需要其他的非羁押措施。并且从保障诉讼顺利进行的角度来说，非羁押措施甚至是不利于保障诉讼顺利进行的。换句话说，我们在设计刑事诉讼法中的这个制度时，我们的思路到底是什么？

在我看来这个思路其实很明确，就是为了规范我们职权机关的行为，并且有利于嫌疑人和被告人权利的保障。在这个问题上，我认为不存在打击犯罪和保障人权的平衡问题。什么叫平衡？关于“平衡”的定义，我们在字典里可以找到很多种不同的解释，自然科学和社会科学对此也有不同的定义。在社会科学里我们更多看到的是这样的定义，那就是两种对立的力量在质和量上的对等就是一种平衡。

而强制措施作为一种制度设计，怎样才能保持平衡？拘留原来规定的时限是 7 天，1996 年《刑诉法》修改的时候，以取消收容所为代价规定它可以延迟到 30 天。那么，30 天就维持了平衡吗？还是 50 天才能保持平衡？逮捕也是这样，我们根本找不到所谓的平衡点。事实上，我们每一次修改《刑诉法》的目的是为了更加有利于保障人权。因此我们在数量上应该减少羁押，不管是从羁押的案件数量还是羁押的期限方面，我们都应该做这样的努力。当然，出于对现实条件的考虑，我们在制度设计上可能会对目的进行一定的限定，但那是另一个问题。

比如现在我们经常可以听到这样的说法，流动人口的犯罪比率相对较高，对这样的人如果不采取羁押措施，就无法保障诉讼的顺利进行。这就是一个现实条件的问题。但现实条件并不能成为我们修改《刑事诉讼法》、进一步完善强制措施制度的理由。在我看来，我们首先要解决的应该是我们为什么要有强制措施制度？我们为什么要修改强制措施制度？这些问题都是宗旨问题。只有在宗旨问题上做到目标明确，方向明确，剩下的才是我们该如何具体迈进的问题。因此，从这个意义上而言，本次《刑诉法》关于强制措施制度的修改有进步的地方，但也有值得反思的地方。

比如我们今天暂时还未讨论到的拘传问题。关于拘传的时间，1996 年《刑诉法》修改时有一个巨大的进步，因为在 1979 年制定《刑事诉讼法》时并未规定拘传的期限问题，这在司法实践中曾为某些地方的司法机关采取拘传手段超期羁押犯罪嫌疑人提供了理由。这非常令人不可思议。在这个背景下，1996年《刑事诉讼法》修改时对于拘传时间进行了专门规定，限定不得超过12个小时。而现在的《刑诉法》草案中关于拘传的期限规定的则是24个小时。在本次修法的过程中，有些机关提出了拘传期限12小时不够用的种种理由，甚至还提出了一些生动的案例。我不否认这样的理由也许是成立的，这些生动的案例也可能是有价值的。但是我想说，拘传作为一种特定意义上的强制手段，作为一种与拘留和逮捕适用于不同条件的一种强制手段，其本身就意味着只能在短时间内采用。如果说审讯12个小时还不够用，只有羁押24个小时才能破案，那我是不是还可以找到更生动的案例说明必须要羁押48小时才够用呢？在我看来，我们并不能以某个案件中因为拘传时间不够用导致案件破获存在问题，就要求必须延长关于拘传期限的规定。

此外，还有很多人关心通知的问题。通知是指对于被拘留和逮捕以及指定居所监视居住的人，应当通知家属。这显然具有积极的意义。但是在一些特定案件中有例外，即对于涉嫌危害国家安全犯罪和恐怖活动犯罪的，如果认为通知可能会有碍侦查的话也可以不通知家属。对于这一规定，很多人持有异议。不通知不就是一种秘密拘捕吗？而显然秘密拘捕在法治社会中是不应该存在的。20世纪50年代周恩来总理就曾提过，共产党执政不能像国民党那样搞秘密拘捕。

在关于通知的条文刚出来时，就有人电话采访我，问我对这条怎么看。在我看来，这一条相对于1996年《刑事诉讼法》是有进步的，但是是一种有限的进步，我们还应该追求更往前走的一种方案。我认为对此还是应该通知家属，虽然危害国家安全犯罪等是一种特定类型的犯罪，对于个别的问题我们的确需要进行特殊处理，但是我们也不能仅仅因为一个非常罕见的情形就作出一个非常普遍性的规定，那样我认为可能会得不偿失，不利于我们进一步保护人权。这是关于通知第一个需要关注的问题。

第二个需要关注的问题，通知到底是犯罪嫌疑人的一项权利，还是侦查部门的一项职责？我们看到，现在法条中规定，侦查部门在采取强制措施或拘留逮捕或指定居所的措施之后，有责任和义务通知家属。这种责任和义务的规定当然有积极意义，但是其积极意义究竟有多大则值得我们深入思考。如果我们将通知家属的权利交给被拘留人或被逮捕人会怎么样？在我看来，应该由被拘留人或被逮捕人来决定是否通知、通知谁，只有他们才享有这项权利。因为只有这样，我们才能比较有效地避免该条关于通知的规定被滥用的可能。

主持人：

关于强制措施刚才王敏远教授重点讲了拘传和拘留的问题，而对于其中监视居住的问题也引起了社会的广泛关注，陈老师是研究这方面问题的专家，有请陈老师为我们讲解一下，大家欢迎。

陈光中：

关于这一次《刑事诉讼法》的修改，我认为其中对于强制措施部分的修改问题还比较多，对此我们还需要认真思考应如何进一步来改善。

首先，我对于本次刑诉法关于监视居住制度的修改就不太满意。本次监视居住制度的改革，将监视居住单独作为一种强制措施，严于取保候审，低于拘留逮捕。但是其中规定了一些限定条件，就很容易使一部分犯罪分子无法被逮捕。此外，监视居住还有一个特点就是，它是放在外面而不是放在看守所里的，除了可以待在家里外，某些情形下还可以单独指定地点。其实这里面涉及一个很大的危险，我们的政法部门可能更容易采取刑讯逼供的手段。因为在看守所里要刑讯逼供其实还是不太容易的，因为现在规定不可以带出去讯问。而一旦带离了看守所，放在特定的场所里，则很可能为刑讯逼供开了道。我已经听到一些人跟我反映，按照现在的规定，我宁可被逮捕也不愿意被监视居住。我觉得这个说法很值得我们思考。

刚才王敏远教授提到了通知的问题，其实我还是比较同意现有的法律对于危害国家安全罪和恐怖犯罪的特殊规定，当这两种案件妨碍侦查的可以暂时不通知亲属，我还是比较认同这个规定的。因为这主要是考虑到打击犯罪的需要。但是，我认为这一条还是有些地方需要修改。

第一，我们可以看到，在这一条“危害国家安全罪和恐怖犯罪”之后还有一个“等”字，这意味着除了上述两种犯罪外还有其他的犯罪可以适用暂不通知家属的规定。但是又没有对此进行明文规定，这就是危险。我们的政法部门总是很善于利用法律或者钻法律的空子，因此这个“等”字可能就会赋予他们一个很大的扩权空间。因此，我认为，必须取消这个“等”字。

另外一点，我赞成王敏远教授的意见，通知的问题涉及到严重的人权问题，而这一条中并未规定可以不通知的时间期限，那么是不是意味着在整个过程中都可以不通知呢？我觉得这一点非常过分。因此，我主张必须对此进行时间限定，并明确是哪些案件可以不通知。结合中国的实际，我初步的意见是 7 天。这是我的看法，谢谢大家。

主持人：

这次我们看到刑诉法草案第 49 条里增加了一条规定，严禁刑讯逼供或以其他非法方法搜集证据，不得强迫任何人证实自己有罪；也注意到对于学者一直以来呼吁取消的原《刑诉法》第93条“对侦查人员的提问犯罪嫌疑人应当如实回答”的规定，在这个草案里仍旧得到保留。此外，关于草案第177条，很多媒体都在广泛报道，讨论我们到底是不是确立了“不能强迫自证其罪”原则。对这些问题我们请王敏远教授为我们解析一下。

王敏远：

刑事诉讼法修正案里关于不得强迫自证其罪的规定，获得了比较普遍的一致肯定，这条规定的含义不用解释，证明自己有罪的供述应当建立在自愿的基础上，而不能建立在强迫的前提下。这条规定虽有进步，但是不要以为这个进步是没有基础的进步，这是第一个判断。第二点，这个进步是不是足以解决我们想要解决的问题，则需要进一步思考。

首先，这一进步是建立在一些基础之上的。从立法而言，强迫自证其罪最极端最典型的一种表现形式就是刑讯逼供，通过刑讯逼供强迫他供认自己的犯罪情况。1979年制定《刑事诉讼法》时就明文规定，1996年制定《刑事诉讼法》的时候同样规定，对强迫自证其罪进行否定是我们制定刑事诉讼法的一个基本倾向。但是这个基本的倾向我们只能通过严禁刑讯逼供这样的规定来推动，而没有明确的直接规定。

另一个基础就是我们改变了侦查破案的方式，关于这一点，我们现在才可以这么说，而在1979年和1996年时还不能这么说。今年4月份，我跟公安部去调研的时候，发现有些地方公安局的审讯室里已经没有了“坦白从宽，抗拒从严”等标语和口号。从这个意义上来说，标语的变化也反映出当地现在的侦查更多的不是依靠审讯，而是依靠侦查中细致地收集证据，当然其中也包括用高科技手段来侦查破案。

此外，还有一个前提是我们的国际环境也在发生改变。我们1998年就签署了人权公约，该公约明确规定了不得强迫自证其罪。这个规定本身是具有积极意义的，但是这个积极意义是不是足以解决我们想要解决的问题，还需要我们进一步思考。我们到底想要解决什么问题？从理论研究的角度看，我们立法主要是为了解决供述的自愿性的问题，从而进一步规范审讯机关的行为，使得强迫自证其罪这样的行为得以避免或者预防。而针对这个目标，在我看来，现有的规定是有助于我们解决问题的，但不能真正地完全地解决这些问题。如果真的要彻底解决刑讯逼供、解决供词自愿性的问题，我们还需要采取一些有效的办法，如全程录音录像等。现在我们虽然对此也有所规定，但规定得还不够完整，目前并不要求所有案件在侦查阶段都必须全程录音录像，因此这有待我们进一步完善。

除此之外，我们要想真正、完全、彻底地解决这个问题，还需考虑更有效的办法，以及这些办法应当在哪些阶段使用，针对哪些岗位使用，这些都是需要研究的。例如，关于未成年人，刑事诉讼的规定是否可以进一步明确？对未成年人，我们能不能提供特殊保护？如果未成年人这片试验田能够成功的话，那么以后我们就可以将相关的规定扩展到成年人的领域。又比如，强迫自证其罪里关于如实供述的问题，我一直认为之所以原来1979年《刑事诉讼法》、1996年《刑事诉讼法》和现在都保留该规定，其价值主要在于两个方面：一是对于不明真相的人员，告诉他们需要如实交待自己的犯罪情况，如实回答审讯机关的提问，这是他们的责任和义务；第二个作用则是它可以成为审讯机关加大审讯力度的原因。因为什么叫如实回答，它的判断权不在被审讯人的手上，而是在审讯人的手上。只要审讯人认为你没有如实交待，那么就可以这条规定为由，加大审讯力度。也因此，这后来在实践中导致了各种各样的问题。从这一点而言，要求如实供述事实上起到了很多反面的作用，加剧了审讯双方的矛盾激化。

主持人：

今天还有一个专题是关于本次立法对死刑复核程序的完善问题。我们知道，2007 年最高人民法院收回了死刑立即执行案件的核准权，并通过司法解释的方式制定了死刑复核的具体程序，包括死刑的立即执行和死刑缓期执行。而这次立法的修改也把其中的一些成果吸收到草案中来，甚至对这一司法解释有所突破。下面请陈先生为大家介绍相关的情况，大家欢迎。

陈光中：

关于死刑复核程序的修改，我们参加讨论的人都知道，刚开始这一修改并未纳入我们的方案，是因为后来各方面要求死刑复核程序一定要修改，最后法工委才作出决定，修改了几条。尽管这几条简明，但是却很管用。总体而言是将其中行政负责审查的程序改为适度诉讼化，加入了一些诉讼的因素。具体则包括：

1. 之前最高法规定对于死刑犯，原则上需要询问有无辩护意见等，但也可以不询问，而现在则明确规定一律必须询问，不仅要从书面上看，在法院庭审时法官还必须亲自询问。我们国家地域辽阔，尤其对于偏远地区，最高法的人要过去十分不易，异地询问难度很大。因此在我看来，司法实践中针对某些特殊情况，也许可以施行远程视频式的询问。现在科技那么发达，问题应该不大。

2. 按照现有的刑诉法，对于可能判处死刑或无期徒刑的被告人，要提供法律援助。有一种情况是，一审可能已经判处死刑了，二审可能继续判处也可能改判，然而现在法律规定对于死刑案件必须开庭，公诉人也必须出庭，因此，如果二审时被告人没有法律援助的话，那么很可能出现“一边倒”的情况，这显然不合理。因此我认为应该将法律援助扩展到二审。

3. 规定最高人民检察院可以介入并对此提出建议意见，我觉得这一点是一个进步，不仅应要求法院自我监督，也要加强其他方面的监督，通过监督错误防止错抓。

总的来说，我们的目标是要限制死刑，慎重使用死刑，让死刑案件的数量从总体上逐渐下降，这是我们死刑复核的目标。这次刑诉法修改明确了最高法对死刑复核案件有权提审改判，这是新增加的一条规定。过去，死刑复核要么就是判死刑，要么就是放回去，而不改判，交由下面处理。现在则规定有些案件可以改判死缓、无期徒刑，疑案、证据不足也可以直接判定无罪。当然这种情况下，最高法院既体现了人权保障，也增加了它自身的义务和责任。但是这是必然的要求，过去最高法将义务往下推的做法是很不合适的。总体来说，这次修改总结得还是比较好的，但是有个别地方还是有待明确，特别是关于法律援助是否要进入死刑复核程序，我认为这是对我们法治的考验。

田文昌：

正如刚才陈老师所说，本次《刑诉法》修改确实在一些方面有所进步，特别是关于提审改判的问题非常重要。我现在手头就有两起案子，都是死刑案件，但证据明确显示判重了，我自己也认为有极大的无罪的可能性。这是一个非常大的问题，如果能够提审改判，对我们来说非常重要。但现在的规定还是有待完善，作用很有限。比如，如何操作的问题并没有具体规定，律师如何会见、如何阅卷也没有规定，律师和法官之间的交流权也没有规定，等等。所以我觉得本次立法修改的遗憾还是很多。

王敏远：

关于死刑复核我有两句话特别想说。

第一句话是我们不是要听取律师的意见，而是应当听取律师的意见，应当对律师的意见作出积极的有效的回应，即刚才我提过的有效配合的问题。在最高人民法院将收回所有死刑案件的死刑复核权的相关通知里和有关领导人的讲话当中，他们都提到了一点，就是要把死刑案办成铁案，要经得起历史的检验，这句话说得是很过硬的。但是，这句话是有前提的，那就是它同时要经得起现实的检验。什么叫现实的检验？什么叫历史的检验？历史的检验就是指被害人复活、真凶再现，但是并不是只有被害人复活和真凶再现这样的案件才是错案。而现实的检验则是指要有效回应律师的质疑，要使死刑案件具有其应有的质量。这是一种非常有效的检验方法。如果不能对律师的质疑做出有效的回应，那就意味着你没有经受住现实的检验，也就没资格去接受历史的检验。

第二句话，我认为包括死刑复核在内的死刑案件都应当有特别的合议程序，但是这个现在还没有建立起来，我也觉得特别遗憾。什么叫特别的合议程序呢？那就是此时不是像普通刑事案件采取少数服从多数的合议表决程序，而是应采取全体一致的合议表决程序。原因在于，死刑案件的判决应当建立在证据确实充分、事实完全清楚的基础之上，而没有其他的解释余地。如果审判人员此时还对于证据的确实性和公正性、事实的清楚与否，或也许还有其他解释的可能性存在疑义，则不能作出死刑判决。因为死刑判决绝不允许犯错误。事实上，我们应当避免两种错误：第一种错误是不可挽回的错误，就是把人判错了。第二种错误则是不可饶恕的错误，就是别人都已经指出来你有问题，你却还是坚持要把人杀了。

主持人：

由于时间原因，现在回到我们的提问环节。

提问：

请问王敏远老师，为什么我们国家不能从法律上确定无罪推定、承诺权等国际上都认同的刑诉法原则？

王敏远：

谢谢这位同学，其实我也常常问自己这个问题，为什么我们不规定呢？刑事立法追求罪刑法定，而刑事程序法追求无罪推定，为什么作为现代刑事法治的两大机制之一，这么好的原则我们却不进行规定？或者我们为什么要采取目前刑诉法第12条的方式进行规定？

事实上，关于我国《刑诉法》第12条规定的是无罪推定原则的说法，只是学界某些人一厢情愿的解释。我们立法部门的相关负责人对此的解释是很明确的，无论是1979年制定《刑诉法》，还是1996年修改《刑诉法》，在立法提交时都有关于这个问题的明确回答，那就是我们既反对有罪推定，也不赞成无罪推定。那么我们到底为什么不赞成这一原则呢？

无罪推定，是指不能将还未被法院认定有罪的责任人当作罪犯对待，无论从历史意义还是从现实意义而言，它都是一个非常好的原则。由此也引申出一系列关于无罪推定的各种各样的要求。比如举证责任在控方、被刑事追诉之人应该是权利主体等。然而关于这一系列的要求，我们现行的刑诉法均已经有了相关的规定。所以对于这个问题，对我们来说答案都是明确的，对我而言，你们的疑问也是我的疑问。

提问：

请问陈先生，既然我们已经看到了《刑事诉讼法》的许多不足之处，那我们为什么不改？其障碍在哪里？

陈光中：

这两个问题都很难回答。首先，关于《刑诉法》的不足之处并没有一个客观的评价，可能有的人认为还存在不足，但也有人认为没有，并且就连我们三位对这个问题的认识也不一样。也许我认为的不足，立法部门并不认为是不足，实务部门甚至可能还认为是优点。因此，我认为这里应该有一个标准的问题。

而更重要的，我认为还是有以下几种原因：①立法部门包括领导人思想解放得还不够。②实务部门，包括法院、检察院、公安部门都有自己固有的立场，常常要追求自己单位的某些“小利益”。实务部门常说自己有难处，我认为有的问题可能确实有难处，但有的问题还是因为某些实务部门跟不上形势。比如，这次刑诉法修改将某些重大案件的讯问时间从 12 小时改为 24 小时，很多同志包括外国的一些朋友都认为这是一种倒退，有疲劳讯问之嫌。但是实务部门强烈要求，因为实践中一些腐败案件都是下半夜才真正见战果，所以这是一种传统的办案思维，立法部门也不得不迁就。③关涉到社会民众的认同问题。例如，就死刑案件而言，贝卡利亚早在写《犯罪与刑罚》一书时就已提出要废除死刑，但是在实际生活中，针对某些案件，老百姓普遍要求非杀不可，针对这种情形，最高法敢不杀吗？所以，对于老百姓的法治理念也有一个普及宣传的过程，我觉得群众的法治理念还得跟上去。但是归根到底，关键还是在领导，只要领导思想解放，万事都能够推进。谢谢大家。

提问：

这个问题我想请教田文昌老师。刚才田老师您提到了律师伪证罪，您说您觉得应该废除《刑诉法》第38条和《刑法》第306条，但是，我觉得您这样一个设想的前提是庭辩律师职业已经达到一种理想的准备，即在实践过程中没有伪证或者伪证的程度很轻微。但是在实际的司法过程中，这种现象可能不能完全存在。那么，一旦作出伪证行为，甚至达到了恶劣的程度，那这个时候如果不惩罚他们，是不合情也不合理的。但如果要惩罚他们，应该依照什么来惩罚呢？如何实现有法可依呢？因此，我认为律师伪证罪是可以存在的，只不过我们要提出一个认证标准。通过这种方法，可以达到您刚才所说的那样，律师不是一会儿跌到了地上，又一会儿到了天上。请老师回答一下，谢谢。

田文昌：

我借此机会说明一下。①所谓律师伪证罪，发生在律师之外的司法人员身上的机会更多，数量也更多，实际上，在调查取证的问题上，现实当中通过威逼利诱或者各种欺骗方法取证的侦查人员数量远远多于律师，这是有据可查的。那么，为什么没有规定这些人有伪证罪？②要追究律师这样的行为，我刚才说过《刑法》第307条已经有规定，适用于所有的主体，因此律师如果真有这样的行为，那么按照第307条来追究完全够用了，也是有法可依的。③更重要的一点，现在规定的律师伪证行为在实践当中可以依法操作，为什么这样讲？现在绝大部分追究律师妨碍作证的罪名是怎么来的？都是律师在找证人调查取证的时候，证人原先说的一种情况，律师调查时又说了一种情况，而之后侦查机关反过来再去找这个证人核实，证人此时说了两次不同的内容，面对两种选择，肯定有一次伪证。要么对律师说的是假的，要么对侦查人员说的是假的，肯定要承担伪证罪的责任。所以在绝大多数案件中，证人在这种情况下都说是律师让我说的。那么在这种情况下，怎么取证，一个证人、一个律师，谁来证明是证人说的话是真的，还是律师说的话是真的？所以，从操作程序上，形成了这种情况。而更严重的副作用是，由于规定了律师伪证罪，导致律师头上悬着一把剑，所有律师都不敢调查取证。所以，我们从整个诉讼活动过程来看，它的负面作用远远大于正面作用。基于这一系列的理由，我认为没有必要作规定，全世界也没有哪一个国家的法律是单独将律师拿出来规定伪证的。

提问：

近段时间，我们国家的一些基层检察院正在进行附条件不起诉或者叫暂缓起诉的试点，我想请问陈光中老师，这两种制度有无实质上的区别？我们国家的这种制度建设与德国的暂缓起诉制度相比，有没有自身的一些特点？谢谢老师。

陈光中：

这个问题我可以简单讲一下。附条件不起诉，暂缓起诉，或者暂缓不起诉，其实意思都是一样的。现在我们立法上在未成年犯罪程序里明确规定了附条件不起诉。它是指在一定的条件下本来是可以起诉的，现在暂时不起诉，而如果这些条件都符合了，就正式地不起诉了。针对附条件不起诉，现在我们国家本次《刑诉法》修改采取的是慎重的态度，针对未成年人规定的是1年，1年以下可以附条件不起诉。而从我个人来说，我是比较积极地主张附条件不起诉的，而且我的建议是，不仅是未成年人，有的成年人也可以，特别是残疾人、老年人或过失犯罪等，并且对于未成年人我个人认为也可以放宽到3年。

但是立法也有其考虑，觉得这个制度在我们国家涉及与法院的关系。法院认为附条件不起诉制度瓜分了他们的审判权。本来这块由我们定罪或者量刑，结果不起诉了，涉及审判权的一种分割吧。所以，考虑种种原因，目前规定得比较谨慎，我个人也认为应当采取谨慎的态度。谢谢。

提问：

田老师，请您评价一下我们国家2010年出台的两个“证据规则”，您认为它们在实务中是否具有实践操作价值？还是说它们只是为了应对2010年当时的国内形势而不得不作出的一种宣示而已？

田文昌：

事实上我曾参与了两个“证据规则”的制定和修改，两个“证据规则”的出台可谓困难重重。不知道大家是否注意到，当时在最高法已经就证据规则答记者问之后，它却迟迟没有被公布。最后拖了一个多月才出来，最高法还在全国组织了两个“证据规则”的法官培训班，大家对此也抱着很大期望。

两个“证据规则”出台以后，在我所亲历的案件之中，我谈谈我的两点心得体会。第一点，我有一种解放了的感觉。之前即便犯罪嫌疑人被采取了刑讯逼供也不让说，没有一个让他们倾吐的程序，在这之后，在法庭的庭审阶段基本上都为此设立了一个调查程序，这一点非常好。紧接着是第二点体会，我感觉在我所亲历的案件中，新出台的两个“证据规则”基本上没有起作用。因为实践中常常是检察院出一个证明，办案人员出一个证明，证明没有非法举证，没有刑讯逼供，这样犯罪嫌疑人就根本没有办法。所以这个规则基本上流于形式，让人大失所望。

当然，也有例外。在我办理的一个台商的案件中，被告人说，在刑讯逼供中他的一个大拇指脚趾甲被执法人员给踩掉了，费尽千辛万苦经过司法鉴定证明脚上确实有伤，最终根据这个线索，一审法院排除了非法证据，宣告被告人无罪。这是我所亲历的案件中唯一的一个通过排除非法证据宣告被告人无罪的案件，当时我心里非常高兴。但这只是一个极个别案例，总体来说，我们的证据规则还是没有发挥应有的作用。因此这次我也呼吁，我们要对非法证据排除规则进行具体的规定。

事实上，在两个“证据规则”出台之前，最高人民检察院早就颁布了在查处经济犯罪案件中应当全程录音录像的相关规定，但是至少在我所经历的所有案件中，没有一次在庭审时当庭播放过全程录音录像。这也反映出司法实践中公安司法机关对此拒不执行的严重问题。要么就是根本不录音录像，要么就是只录音录像但不播放，甚至断章取义、截取播放，采取各式各样的招数对付法律的规定。因此我认为，我们必须对此出台相关的保障措施，进行硬性规定，否则它只能流于形式。

主持人：

谢谢。让我们再一次用最热烈的掌声感谢三位嘉宾。

从里斯本条约看欧洲一体化进程

演讲嘉宾： 迪蒂埃·博丹
主 持 人： 王敬波
翻 译 人： 张 莉
时　　间： 2008 年 6 月 18 日
整 理 者： 何忠凯

嘉宾简介：

迪蒂埃·博丹，巴黎第一大学欧洲法研究中心主任。

主持人：

今天我们荣幸地邀请到法国巴黎第一大学欧洲法研究中心的主任迪蒂埃·博丹教授，他作为中法之间的欧盟法项目的法方负责人，我们很多参加欧盟法项目的人都曾是他的学员。今天，迪蒂埃·博丹教授将从《里斯本条约》出发，为大家介绍欧盟一体化进程中的法律一体化进程。

迪蒂埃·博丹：

女士们、先生们，晚上好！非常荣幸今天应中国政法大学法治政府研究院的邀请来到这里做讲座。在欧盟法这个项目中，许多高校的年轻教师都曾切身参与，而中国政法大学则是其中教师所占比例最高的学校，这也由此证明政法大学在中法法学交流领域占据着十分重要的地位。

我要借此机会向法治政府研究院的马怀德院长表示感谢，感谢他提供了这样一个做讲座的机会。另外，也要感谢王敬波老师，她为这个会议的组织做出了很大贡献。

引 言

6月12号，爱尔兰公民以全民公决的形式否决了《里斯本条约》，大家也许都已通过新闻报纸知道了这个消息。《里斯本条约》简单来说是欧盟宪法条约的简化法。我将在我讲座的第二部分针对《里斯本条约》的签署和批准问题，特别是在出现了爱尔兰公民否决该条约的事件之后，对欧盟将面临何种困难以及应采取何种补救措施进行集中讨论。

在我正式开始讲座之前，即在讨论《里斯本条约》之前，我希望大家先关注如下一个问题，这也是欧盟条约当中最容易被忽视的领域。众所周知，欧盟在《马斯特里赫特条约》中，着力于解决的问题之一是：未来要在欧洲建立一个自由、安全与司法空间。所谓的自由，最直观的表现就是迁徙自由；安全，更多的是指警务方面的合作；而司法空间，则主要涉及法院之间的合作，特别是判决和仲裁裁定的执行以及承认问题。这也是我今天讲座所要讲的几个主要话题。

欧盟27个成员目前主要受两部重要的条约约束。其中一部是1957年3月25日签署的，此前被称作欧洲经济共同体条约的《罗马条约》。这部条约在存续50年之后，从1999年的5月1号起开始更名为《欧洲共同体条约》。另外一部重要的条约是1992年2月7日签署的《欧洲联盟条约》，也被称作《欧盟条约》。这两部条约由于其重要性，被称作欧洲共同体或者是欧洲联盟的基础条约。它们虽然是基础条约，事后也因为形势的发展经过若干次条令加以修正。

1957 年的《罗马条约》创建了三个共同体之一，即 1951 年依据欧洲《煤钢联盟条约》组建的欧洲煤钢共同体。由于当初签署条约时约定的有效期为 50 年，因此，到 2001 年，这部条约已经失效。另外两个共同体是同一天产生的，一个是欧洲经济共同体，现已更名为欧洲共同体，另外一个是欧洲原子能共同体，这两个共同体如今依然存在。

到 2002 年，这三个共同体均设立了各自的组织机构。而到目前为止，剩下的两个共同体依然有自己的机构，它们均有各自的法律人格。1965 年，这三个共同体采取了一致行动，把各自的机构合并成一套人马。经过 1965 年的合并之后，这三个共同体有着统一的委员会、理事会、议会和法院。但是这三个共同体的法律人格并没有合并，就如同三个企业，它们有一个共同的董事会。在 1969 年戴高乐离任法国总统之后，欧盟成员国或者说当时的欧洲共同体的这些成员国才得以深入探讨共同体的未来，即超越经济合作来进一步加深合作。

1971 年 10 月 19 日 ~21 日，在巴黎召开的理事会上，各成员国的国家元首和政府首脑达成共识，即在 1980 年之前将欧洲共同体转化成为欧洲联盟，目的是将既有的三个共同体合并为一个欧洲联盟，以拥有一个统一的法律人格。他们试图通过这种一体化的进程，一方面扩大欧洲共同体所享有的权利；另外一方面拓展更深层次的合作。

1972 年时有一次比较大规模的成员国加入，在这次扩大中，有三个成员国加入欧盟。其中一个重要的国家就是英国，它对后来的欧盟的发展产生了重大影响，也构成了欧洲一体化进程的主要障碍。英国曾经在欧洲共同体诞生之日就打算摧毁它，到目前为止，它依然处于这种状态。

在1972~1979年之间，曾有许多专家学者被邀请起草一些报告，主要在于论证如何加快欧洲一体化进程，以让欧洲共同体成员国享有更多的权利。这些报告主要围绕两个核心：一是讨论是要加强委员会和欧洲理事会，即部长理事会的权利，还是要加强议会和委员会的权利，来抑制部长理事会的权利。二是讨论要以简单多数还是有效多数来替代原有的全体同意的这种表决机制。

由于各成员国之间的外交斡旋进展不大，欧洲议会在1984年就独自采取了一项创意。它提出来要起草一个新条约来推进欧洲一体化的进程，但这部条约的草案最终并没有实现。如果说它两年之后有什么收获的话，那就是两年之后欧洲共同体批准了一个比较重要的修改基础条约的规范，即1987年的《单一欧洲文件》。该文件主要是从经济上建立统一市场的角度来倡导一些改革措施，此外它也对欧洲机构的设置有一些小修小补。

直到1989年，欧洲一些前社会主义国家发生变革。此时，西欧的一些国家感觉应当争取机会，迎接或者接纳这些曾经被共产主义思想浸润的国家。但问题是，随着我们迎接越多的新成员国，想要进行内部改革、深化一体化进程就越发困难。于是，当时的欧盟成员国赞同应趁着现在成员国数量还比较少赶紧进行大刀阔斧的改革，否则，等到成员国数目增加，需要全体一致同意时就更难操作了。

然而，这种构想在撒切尔夫人还在任的时候无法进行。1991年，当撒切尔夫人离开英国总理一职后，大家便开始启动此进程。1992年起草了《马斯特里赫特条约》，在这一条约的起草过程中，尽管成员国遭到了很多困难，但最终还是达成了一致意见。

《马斯特里赫特条约》比较形象地将欧盟的职权分成了三个

支柱。第一个支柱就是对既有的欧洲共同体条约进行修改，从这层意义上说，1992 年的《马斯特里赫特条约》也是修改既往条约的一个修改性条约。第二个支柱被称作外交与公共安全政策。第三个支柱则是司法与内政。后两个支柱也正是欧洲联盟最早创设的一种本源意义上的表现形式，也就是说，它是一个国家俱乐部，它采用的是一种传统的政府间协商、磋商，达成协议的运作模式。

在 1992 年起草制定《马斯特里赫特条约》时，因为时间较紧而问题又较多，成员国之间就给自己设定了一个未来约会的时间表，用以若干年之后再回过头来进一步讨论相关问题，这也被称作未来约会条款。而 5 年以后，1997 年 6 月，欧洲联盟的成员国在阿姆斯特丹再次聚首。在这次峰会上，成员国的国家元首和政府首脑力图解决在 1992 年马约当中无法解决的问题。为什么会如此急于处理这些问题呢，一方面是因为历史上成员国之间曾经作出承诺；另一方面则是因为在 1992 年马约中做出的一些制度设计仍旧悬而未决。如果这些问题一天天地拖下去，现有的制度将无法良好运转。因此，在 1997 年阿姆斯特丹举办的这次峰会上，解决了一部分遗留问题，但也不是所有的问题得到了解决。

2000 年 12 月，在尼斯再次举行了欧洲理事会。这次尼斯峰会气氛异常紧张，但是，即便问题很多，因为有 10 个新的成员国等在欧盟的门外，所以无论如何现有成员国都要达成一项协议，即要通过这部《尼斯条约》。如果当时其中任何一个成员国政府拒绝签署协议，都将要面对来自其余 10 个新成员国的巨大压力。因为这意味着这新的 10 个成员国未来还要等待 3 年、5 年甚至更长时间。因此，当时这些与会的成员国代表都赞同，尽管《尼斯条约》存在很多缺陷，但是大家可以抓紧时间在这部条约真正开始生效之前，起草一个更好的方案来代替。而这个被大家期盼的非常漂亮的新条约，就是《欧洲宪法条约》。而就在《欧洲宪法条约》等待被成员国批准的过程当中，《尼斯条约》开始生效，即目前约束欧盟的基础性条约就是《尼斯条约》，尽管这部条约一团糟。

《马斯特里赫特条约》中的三个支柱问题

在作了上述简要的引言之后，我现在开始讲述本次讲座的第一个问题。

首先，我希望谈一下《阿姆斯特丹条约》当中的一项重要改革内容，即将第三支柱当中的某些事项一体化。

所谓的三个支柱，是《马斯特里赫特条约》所设定的三个主要事项，或者说是《马斯特里赫特条约》所确立的三个主要活动领域。第一个支柱是所谓的共同体支柱，它包容了若干个共同体的内容，但没有把它融合为一个整体。而第二个更能代表欧洲联盟属性的就是外交与公共安全。事实上，这个所谓的第二个支柱在 1987 年的单一文件当中已有雏形。该文件中的一个条款规定，各成员国之间可以一种政府间合作的形式来解决公共安全和外交问题。我要重申的是，这是一个国家俱乐部，它并不能够代替这些成员国来直接指定规范，而必须要求各个成员国一致同意才能采取某一项措施。因此这并非一个非常有效的运作机制。如果未来我们想要建设统一的欧洲，那么就需要形成一个统一的外交部长，即欧洲的外交部长，这也是我们迈进中的一个重要环节。比如说在外交领域，在第二个支柱框架内，各国外交部长将通过周期性的会见来共同磋商有关外交事务，但他们的总目标则是希望在未来形成一个欧洲的外交部部长。第三个支柱被称作内政与司法合作支柱，它的运作机制也是由成员国以这种政府间合作的形式出现的。如同第二个支柱一样，早在1992年《马斯特里赫持条约》签订之前就存在着一些条款，它规定了成员国之间可以采取政府间合作的形式促成内政与司法领域的某些合作。他们合作的结果是促成了若干政府在司法与内政领域内达成合作协议。比如说，有关外国判决与裁定的承认与执行问题，有关外国法院的管辖权问题，或者是有关外国企业的相互承认问题，有关如何避免双重征税问题等。这里值得大家注意的一点就是，在1992年马约签订之前，政府间就是通过签署双边条约协定的形式来开展这方面的合作的。虽然1992年马约的签订没有改变这种方式，但它们仍存在差别。其中最主要的差别在于，此前完全是两个政府间的行为，而与欧洲联盟没有任何关系；而在此之后则是依据欧洲联盟条约的某项条款在政府之间开展司法互助合作。

有一点需要大家注意的是，如果采用这种传统的国家之间的合作形式的话，就必须要等相关条约经过每一个成员国的签字和批准之后才能够生效。而相比之下，在欧洲共同体框架内，通过由欧洲共同体相关机构特别是欧洲理事会还有欧洲议会来起草制定的欧共体规范，就能促使目标得以高效率实现。因为这些欧共体规范的优点之一就在于，它是在同一时间点上对所有成员国同时生效，而不需要任何成员国事后来加以承认或批准。

于是，在1997年阿姆斯特丹峰会上，有些国家就提出了为什么内政与司法领域不能够像第一个支柱那样以欧洲一体化的形式来实现合作呢？其实，这主要是因为第三个支柱均是与共同体成员国国民紧密相关的一些事项，并且其中的部分事项又太敏感，比如说有关司法的，有关警察合作的，所以操作起来难度较大。而像签证、避难、移民、民事司法合作这些领域则相对来说敏感度较小，更容易以一体化的形式来实现进一步合作。于是在《阿姆斯特丹条约》中，就将《马斯特里赫特条约》中的第三个支柱中的部分内容转移到了第一个支柱中，以欧洲一体化的形式加以调整。这样的结果即导致调整这些事项的规范不再是传统意义上的国家之间的条约与协定，而是欧洲共同体机构制定的法规或指令。

而欧洲共同体的法规与指令用30个字来概括，就是抽象行政行为，它们由议会、欧洲议会、欧洲理事会和欧洲委员会共同起草。这些抽象行政行为无须各个成员国逐一批准而直接对成员国生效，并且具有高于成员国本国法律的效力。对于欧共体的法规而言，不存在传统意义上的国际法当中的那种一票否决的情况，因为在欧洲共同体的规范制定机关中实行的是有效多数表决机制。即有效多数若通过，那么即便你是少数反对者，也不能以此否定多数人的意见。而这就是欧共体与传统意义上的国家之间的合作的最大区别。这同时也说明了为什么有些成员国对于所谓的一体化进程并不是非常感兴趣，就是因为如果采用这种所谓的有效多数表决机制，那么它的反对声音就很可能被掩盖。

现在我要提出一个问题：如果从第三个支柱中转移到第一个支柱中的原有的有关内政司法的某些事项，在这一体化之后以共同体的法规形式表现，那么这些法规跟以往在第一个支柱当中既存的这些事项的法规是否是一样的法规？这些法规是否具有相同的性质？答案是不一样，二者的区别表现在首先是表决机制的不同。一般意义上的共同体法规的表决过程，是由委员会提出建议，由部长理事会批准，然后再由议会同意。但是在部长理事会批准的过程中，采用的是有效多数原则。然而，被转移到第一支柱中被一体化的原第三支柱当中的那部分内容，它的表决程序则有自己的特色。

该表决程序的第一个特点是，委员会并不具有立法倡议权的垄断地位，而是任何一个成员国均可以发起倡议，提出要制定某一项法规。而在表决机制上，《阿姆斯特丹条约》明确规定这些新近被一体化了的事项，仍须采用全体同意的表决机制，即需要各成员国集体同意。但是，值得注意的一点是，它省却了一个事后批准的环节，所以在效率上与此前相比要更胜一筹。并且，尽管这些新近被一体化了的事项须采用全体同意的表决机制，但是《尼斯条约》规定，此“全体同意”实际上是指采用有效多数表决机制就可以通过。

而该表决程序的第二个特点，就是它涉及一些国家特例。原则上一个共同体的法规对共同体成员国的所有领土都要发生效力，但是这一领域的法规对丹麦却并不适用。为什么丹麦会这么特殊，这是因为在第一次批准该条约时其投了反对票，并相继提出了若干要求。在对条约做出修改的基础上，丹麦组织了第二次全民公决，最后丹麦人民通过了此项条约。所以最后也就形成了《阿姆斯特丹条约》中有些条款对丹麦不适用的情况。其实丹麦刚开始反对的原因主要在于其认为原第三支柱中涉及的这些事项都是一些比较敏感的事项，现在一体化要求采用一种有效多数就能够批准的表决机制，因此丹麦不能接受而采取反对态度。在2007年11月丹麦国内举行的一次选举中，当时的执政党曾承诺，如果他们选举再次取胜的话，就将举行一次新的全民公决，让丹麦批准当初它曾经保留的事项而放弃它的一些所谓特权。但是，当时丹麦国民认为这作为一种特殊待遇，是一种特权，因此并未通过。然而，事实证明当其他成员国都在进行彼此之间的深入合作时，丹麦作为唯一的“特权国”，实际上就缺少了开展相关合作的优势和机会。因此，我希望丹麦未来举行的这次全民公决能够顺利通过该决定，使丹麦成为一个正常意义上的成员国。

该表决程序的第三个特点是从地域适用范围而言的，即某些成员国的某部分海外领土并不适用我们目前所讨论的这部分共同体法规。因为适用范围非常窄，因此意义不大。

而第四个特点则比较重要，因为它涉及共同体法规的一项程序，就是——共同体成员国的法院就如何适用和解释共同体规范可以向共同体法院提出疑问和请求。事实上，一般意义上的共同体规范解释与效力判定先决程序的运转规则是：某一个成员国的法官，受理了一个案件，无论是应当事人的请求，还是他个人认为应当适用共同体规范，若当事人一方提出，“对不起，法官先生，您的解释不符合共同体法院对此条文的解释”，或者“我认为您即将适用的这个规范本身的效力有问题”，那么在这种情况下，共同体条约要求成员国的任何法官都有义务向共同体法院提出审判先决问题。此时，成员国的法官就要中止案件的审理，将问题提交到共同体法院，并且在共同体法院就规范应如何解释、规范的效力如何作出决定之前，不能对案件进行任何实质性审理。这项义务对所有成员国的所有法官都具有约束力。

然而，我们现在所讨论的这项特殊内容的运作机制则在于，并非所有法官都有权利向欧共体法院提出疑问、进行请示，而只有最高法院才有这样的权利。围绕着欧共体规范的解释和效力问题，成员国一审法院和二审法院都没有权利直接提出疑问。然而成员国的最高法院通常都不愿意向共同体法院提出这样的问题，因为这样它会感觉自身相对于共同体法院来说似乎处于劣势地位。这样就导致在一体化了的原第三支柱中的这部分内容所通过的法规，并没有普通共同体法规的这种实际影响力。原因在于一般意义上的共同体法规通过这种先决问题的提出，通过若干的判例，丰富了法规的内容。而这一部分，则因为10年间可能只有5个前期问题被提出来，因此大家就没有机会去讨论它，无法形成一种良好的氛围。

尽管在这个领域，只有成员国的最高法院才有权提出这种先决问题，但这并不影响这一类规范具有高于成员国本国规范的效力。那么这些特殊的共同体法规究竟涉及哪些领域呢？大家需要记住的一点是，目前仅剩下警务和司法领域还未做到真正的一体化。例如，相对于1992年的马约而言，1997年《阿姆斯特丹条约》第29条中仍然保留了“警务”与“司法”这两个名词，而相反，有关签证、政治避难、移民、民事司法合作以及有关个人自由流动的行政合作事项，则完全实现了一体化。而有关个人自由流动的行政合作，该问题实际上早在此前的条约中就已具备。而在《阿姆斯特丹条约》中又对它进行所谓的一体化，其实质只是在文本形式上加以改进，而这些内容实际早已实现。

大家需要注意的是，因为欧洲的国家都特别小，因此欧洲的事务很容易被国际化，我们作为法律工作者也更多地参与国际司法方面的相关事务。我们深刻地感受到了这一类特殊共同体法规所带来的变化。而我之所以在这次讲座当中特别提到第三支柱中部分事项的一体化，就是因为它确实在欧洲事务当中具有重要的实践价值，并且它属于共同体法规中比较特殊的一类。

《里斯本条约》的签署与通过问题

关于第二个问题我的讲述可能较短。首先，我仍需要给大家预先介绍一些知识。我们回到20世纪60年代。1969年，作为对欧洲一体化并不特别感兴趣的一个人，戴高乐不再担任法国总统。而此时英国也还未进入欧洲共同体，所以那个时候的成员国都在思考应该如何有效推进欧洲一体化。这里涉及两个重要的概念，一个是“扩大”，另一个是“深化”。“扩大”比较容易理解，就是欧盟成员国数量的增多。而“深化”，则是指将成员国的权利更多地让渡给共同体。我们希望两者兼备，但是很难做到。我个人认为应当先“深化”再“扩大”，因为一旦扩大了再想要“深化”则需要所有成员国一致同意，这样操作起来无疑会增加难度。

此前我已经跟大家提过 1971 ~ 2001 年《尼斯条约》的发展过程。在 2001 年讨论《尼斯条约》时，几乎所有人都认为这是一部非常糟糕的条约，大家都迫不及待地希望赶紧签署完毕，以便开始着手起草一部更加完美、更为大家所接受的新条约。那么如何来起草这样一部被大家视为珍宝一般的新条约呢？这里主要有三种方法可以采用。

第一种方式是传统意义上的政府间国际合作。即由各成员国指派代表，汇聚一堂，逐条进行讨论。从《阿姆斯特丹条约》和《尼斯条约》的实践来看，采用这种形式耗时长、效率低且阻力重重，而且参会的各国代表都致力于维护本国利益，导致工作无法有效推进。第二种方式是所谓的共同体的工作机制，即将条约的倡议权或起草的创议权交由共同体委员会行使。由于欧洲委员会独立于各成员国政府，因此它能够更好地维护公共利益，站到更高的视野上去展望欧洲未来的发展态势。但是各成员国对此种方式均有所保留，持一种比较怀疑和敌视的态度，因为它们并不愿意让一个欧盟的机构去插手本属于政府间合作的事项，并且它们也不太喜欢欧洲共同体尤其是欧洲委员会的这些所谓的法律专家。在《尼斯条约》起草和通过之后不久，2000 年，欧洲人做了一次非常有意义的尝试。他们创设了一个委员会，专门解决欧洲人权保障问题。该人权宪章或者说是人权保障公约的起草委员会由欧洲议员、各成员国的议员、各国家政府代表及共同体机构代表共同组成。委员会被赋予一项重要的使命，即起草一部宪法或者说是人权保障方面的公约。在整整一年的起草过程当中，该委员会进行了无数次的听证，听取了各方面代表的意见，最终在尼斯峰会即将召开之前，取得了令大家满意的工作成果。尽管此宪章最后未能生效，但是通过此事件大家可以看出，一个良好的推进欧洲条约起草工作的模式已经建立。尼斯峰会后一年，各成员国在布鲁塞尔聚首时再次作出承诺，同意采用欧洲人权宪章的这种工作模式，为欧洲重新量身定做一部新的基础性条约，即未来的《欧洲宪法条约》。在随后的一年中，各国的政府将这个文件交给本国专家，并把它冰封起来。

2004 年 10 月，欧洲联盟的成员国在罗马共同签署了《欧洲宪法条约》，随后，27 个成员中的 15 个成员先后批准了这部条约。有一些国家是以全民公决的形式，比如西班牙和卢森堡。法国和荷兰也组织了全民公决，但是法国人民和荷兰人民坚决地说出了“不”。在全民公决结果出来的当晚，我收到 27 个中国学生发给我的短信问：“怎么，法国人不再喜欢欧洲了吗?”我之前曾提到，丹麦和爱尔兰历史上都曾出现过以全民公决的形式否决欧洲联盟条约的情况，但事后他们又组织了第二次公投。但是这种模式对法国和荷兰却并不适用。原因在于荷兰和法国否决欧盟条约时，反对票的比例非常高，差不多均为高于 50%、60% 的比例。而他们之所以说了“不”，主要原因其实在于这两个国家的公民反对的并非欧盟条约本身，而是当时的执政政府。如果对这两个国家的公民进行民意调查，问投赞成票的人“你为什么投赞成票”，他会回答“我赞成欧盟宪法条约”；但是，当问持反对意见的人“你为什么投反对意见”，他则会说“因为我反对当权政府”。因此，当初法国和荷兰投的“不”，给大家传递的信号其实是这两个国家在进行大选之前将不会有任何动作，因此，大家只能期盼这两个国家实现政治更迭。

直到2005年5月，法国出现新的总统。在2007年法国总统大选之前的竞选活动过程中，萨科奇作为候选人承诺：若有朝一日他上台，他将要提出一个简化版的《欧洲宪法条约》，剪掉《欧盟宪法条约》中那些让人不舒服的词汇或条款，并且将不再组织全民公决，而是只要议会批准即可。后来事实也证明，当萨科齐一上任，立马开始了在整个欧洲的旅程，开始了这个简化版的《欧洲宪法条约》的起草工作。

经过萨科奇的这番努力，2007年12月13日，欧洲联盟的各成员国共同签署了《里斯本条约》，其中去掉了“宪法”这个敏感的概念。那么，《里斯本条约》到底带来了哪些变化呢？

1. 所有带有象征意义的内容都消失了。在《欧盟宪法条约》中，曾明确出现了“宪法”、“盟旗”、“盟歌”、“盟讯”甚至是“法律”这些字眼，这让很多人感觉欧盟是一个国家。而在《里斯本条约》中，这些敏感的词汇一律被删除。

2. 《里斯本条约》不再是像当初宪法条约所期盼的那样成为一个涵盖欧盟所有既有条约和协定的一部大法，而是变成一部进行小修小补的普通的修改性条约。它将原先的内容全部抛开，而只针对目前大家希望谈论的内容进行规定，因此比较不易招致反对。这也是从政治策略角度做出的一种选择。

3. 另外一项重要的区分就是与《欧盟宪法条约》拥有完整的条约内容、分为若干章节、有条有目不同，《里斯本条约》几乎无法读懂。它保留的内容分为六个要点：

第一个要点是欧洲共同体被欧洲联盟所吸纳，即通过二者的融合、合并，欧洲联盟取得了欧洲共同体的法律人格。

第二个要点是对欧洲理事会即部长理事会内部要素进行重新分配。这里存在一个小的技术性要点。此前，在部长理事会内部，每个成员国都会派一个部长出席会议，并通过表决的形式作出决定。然而，各国并非一国一票，也非完全按照各国国民数量分配投票比例，而是介于二者之间。这种从 1957 年开始形成的特殊计算机制非常复杂，而且十分不公。因此，在《欧盟宪法条约》和《里斯本条约》中，重新采用了一个新的概念，叫做双重多数表决制。它要求有关的决议必须至少获得 55% 的成员国和 65% 的欧盟人口的赞同才能够获得通过。这就意味着 27 个人一同开会，其中必须要有 14 只手举起来，且这 14 只手分别代表了 55% 的成员国和 65% 的成员国所有国民的总人口。这是一种非常简明扼要的表达方式。

第三个要点，我之前曾提到《欧洲人权宪章》的起草过程。该宪章在《欧盟宪法条约》和新的《里斯本条约》中均被纳入。鉴于欧盟几乎所有的成员国都有自己的宪法和人权宪章或人权宣言，而且也都签署了欧洲范围内的一部非常重要的公约，所以，有关人权保障的问题，大家争议并不大。然而，这一点虽然表面看来似乎没有什么太重要的变化，但是一半被纳入《里斯本条约》的基本权利宪章连同条约被批准的话，将引起在欧盟机构之间的地震。原因在于，这个问题只有少数的真正法学家或者是法律精英才能够察觉到，而真正的法律精英仅占人口总数微弱的比例，所以到目前为止，大家还未预见到会产生什么重大影响。但是，将来若该条约被批准，势必会引起欧盟机构之间的地震。为什么会这么说呢，就是因为一旦基本权利宪章连同条约被批准之后，它将有高于成员国本国法律的效力，而条约又不可能事无巨细地都逐一加以规定，它肯定会将规范的解释权赋予法院。这样，就会导致欧洲法院，即共同体设在卢森堡的那个法院，未来将会成为欧洲一体化权力的中心，就会出现类似于美国最高法院的那种情况。

第四点内容就是原有的三项支柱将要合并。这意味着，在原有的三个支柱的调整范围内，都将出现共同体的法规。但是它是一项非常特殊的法规，因为它在个别事项上仍然保留着全体一致的表决机制。因此，这仅仅是一种形式上的改变。

第五点和第六点则涉及欧洲理事会将要产生一位选举出来的主席，任期两年半。这样若有朝一日出现欧洲政府，则将会出现欧洲政府首脑。此人将在任两年半，虽然这完全只是一种象征意义上的担任。另外一个新闻媒体争相报道的内容就是将来会出现一个欧洲“外交部长”，叫外交与安全高级专员。这也是将来迈向欧洲政府或欧洲联邦这个漫长过程中的一个重要阶段。

下面我将要与大家探讨为什么法国、荷兰和爱尔兰三个国家会以公决的形式对欧洲条约说“不”，以及在爱尔兰人说“不”之后，欧洲将面临一种怎样的抉择？

首先，为什么这三个国家会以否决的形式质疑欧洲条约呢？一个原因是当时的执政政府实在不得人心，这个起到了决定性的作用。第二点则是因为大家普遍感觉到欧盟的机构远离民意，他们为所欲为，且没有任何人去控制他们、审查他们的行为。第三点，值得一提的是，在欧洲有相当数量的人非常反对经济自由化、全球化，特别是反对很多企业将资本转移到中国的做法。人们普遍感觉欧盟的机构未能采取有效措施来保护欧盟范围内的企业，使得他们都离开了欧洲、投资中国。并且，每一个国家都有自己的一些价值判断，例如，对法国而言，他们就认为政教分离的体制是他们的一项基本价值认同。而相反，在爱尔兰这样的有强烈天主教文化的国家，他们则会担心若把权力让出给共同体，会不会导致国家回到原有的状态。而第五个原因则完全是出于自利的考虑，以爱尔兰为例。爱尔兰当初在加入欧盟时是最穷的国家之一，如今爱尔兰已成为欧盟中仅次于卢森堡的欧洲最富有的国家。为什么会出现这种状况？就是因为欧盟有一项政策规定，对于那些经济欠发达的地区，欧盟会进行资助和补贴，以扶持其经济发展。35 年间，爱尔兰收到了成千上万甚至是上亿的经济援助。然而，如今哪些国家是穷国？就是罗马尼亚、保加利亚、捷克等这些刚加入欧盟的国家，他们将收到欧盟的财政补贴。然而，像卢森堡、爱尔兰这些国家，现在则需要掏出腰包了。因此，爱尔兰人就不愿意了。

那么，在爱尔兰人对《里斯本条约》说“不”之后，将产生什么样的局面，又有哪些选择呢？

最有可能的一种做法是剩下的 26 个成员可能花掉一年的时间来批准通过这部条约，然后这 26 个成员作出一些让步，让爱尔兰单独对条约进行一些保留，再让其对新的文本组织全民公决。这是最有可能的一种做法，因为它们并不希望因为一个国家而让其余 26 个成员放弃该条约，导致整个《里斯本条约》陷入僵局。

第二种可能则是彻底放弃《里斯本条约》，就如同当初对待《欧洲宪法条约》那样。如果出现这种情况，欧盟现有的 27 个成员当中已经有 15 个成员明确表示，他们将会单独结合起来进一步推进欧盟的一体化。这其中的背景是，2005 年，当法国通过全民公决否决了《欧盟宪法条约》之后，大约 24 小时内就有 15 个成员联合发表了一个宣言，明确表示“我们 15 个国家要坚决推进一体化”。这样的结果是，可能人们还要受《尼斯条约》的长期调整。

最后一个可能是通过媒体大肆炒作，让爱尔兰人做出抉择：要么就是你提出一点修改意见，我们按你的意见去修改，然后你就乖乖地留在欧洲联盟内；你若坚决反对的话，那么“对不起，爱尔兰，请出局”。其实从法律的角度看，这是完全站不住脚的。即便从政治的角度看，这也是不太可能的情况。不可能说26个成员国以一种非常粗暴的民主的形式，就把某个国家开除。不可以采取这种做法。

简而言之，在今天的讲座中我跟大家一同探讨了两个问题：一个就是通常为大家所忽视的欧洲共同体内一部特殊的法规——马约当中的三个支柱。另一个则是《里斯本条约》的签署与通过问题，并适当地展望了一下未来。

非常感谢大家能够精神饱满地听完我的讲座，谢谢大家！

主持人：

非常感谢迪蒂埃·博丹先生为我们提供了一次精彩的欧盟法讲座。我们之所以组织这次讲座，主要基于两方面的考虑：第一个方面，迪蒂埃·博丹先生作为欧盟法的法方负责人，对于中欧之间的合作交流拥有非常多的经验，希望我们学校的学生也去争取更多的机会参与到该项目中来。欧盟法项目作为中法教育部之间的一个合作项目，许多高校的研究生都参与其中，他们从法国回来以后都获得了很好的学习和就业机会。比如，张莉教授当时就是人大派出的学生，她也因为这个项目获得了继续留在法国读博士的机会。因此我建议，我们政法大学的同学也能够借助欧盟法项目这个非常好的求学和进取途径，获得更好的发展。第二个考虑则是因为今年十月份，我们学校和欧盟共建的中欧法学院正式挂牌成立，欧盟的轮值主席巴罗佐和我们国家的温家宝总理都可能会在今年十月份来我校参加成立典礼。在此以前，欧盟法对我们来说可能非常遥远，大家接触得不多，但是借着中欧法学院成立这个良好契机，对我们政法大学的学生和教师来说，推动欧盟法的学习和研究，已经变成了一项非常重要的任务，这也将是我们未来研究的一个新领域。

张莉：

迪蒂埃·博丹先生说关于第一个问题，欧盟法项目在巴黎第一大学的总网站上有一个网页，上面介绍了每一批学员的名字以及他们现在的工作地点。并且对整个项目有一个全面的介绍，包括中文版的。大家如果想要了解的话，不妨试着通过这个搜索引擎查一下。而关于第二个中欧法学院落户中国政法大学的问题，相信我们未来一定会在这个框架内开展多种形式的合作。

提问：

博丹先生，您好！感谢您带给我们的讲座，作为一名中国学生，我主要有两个问题：一是中国学生留学法国的问题；二是您刚才提到的欧盟的这些变化，不知对中国未来会有怎样的影响？

张莉：

关于第一个问题，如果同学们有志向去欧洲留学，特别是去法国留学的话，大家不妨登陆法国驻华使馆的网站。上面对应该采取的途径与步骤均有详细介绍，这之中主要包含一个分为四个步骤的选拔过程。

迪蒂埃·博丹：

赴法留学需要经过一定的选拔。第一个步骤是由各学校自己来选拔本校学生作为候选人。第二个步骤是由教育部留学基金委进行筛选，提交一份30名候选人的名单。具体面试的运作我不太清楚。然后这30个人全都来到北京，接受国际评委会的答辩与选择，一般来说，国际评委会会挑选15名候选人。目前筛选是用英文进行，这15个候选人会被送到法国的一个语言培训中心，接受为期一年的法语培训。在一年法语培训期快要结束的时候，这个国际评委会会再次对这15名候选人进行考察，检验他们的语言水平是否达到赴欧洲留学的标准。这也是赴法留学的最后一步。

这之中值得大家重视的是，一个学生即便法学功底不够好，但是若语言水平特别高的话，也是可以通过的，因为在欧洲学法律并不特别复杂。相反，若语言功底不好，哪怕法学功底和英文水平再好，在法国的留学也不会很顺利。

另外，关于欧盟的变化对中国的影响，我认为，欧盟的一体化进程肯定会对中国的经济特别是海外投资产生深刻的影响。大家可以看到，目前中国的经济主体非常活跃，他们在全球开展收购，因此，如果他们进入欧洲的话，就势必会受到欧盟法，特别是欧盟有关竞争法规范的规制。从这个意义上说，中国企业就必须要了解欧盟的相关规则，才能有效地开展在欧陆的投资和经营。

此外，值得关注的是，一些发生在欧盟以外的企业并购也可能会受到欧盟法的规制和影响。例如，美国历史上曾经出现过一些大的航空公司和飞机制造企业之间的并购，对此，欧盟法院或委员会都曾表态，若它们经过合并之后在世界上某一领域形成一定的垄断地位，就可能受到欧盟的制裁。在这种情况下，虽然并购的企业均非欧盟企业，但是只要并购事项与欧洲发生关系，欧盟就有机会采取制裁措施。而这就是中国企业可能很快就会面临的一种局面。并且由于欧盟成员国的法院都接受了一种国际范围内的司法，因此，一个案件如果在法国审理的话，则很可能同时会涉及欧盟法律规范的适用问题。

而关于欧盟的这种法制进程能不能对中国的法制进程有所启示，有一点可以肯定的是，二者之间没有任何机构上的牵连。因此，从机构意义上考虑，并没有什么可以直接借鉴的。但是从实体法的内容来看，特别是竞争法方面，欧盟的一些规则可能为中国所借鉴。因为，中国人能够做到博采众长、兼收并蓄。这样在美国范本之外，欧盟范本也可以给大家一个更多选择的余地。

虽然今晚的讲座主要针对的是欧洲一体化进程，围绕的是欧洲共同体或欧洲联盟法，但是不可否认的是，在如今的欧洲，真正起到决定性作用的规范体系还是各成员国的法律体系。因此，可以把这位同学的问题转化成“欧洲成员国或欧盟成员国的法律对中国会产生怎样的影响”。比如，有关民法法典化、有关行政诉讼制度的问题等。因此，如果探讨一些具体的国内制度，恐怕还是要考虑对欧盟成员国的法律制度进行具体考察。大家会发现，在欧洲这片古老的法制文明土地上，有很多东西值得学习、探究。特别是在欧洲所形成的判例沿袭和判例检讨制度，极大地丰富了世界法学的内涵。一种传统就是，判例的沿袭和判例的批判制度、检讨制度，极大地促进了法学的发展。

当然，借着本次讲座的机会，作为欧洲众多法律人中的一名代言人，我并非想要告诉中国人该如何去修改自己的法律、实施自己的法律，而是希望中国人在法制建设方面的努力可以为我们这些欧洲人提供更多的启示。

主持人：

因为时间关系，今天的提问到此为止。让我们再次感谢来自万里之外的迪蒂埃·博丹教授。也感谢张莉教授非常精练、精确且优美的语言传递。

张莉：

谢谢大家！

法律人的未来之路

演讲嘉宾： 龙卫球　钱列阳　李轶萌

主 持 人： 陈景辉

时　　间： 2013 年 5 月 17 日

嘉宾简介：

龙卫球，中国政法大学法学博士。现任北京航空航天大学法学院院长、长江学者（特聘）、教授、博士生导师。兼任中国法学会民法学研究会常务理事、法学教育研究会理事、《中国法学教育状况》编委等职。

钱列阳，北京大学法律硕士，现任北京市人大常委会立法咨询专家、委员，中华全国律师协会刑事业务委员会委员，北京律师协会刑事诉讼法专业委员会主任，北京市刑法学研究会常务理事，美国国家刑事辩护委员会（NACDL）名誉会员，中国行为法学会律师执业行为研究会副会长，北京市天达律师事务所合伙人、律师。曾承办过刘晓庆涉税案、厦门远华公司走私案等多起国内影响较大的刑事案件。

李轶萌，毕业于中国政法大学，现为最高人民法院法官。

主持人：

今天我们讲座的话题是“法律人的未来之路”。这个话题很好，尤其是在咱们这样一所以培养法律人为目标的学校，所谓以培养法律人为目标，大体上具有两层含义：一是作为一名法律人，我们未来的工作会是怎样的，这是每一个法律人未来之路的一层含义；而另一层含义则是指我们作为大的法律人概念中的一部分，我们作为一个拥有独特身份性标识的群体，我们整体的未来之路在何方。因此，今天包括我在内的四位法律人将要围绕这一问题谈谈我们的看法。

首先请两位实践经验比较丰富的老师来谈一谈，接下来再由我和龙老师代表学术法律人来说说我们的更理论化或更具评论性的想法，最后我们再一起探讨。下面先有请钱律师。

钱列阳：

各位同学晚上好，刚才我们四个人在会议室经过一番讨论，决定由我来抛砖引玉、率先发言。确实我在这里算是实务领域中走得比较远的一位，已经在律师行业从事了20年，此前也曾在公安机关工作过若干年，所以是一名纯法律人。就今天这个题目，我简单地说这么几点。

今天在座的各位同学，无论将来做什么，在学习法律时，知识的原始积累和对思维方式的训练都非常重要。打个比方，就像一棵树，你们今天所要做到的就是要努力获得更多的阳光、水分和营养，在大学四年或者外加研究生三年的时间内尽量做到枝繁叶茂、树干粗壮。等到大家毕业之后，真正走上社会，学历的结束才是学习的真正开始，社会会对你们进行二次雕琢。此时，如果你们这一块料本身就比较小，那么再怎么雕琢也是象牙图章；而如果你们自身料比较大，则更有可能成器。因此，其中的关键就在于我们自身在学习期间功底是否扎实。

曾有人问雕塑大家罗丹，你为什么雕塑得如此之好？怎样才能够像你一样雕出如此美妙的图像？罗丹回答说那是因为这块料本身就好，我只不过是将其多余的部分去掉。因此，你们是一块什么样的料其实是注定的，只是你自己不知道。当你有一天遇到一个好的工匠，他要做的只不过是把你这一块料中多余的部分去掉，还你本来面目而已。这些话说出来似乎有些唯心，但实际上每个人的潜能都是已经注定的。换言之，我们应该认识自我，然后做最好的自己。

在完成了第一阶段知识的原始积累之后，你们要做的第二阶段就是在社会实践中打磨自己、认识自己，并做最好的自己。如果做到了最好的自己，那么这辈子作为一名职业法律人你就是成功的。不要攀比，要认识自我。如果我想说的第一点。

第二，在人生道路上，失败的教训第一重要，成功的经验第二重要，看得见的辉煌则摆在第三位。当你作为职业法律人，无论是做律师还是做法官、检察官，你要将名利看淡，将外在的光环看淡，而将法律人的内涵本质，将法律人的思维、素养和智慧放在最重要的位置，并将其发挥到极致。这样，相信未来的法律人之路在你脚下就永远是平的。谢谢。

主持人：

接下来有请另外一位法律实践领域的专家，有请李铁萌法官。

李铁萌：

各位同学晚上好，钱律师刚才的讲话让我想起习近平总书记为大家描绘的一幅法律人的蓝图，一个中国梦一样的蓝图。在这幅蓝图中，他为大家提供了一个明确的框架和远景。既然今天是一个座谈，而且我与大家的年龄差距不大，我就谈谈我个人的一些经历，希望能为大家作一个参考。

8 年前，我从法大毕业。8 年前的这个时候，大家都开始找工作，那时候我们在公园里喝到烂醉，然后在法大的各个地方和自己的同学合影。临毕业时，我们还将电视、暖瓶等东西都砸了。现在回想起来，当时我们之所以要砸东西，我觉得一方面有可能是出于对大学生活的留念，对校园爱情故事或大学氛围的留念；而另一方面，则是因为我们作为一名即将步入社会的法律人，马上就要从事与法律相关的职业，当时我们的心中都抱有一份忐忑和犹豫，不知自己的路在何方。就像今天的题目“法律人的未来之路”，那时我们不知道自己的路该如何去走。

跟大家分享一下我具体是怎么走这条路的。我 2005 年大学毕业，记得当时给公司、律所、检察院等都递过简历，但非常遗憾，我都被拒绝了。我觉得从求职的角度而言，大家应该对自己进行准确定位，因为现在中国学习法律的人非常多，如果大家希望从这么多的法律人之中脱颖而出，拿到一份非常好的工作，那么无论是在学校里还是在学校外，我们都需要付出很多努力。我当时比较幸运，去了北京市第一中级人民法院。当时先是在行政庭做了五年书记员，后来去了执行庭当了一年的法官助理，再后来又到了知识产权审判庭，最后才被提为法官。而现在则被调到最高人民法院，在一个综合部门。怎么说呢？从我毕业后一直走到今天，我认为最基本的还是要看我们在学校里的积淀。

首先是知识的积淀。我相信在座的各位同学大学时应该都有过逃课的经历，我也逃过课。但 8 年过去了，我现在回想起来，觉得当时有很多课都讲得很好，应该听。因为我们今天所学到的知识都是未来作为一名法律人，走在法律道路上所拥有的财富。我 2001 年进入法大学习，当时的老师就是龙卫球老师。我记得非常清楚，当年民法期末考试龙老师就是给了我一个 80 分。龙老师上课严格，讲课风趣，并且经常结合他所遇到的一些审判实务中的案例，将民法课讲得生动而又形象。像龙老师这样的老师在法大非常非常多，因此我们听他们的课，不论是在理论上还是在实务上，都会受益匪浅。

此外，从学校出来以后，我们应该如何将自己学到的知识和实践相结合？其实当初我刚进入法院时，有一段时间是非常迷茫的，因为理论和实践可以说是天壤之别，而在审判实务中差别更大。因此，你们在学校的这一段时间是非常宝贵的，而且这时的时间可以自由支配，但如何在学习理论的同时又能拥有更多实务上的经验呢？我认为，一是要多听像龙老师这样的大师上课；二是应该多走出校园，多到社会上去实习实践，包括可以到法院去旁听庭审，这些都会让你们在法律人这条道路上事半功倍。最后，我用周强院长的一句话，祝各位同学在以后的法律人的道路上能够绽放出绚丽的光彩。谢谢大家。

主持人：

我们已经请了两位在实践领域中从事了多年的老师，也是我们的校友，为我们分享了他们在学校里面的经历。下面请在学术方面拥有丰富建树的龙卫球老师为我们讲演。

龙卫球：

各位同学晚上好，我觉得一到法大的校园里面，就感受到了一种特别的法律的激情，这勾起了我的很多回忆，因为我也是法大的校友，曾在法大教了 14 年书，那是我最年轻的时期。刚才，钱律师结合自身多年的律师经历，讲到成才和成功以及过程和结果之间的关系问题，讲得非常好。李法官也为我们分享了自己8年来的心路历程。刚才我也在想，今天的题目是法律人之路，该怎么理解法律人之路？它最后要通往什么地方？这是一个很大的问题。

刚才钱律师也提到大学四年完成学历之后，当我们走出校园时还算不算一个法律人？是不是就已经是法律人？还是说只有走着走着才能走成一个法律人。这中间会出现很多问题，有的人走着走着就走偏了，也还有人走着就走着发现自己永远走个没完，很迷茫。因此法律人的定义非常重要。是不是做了总理，做了奥巴马总统，做了希拉里国务卿，或者是联合国秘书长、最高法院院长才叫法律人？法律人成功的标准到底是什么，或者法律人的标准到底是什么？如果这个标准只有一个，成为奥巴马才算是法律人，那我相信在座的各位基本上都走不到，所以我们发现在社会上，对于法律人的定义非常重要。在有的国家或者社会里，人们就很容易找到自己的定位，而这就是我们所追求的标准。比如说，有的学生做公益律师一做就一辈子，他觉得成功了，这就是法律人，这就是他的标准，就像我们学校的佟丽华律师；还有的学者认为做学问就是法律人，比如说我们79级的毕业生蔡定剑老师，这也是法律人的标准。所以，关于法律人之路，对于法律人的定义，我们只能去认知，我们这个社会需要对法律人重新去理解，赋予其丰富性。否则大家认为只有一个标准，这条路就太窄了。

第二，关于成为一名法律人和作为一个法律人的成功，这一对关系需要我们好好理解。咱们政法大学与其他学校不同的地方在于咱们同学入学时都有一个宣誓仪式，你们一定都还记得。那不是一个具体的标题，而是一个很清晰的标准，是成为法律人的前提之一。而对于中国的法律人而言，如果要成为一名成功的法律人，则必须具备共同的标准，那就是中国实现法治。如果一个国家的法治没有实现，那么你们作为法律人就不是成功的。所以，要成为一名成功的法律人，就必须要努力使这个国家成为一个法治国家。在这个过程之中，每个人都是在成为一名法律人，而不等于说是作为一个法律人的成功，这个成功绝对不仅仅是指个人的成功。因为如果法治国家尚未建立，那么绝不可能有个人的成功。

为什么要说这个？我记得有一年在学校，很多法律人包括律师、法官、检察官在一块儿探讨法律人成功的问题，最后发现大家都很迷茫，都没有成就感，即便赚了很多钱或是办理了很多案件，最后大家发现还是只有深深的失落感。后来我们一致认为，问题的根结还是在于尽管我们都在努力，但我们国家法治的整体环境或者说整体目标还没有实现，在我们个人的成功但整个国家法治尚未实现的大背景下，带给我们的依旧是失落的感觉。所以，我觉得如果将来我们在座的各位同学要走法律人之路的话，江平老师的一句话讲得非常好，就是要参与其中，实现法治天下。我们要做一个实现法治天下的法律人。

在这个过程之中，我还想起了毛泽东主席在建立新中国时，曾在广场上树了一块碑，写的是“人民英雄永垂不朽”。谁是人民英雄？他们不仅仅是指在人民解放战争中牺牲的那些战士，不仅仅是指在抗日战争中牺牲的战士，还包括鸦片战争以来所有牺牲的人。这也说明，虽然法治也许无法很快就实现，但是在这整个过程之中，只要我们都在一点点努力，那么我们就会一点点地实现法治，并最终实现法治的圆满。所以，大家如果想到这一点的话，就会发现法律人之路非常宽广，或者说法律人的标准非常多元化。只要我们大家这样理解，那么我们在这一过程中就不会这么迷茫，因为我们会发现这其中蕴含着奋斗的过程。我就讲这些，谢谢大家。

主持人：

刚才几位老师已经将法律人的很多特点展现在大家面前。今天讨论的话题是“法律人的未来之路”，在我看来，大家内心的忐忑可能主要存在于两个方面：一是在成为法律人的过程中内心感到忐忑，包括像李法官说得要不要逃课。反正我以前上课的时候总是逃课，但我们的目标是恒定的，就是要成为一名法律人。第二件事是涉及大家从学校毕业之后，作为一名法律人未来该往哪个方向前进的问题。在这个过程中，大家可能常常会感到很迷茫。从我个人的角度来说，如果在座的诸位要成为一名法律人，应该具有哪些明显的标志呢？哪些是我们判断一个人是不是一名成功的法律人的标志呢？或者说我们作为大学的老师，你们作为我们的“产品”，我们应该培养什么样的人才，我们心里才会比较放心地说，对得起“中国政法大学”这六个字呢？我想了想，大概有以下几方面的要求比较重要。

第一，要对我们国家的整体法律体系比较熟悉，而不只是被一些精神性的、原则性的东西所吸引。

第二，在处理问题时要具备一定的技术，毕竟很多人都说过，法律人很多时候是在扮演社会问题的医生，而要成功扮演医生的角色，就必须要学习和掌握一些具体的技术，而不应被太多观念性的东西所引导。比如说具体案件的裁判过程，比如说法律条文的理解适用，这些都非常重要。虽然有时候它们会显得有些枯燥，但是都是重要的技巧。就像当我们用一个名称来指代一个群体的时候，一定会出现一些区别性的标志，比如说你们作为法律人，一个最明显的特点就在于你跟其他的专业之间会有所谓的“知识槽”存在。知识上不同，那么你们在与其他人谈论问题时出发的角度就不一样，我们必须要从法律的角度来判断问题。

我们有很多毕业生经常在毕业以后，在公司工作时感到很痛苦，为什么？因为有些公司老板不守规矩，常常要求我们的学生“钻空子”。但是我们必须要明白，这就是我们作为一名法律人的标志，我们有所谓的“专业槽”，比较愿意遵守规则，而不愿将规则搁置一边、放任不管，去选择最直的那条道，这就是我们的特点。那么我们的“专业槽”究竟要怎样建立起来？这就需要我们在大学这几年通过努力学习才能建立起来，并且这种东西可能被替代。因为你们在大学里所学到的是一种整体化、系统性的教育，而在将来你们从事实践工作的过程中，却无法以如此体系性的方式来施行。

我经常举这样一个例子来说明问题。大家可以看到，现在所有法学的教育过程，比如说上大学的第一门入门课叫法理学导论，而最后一门专业课又叫法理学原理，都是我们提供的。为什么要这样安排？这就来自于我们经常说的所谓解释学循环，包括整体与个体的相互促进。一开始在第一门课上，我们就给大家一个关于法学的整体观念，然后大家通过它来深入学习各部门法，最后再用理论去支撑大家整个大学所学的知识。但是这样的学习过程在实践中往往不可能实现。在实践中，即使大家对某一部分知识感兴趣，可能你会进行专门性学习，却很难对此进行体系性的学习，这一过程只能在学校完成。所以，如果大家想要成为一名成功的法律人，那么第一件事就是需要在大学里接受比较完整的教育，为我们成才奠定最基本的条件。唯有如此，大家才会形成有别于其他专业学生的知识槽，才具有法律槽的色彩，才会明白该如何从法律的角度来思考问题。这是第一个需要大家注意的问题。

第二，希望在座诸位注意，刚才龙卫球教授也提到美国最近的总统很多都是学法律出来的，然而这一情况在中国却很少。大家可以思考一下，为什么在那样的国家里，所谓的法律人会经常做总统呢？这其中需要我们明白的一件重要事情是，当前社会中公共性问题正在变得越来越重要，大家很难享受非常私人化的生活，这时社会上就容易产生分歧和问题，而面对这些问题，就需要用公共的判断标准去处理它，而这个标准就是法律。即法律本身就是公共争议的判断标准。那么，法律究竟为什么重要？为什么我们总是提倡要“依法治国”，要实现“法治天下”？

原因就在于，当我们的社会变得日益复杂时，公共问题处于越来越重要的地位，此时法律就成为解决这些问题的唯一标准。这意味着法律在扮演一个非常重要的公共性角色。事实上，我们每个人所从事的实践工作，都是在为这个社会落实或持续或重建所谓的公共标准。大家如果上过职业伦理课就会发现，法律人常常面临所谓的职业伦理上的道德困境，这其中的代表人物就是钱律师，因为律师所面临的道德困境最强。为什么？因为在他们身上集中了三重角色。第一重角色是私人角色，任何一个人在这个社会上都需要赚钱，都需要养家糊口；第二重是代理人角色，他们作为客户的代理人，需要为客户争夺利益；第三重则是公共角色，他们作为公共社会的一员，还必须维护社会公共利益。所以，这三重角色之间有时会产生激烈的冲突，为律师本人带来道德困扰。

其实我们可以发现，这个社会上很多职业面临的职业伦理困境较少，但法律人却常常面临艰难的道德困境，这是因为我们同时扮演着多重角色，特别是多重角色之中的公共角色这一点，时常会与其他角色之间产生高度分歧。比如，我作为犯罪嫌疑人的代理人，需要从他的利益角度出发为他提供法律咨询，这就意味着我可能会对公共性的所谓公平正义标准带来挑战，甚至阻碍，成为防止他被法律给予处罚的法律上的防护手段。这时我们的角色就很复杂。但是，不论我们处在何种道德困境之中，我们都必须明白，我们的公共性身份是高度重要的。我们每个人在所从事的事务之中，都具备公共教育的性质。比如，钱律师所做的事情，除了可以帮助自己赚钱以外，更重要的是对他的客户，甚至对整个案件相关人都起到了非常强的作用。又比如，李法官在审理案件时，他所作出的判决不仅仅是针对自己的当事人，他还必须考量在同类的裁判当中将来会怎么看，这些都是非常重要的公共教育。

我们经常说，我们在教学生时也是具有公共效果的。中国过去的师傅带徒弟从来都带有公共教育的职能，所有的师傅都是快死的时候才把最重要的技术传授给徒弟。也许你们在座的诸位会感到有些疑惑，在法律这条道路上前行，到底是为了自己，还是为了公共效果？这两者之间有时可能会有冲突，但是我认为，我们首先还是要将自己分内的事情做好，这有时候会比我们直接追求公共效果要好得多。但同时我们也要明白，在大学里所受到的教育是这一切的基础，如果你从现在就总逃课，那么根本就不会有未来。

总而言之，我的意思是我们必须要明白法律人既有专业上的特殊性，同时他们的角色还具有公共性。正因如此，我们必须要对某些公共性问题有所关注和考虑，这样我们才能对未来我们可能扮演的社会角色有一些大致了解，才可能在现在就一步一个脚印、踏踏实实地走好法律人这条道路，未来也才会对你敞开这扇门。否则的话，你最后可能根本没有机会进入到法律的领域当中。

下面的时间交给在座的各位，你们可以谈谈你们自己的想法，或是针对在座的几位老师来提出你们的具体问题。

提问：

各位老师晚上好，我的问题是，各位老师认为什么是所谓的好的法学学问？研究生毕业之后做好的法学学问与从事司法实践是否相冲突？因为这关系到我们法学本科毕业生的职业选择问题，是要在毕业后选择继续深造，还是应该进入到法检系统或从事律师行业，这是我们同学普遍存在的一个困惑。谢谢。

龙卫球：

我很赞成陈老师刚才提到的，我们在大学期间需要将学问做扎实。如果没有扎实的学问，那么毕业后基本上不可能成为一名优秀的法律人，除非你再进行二次学习。但是什么是好的学问，这个问题真不太好回答，它涉及对学问进行价值判断还是事实判断的问题。如果从事实判断来讲，现在学校对此常设定了一个一般标准，司法职业也有一般标准，国家的法律制度发展到一定阶段也有一个体系标准，我们都需要达到。在校期间，也许我们每一项都学得非常好，也有可能你觉得自己学得还不到位，还需要继续读两年研究生，其实这事实上都是人才培养设计的过程。

我现在发现人才培养真的很复杂。德国人用六年半时间完成法学学习后才能够执业。它们的法学学习主要有两个阶段，第一阶段是理论学习，第二阶段是实践学习。而美国人第一阶段拿的是大学学位，然后进入 JD 进行交叉培养。美国人跟德国人不一样的地方在于，德国人出来后既可以做律师也可以同时做法官；而美国人必须先做律师，从律师里面再挑选优秀的人才出来做法官。这是两条不同的法律人才培养道路。而我们中国现在正处于一个好的时代，所以我们今天从事实层面来说，你要做一个好学生，要完成我们所设计的法律道路，达到我们现有标准中的最优。

但从价值层面而论，标准就比较复杂了。因为我们现在还处于一个建设法学、建设法治的追求过程，现在的法治或法学都还不够完善，学校所教的知识也很可能只是“夹生饭”，即便我们这些老师上课都很卖力。因此，我给你 80 分，并不意味着你就只有 80 分。

由于我们国家的法学知识还不够完善，因此从这个意义上而言，我们都是一代人，我们都正在着手建立一个良好的法学教育过程。大学课堂上获得的 100 分并不代表你就获得了好的法学知识，只是从价值上来说，在现有的体制之内，你获得了一个比较好的知识。所以，我们需要有开放性的教学和学习方法，要不断地向国外学习、向实践学习，不断地在自己的职业体会中学习，在试错中学习。只有这样，我们才能从整体上进行改进、推进。

钱列阳：

我从职场竞争的角度，简单谈一谈好学问的问题。在我看来，一个好的学问应该是指我们通过做学问认识到了自己，认识到了自己对哪一个特定的行业感兴趣。也许通过做学问，你发现自己适合做教授，或是适合做法官，或是适合做律师，无论怎样，你都通过这种方式比你的同龄人更早地认识到自己适合从事哪一行业，然后义无反顾地一头扎进这个特定行业中去，最后成为这个行业里的专家和领军人物。所以，在职场的竞争中，最重要的首先是方向盘，其次才是油门。你必须在找对了方向以后才能一脚油门踩下去。很多人到了很大年纪都还在迷茫，读了半天法律发现自己最后对什么也没有特别的兴趣。实际上这就证明他没有通过学习真正地找到自我，真正地认识自我，那么无论他考分多高，都没有实实在在地帮助他在未来的职场竞争中找到方向、奠定基础，那么这个学问分再高也没有用。而如果你真正的找到了自己的职业方向，早早地下决心是做律师、做学问还是做法官，那么最后你会发现由于你立志早、方向找准得早，起跑就比别人要快得多，最后你会发现当初四年学习的学问就一定是好学问。谢谢。

提问：

谢谢四位老师。刚才陈老师提到法律人的道德困境问题，在此基础上，我想问问各位老师，如何应对法律人在实践过程中所面临的理想与现实冲突的情境问题。

李轶萌：

针对你这个问题，比如，法官在判案过程中，如果他完全按照法律的规定进行判断，那么案子会是一种结果；而如果他考虑到这个案子背后所衍生出来的其他问题，如社会效果问题、实际执行问题等，那么也许这个案子就是另外一种结果。这些都是有可能的，也是每一个法官时常要面对的问题。

在这里我想举两个例子。我记得曾经有一名老法官给我讲过一个故事，在欧洲有两个贵族，有一天在一座桥上，一个贵族恼羞成怒杀死了另外一个贵族，凶手将行凶的刀扔在地上后逃跑了，此时正好有一个年轻的小伙子路过凶案现场，恰好看到了躺在血泊中的被害人，他恰好拿起了这把刀，此时恰好警察过来发现了他，随即将他送上法庭。当时还没有指纹验证等高端技术手段，法官就依据当时的法律判定这个小伙子死刑。后来真正的凶手知道这个小伙子被判死刑以后，他的良心受到了拷问，于是决定去救这个小伙子。但此时为时已晚，这个小伙子已经被执行死刑。而在真正的凶手自首之后，法官同样将他送上了断头台，同样依据的还是当时的法律规定，杀人就要偿命。这是一个例子。

第二个例子是南京的彭宇案，它代表了案件在纯法律角度和社会效果之间的矛盾。该案的判决我看过，案件承办法官叫王浩，和我们一样，他也是一个法律人。在我看来，他的判决写得非常简洁，论据充分，条理清晰，逻辑严谨，从一个纯法律的角度来看，判得是非常好的。但为什么最后这个法官却被调离？或者说从此之后他的法律之路就没有办法再继续前进了？就是因为法官在判定一个案件时，不仅需要考虑纯法律的后果，还需要考虑它背后所引发出来的很多社会效果。说句实话，其实在中国做法官是件很悲哀的事情，为什么？就是因为在中国做法官，你有的时候所面对的不单单只有法律，你还要面对法律之外的其他很多问题。

钱列阳：

这个问题非常适合实务部门的人回答，像律师，尤其像我这样做刑事辩护的律师。我们常常会面临以下几种情况：

第一，我觉得这个人真的是罪犯，但是根据现有证据不足以认定他有罪，所以为了追求法律准则，我必须要做无罪辩护。那么此时我需要接受自己内心良心的拷问，还需要结合社会经验的判断，以及我们对法律的忠诚和尊崇，来综合追求法律事实。就像“辛普森案”中，犯罪嫌疑人确实是杀了人，但最后却仍旧无罪释放，这就涉及我们的职业道德和做人的内在良心之间的冲突。这是一个矛盾点。

第二，我真的认为我的被告人无罪，证据也足以认定，所以我本来希望做无罪辩护，但我的当事人认为如今的社会实践中若做无罪辩护很难胜诉，因此请求我给他做罪轻辩护，赶紧把人放出来就好。甚至有一次，五个被告，我给第一个被告做辩护，当事人要我把另外四位被告的律师也请来，大家一起开个会，明天同仇敌忾，一起做无罪辩护。于是我把那几位律师请来，大家一起讨论明天的辩护思路。我首先讲了无罪的理由，但没有想到后四位被告的律师却联合起来请求我做罪轻辩护。原因是他们认为法院已经关了这些被告人很长时间，我即使再做无罪辩护也不可能判无罪，最后很有可能仍然是判十多年，水涨船高，那剩下的四个人也得跟着上去。因此，我们对法律的理解和把握在现实中经常不得不发生改变，在我们为客户利益最大化和追求公平正义，之间本身就会形成一种矛盾。有时候为了追求公平正义，带来的结果可能就与客户利益最大化相矛盾，有时候为了追求客户利益最大化，我们又把司法公正放在了第二位，因为这是客户对我们的要求。所以这两者之间时常存在矛盾冲突，这些都是我们律师在司法实践中不得不面对的。也正因为有了这些复杂的情形，我才觉得做律师很幸运，因为我们可以从平面的法律条文这样的二维空间上升到三维空间，并且现实生活中一次又一次的拷问和考量，也对我们的内心和职业技能提出了更高的要求。所以作为律师，我觉得能赶上今天这样的时代，这样的行业，是我们法律人的幸运。

提问：

四位嘉宾晚上好，我想请问钱律师，前段时间我在网上看到你在刘志军案中被指定为刘志军的律师，因为该案涉案金额非常大，所以我想听听您的心理感受。

钱列阳：

其实我干了这么多年律师，对这一类案件已经有点不愿意再干了。但这一次他自己没有找律师，结果上面不知道怎么到后来就指定我来做他的律师，所以，既然这样的话，我还是要做。我跟他沟通得很好，其实在被媒体暴露出来之前，我就已经跟他沟通了两个月，只是一直没有对外嚷嚷。甚至很多记者给我打电话，问我知不知道谁是刘志军的律师，我都说不知道，直到4月初被媒体报道出来。我觉得，在这之中，重要的是我们无论采取什么样的方式，都必须要尊重当事人。如果当事人希望媒体炒作，那么在不违法违规的情况下，我们作为律师就需要去做；而如果当事人认为媒体会杀人，希望我们低调处理，我们就不对外说。所以，我在处理一些问题上，会严格按照法律的规定；但是在媒体的问题上，我尊重当事人的选择。包括今天这个场合，我也不可能讲其中的细节问题。等到一年以后判决生效了，可能未来有一天我们会将此作为一个学术性问题进行探讨，但今天还不行。谢谢。

提问：

我想请问一下李铁萌老师，刚才您提到我们要将理论和实践相结合，学以致用。您建议我们要走出学校去做一些实践，请问您所说的实践是指去法院或者律师事务所实习吗？

李铁萌：

关于实践，我刚才举了几个例子，谈到了我们为什么要进行实践。因为现在回想我以前在法大学习的经历，我觉得自己有所欠缺，一直只知道在学校里闷头学习。那时候上课，去图书馆自习，总感觉像是在舞文弄墨一样。但事实上理论只有通过实践才能体现其价值。而我所说的实践，就包括你刚才说的去律所、去法院等。如果你的时间充裕，我建议你在学校学习期间可以抽出时间去做这样的事情。这样你在书本中看到的东西就会活生生地显现在你面前，让你明白在实际工作中它是如何进行的。我觉得理论和实践之间是相互作用的，理论可以指导实践，实践反过来又可以让你更好地去理解理论。谢谢。

追问：

其实我是希望李老师解释一下我们应怎样实践。因为之前在一次讲座中，一位同样非常成功的女法官曾提到，如果我们现在去律所或者检察机关实习，大多数情况下基本上都是在跑腿、打杂，学到的东西很少。我想请李老师解释一下，我们走出学校之后具体应怎样实践？

李轶萌：

她所说的打杂和跑腿，其实在我们业务庭里面这样的事情也非常多，一开始大家干的活都是一些书记员的工作，就算你以后真正成了一名公务员、进了法院，刚进去你也是一样。但我们为什么要做书记员？其实书记员承担的更多的是程序性工作，这些工作会帮助你逐步了解法院工作的每一个环节，让你对法院的工作有一个缓冲，算是从学生转变成法官之前的一种学龄前教育。也许这些工作看上去和我们目前所学的东西关系并不大，你可能觉得算不上是一种实践，但我可以告诉你：它的的确确是一种实践，因为当你在打杂和跑腿的时候，这些工作它背后的依据同样是法律知识。而且如果你是一个有心人，那么当你去打杂、跑腿时，也可以接触到很多实务性材料，这些材料都是一种实践的机会。所以，我觉得这些工作和你去实践并不矛盾。

提问：

我想请问钱列阳律师一个问题。前几天我听了您关于刑辩律师执业认证的讲座，我想请问一下您，作为一个优秀的刑辩律师，在接到一个案子之后一般会做哪些准备？有没有一些您觉得比较独特而又效果很好的工作习惯可以跟我们分享一下。谢谢。

钱列阳：

我觉得是这样，对一个案件的把握，一定既要看到案件里去，又要超然于案件之外。因为无论是委托人还是被告人，给你讲的事情，你都只能姑且听之、姑且信之，但不能全听也不能全信。你一定要超越案件来看案件，跳出案件来用更宏观的思维看案件。因为这些当事人给你讲的不一定是全面的案件事实。作为一个从业时间比较长的律师，我认为还是哲学上的那句话，要先解决认识论再解决方法论，在对待很多案件时必须首先要有一种端正、细致的态度，要客观地、详细地对整个案件进行彻底了解，这是由态度决定的。如果认识论错了，方法怎么都是错的；而如果认识论对了，方法错了也还有弥补的余地。所以要解决一个案件，最核心、最基础的还是解决认识论问题。具体的方法论则是在整个案件的解决过程中要做到兼听则明，要换位思考、多角度思考，要用心办案，而不要用情办案。心在案里，情在案外，不能把自己完全卷入案中。所以，我觉得对于每一个案件拿到手里以后，首先要做的就是把心态放平，把案件先摸清楚，然后再考虑切入点在哪里。这个切入点是经验的积累，其实就是这么简单。

提问：

各位嘉宾晚上好，我想请问一下钱律师和龙老师。刚刚龙老师提到了法律硕士这个比较小的群体，我想请问一下，龙老师您觉得与法学本科生相比，非法学本科的同学在法学理论上的欠缺是否可以在接下来的法律硕士阶段的学习中获得弥补？该如何弥补？第二个问题想请问一下钱律师，从您的角度来看，法律硕士在未来走上到法律职业道路时，会不会有一些先天的劣势，可以通过什么样的方法去弥补呢？谢谢。

龙卫球：

法律硕士是一个大的群体，开展了这么多年，今天也确实遇到了很大的问题，这与我们设计这个项目的初衷差距很大。当初我们设计这个项目主要是想学习美国的 JD。作为一个多样化的社会，我们希望律师或者法官在处理问题时，一定要具备相关的法律知识和相关领域的知识背景。比如说，你是一个化工领域的律师，或一个药监领域的律师，抑或你是一个房地产领域的律师，那么你应该要有相关领域的知识背景，这是一个复杂现代社会发展的必然。美国的法治为什么这么发达？它的 JD 项目是最符合现代需求的，我们在学习时必须要学习它的整个体系。但是在我们这些年的实践当中却出现了几个问题：

第一，关于这个项目我们还抱有一些疑虑，上至教育部、司法部，下至各高校，我们都还未形成一套清楚的方案，再加上我们自己的法律体制还未能完全形成美国的那种体制基础，所以这些项目的发展在后期存在一些问题。比如，现在我们的律师事务所仍然更多地希望从法学硕士中挑选就业人才，我们还没有形成一个成熟的律师用人体系，这是一个体制问题。

第二，我们法律硕士自身也有问题，我们很多同学在读法律硕士的时候，往往是觉得自己在本专业领域失败了才去读另外一个专业。但是你要知道在美国读 JD 的学生可不一样，他们都是别的领域里非常优秀的学生，他将法律事业当作一种公益事业在投入，最优秀的人才才被遴选进来。比如，哈佛大学的 JD 学生，一定是美国所有学校、所有专业里最聪明的学生。但我们现在似乎并不是这样。当然，这之中我们有些学校也有责任，现在有的学校把法硕生当作赚钱的项目，这也是一个问题。因为教育目标的实现和赚钱之间本身就存在矛盾。所以，我觉得 JD 这个项目还是要认真地从各种层次上去重新考虑，看看如何进行调整。

钱列阳：

我这么看这个问题。如果你本科读的是非法律专业，然后读的法律硕士，如果你确实打算彻底改行，告别本科的特定专业，那我觉得你确实是比较累，因为这等于在你人生最重要的 20 岁阶段你走了四年的弯路。此时，你在读法律硕士的同时，需要用三年的时间完成别人四年或者七年的课程，那么你就需要赶紧把别人学了四年的知识在一两年内补上，然后重新再在法律专业里找一个方向，这是一种模式。

第二种模式，你实际上是想结合本科非法律专业的四年所学的专业知识，然后再进入律师行业，成为这个行业中的专业律师，那么你的选择就非常聪明。因为现在律师行业的情况是“二八”开，20% 的律师控制着 80% 的案源，80% 的律师挣 20% 的钱。这“二八规律”在每一个行业里都存在。那么这所谓的20%的律师创造了80%的案源，他实际上都是专业律师，针对的是高端的客户需求。律师经验的积累，与学历并不直接挂钩。这时如果你的本科专业，比如学的是医疗专业，那么你经过三年法律硕士的学习和培养，最后你进入律师行业成为医疗法律方面的专业律师，那么你的优势马上就会显现出来。

例如，我们北京律师协会有57个专业委员会，其中就有医疗专业委员会，医疗专业委员会的律师都是医学院毕业生，而不是法学院毕业生。他们在医学院毕业以后参加工作，有的当到了主治医师、主任医师，最后又通过了司法考试，然后转行，脱下白大褂穿上黑律师袍，这样最后他在医疗领域的专业知识使得其在医疗纠纷方面的办案能力，是我们这些纯学法律的人完全没办法相比的。所以，我觉得对待法律硕士一定要辩证地看待。上面是两种极端选择，一种是走弯路，一种则是抄近道。

李轶萌：

我从法院的角度再补充一下。其实法院在面向社会招人的时候，无论你是法学硕士还是法律硕士，都是没有区别的，而且现在的趋势是法律硕士可能比法学硕士还要更吃香一些。为什么？就是因为我们认为你在同样拥有了法律硕士研究生的学历以外，你还拥有一项其他的技能，未来在法院的审判过程中，法院可能会用得上，这是法律硕士的一个先天优势。另外，从我之前从事的知识产权审判来看，有大量的知识产权案件需要的可能不单单是纯法学的学生，就像商标可能需要有大量外语经验的法律硕士，专利需要大量有理工科背景的法律硕士等。所以，我们不能把法律硕士当作自己的短板，而是要当作自己的优势。谢谢。

提问：

刚才钱律师提到医疗纠纷案件，我是医科大学的学生，可是我的专业比较特殊，学习的是卫生法学方向，它是医学和法学的交叉学科。但是我自己以及我们班的其他同学都非常迷茫。因为一般的医科要学五年，法学要学四年，而我们在四年的本科阶段既要学医学又要学法学，因此大家都觉得未来很迷茫。今天的题目是“法律人的未来之路”，我想问一下钱律师和陈老师，对于像我们这些既不精也不专的交叉学科的学生，我们的未来之路应该怎么走？

钱列阳：

实际上我觉得你们更多的是需要扪心自问：自己的兴趣点究竟是在法学还是在医学？我觉得性格决定命运，兴趣决定专业，你终生为之奋斗的事业一定要符合你的性格。所以，我觉得当你站在这个岔路口上，当几项选择都可能发生时，你更应该遵从自己的兴趣。

“明法论坛”主持人：

非常感谢四位嘉宾独到细致的讲解，相信他们丰富的人生阅历和知识令在座的各位同学受益匪浅。也感谢同学们的积极参与，让我们把最热烈的掌声再次送给我们的四位嘉宾。

穷经皓首，思经世之伟论；笔耕不辍，探济民之大道。今晚我们有幸相聚于此，共同享受一场学术盛宴，希望大师们的谆谆教导如一盏明灯照亮大家的求学道路。本期明法论坛在这里要跟大家说再见了，让我们共同期待下一期同样精彩的明法论坛。

二十年司法变迁

演讲嘉宾： 佟丽华　田文昌　王万华　赵云鹏

嘉宾主持人： 袁　义

时　　间： 2014年5月10日

嘉宾简介：

佟丽华，毕业于中国政法大学，现任北京市致诚律师事务所主任、北京市青少年法律援助与研究中心主任、北京市农民工法律援助工作站主任，担任全国律师协会法律援助委员会常务副主任和未成年人保护专业委员会主任、北京市未成年人法学研究会副会长等社会职务。其在中国政法大学创办了中国政法大学准律师协会，从法大毕业后从业做律师以来，强烈的社会责任感使他将自己的眼光和热情转向了对社会弱势群体的深切关怀。他通过自己的艰辛努力在未成年人权益保护和农民工法律援助两大公益法领域做出了突出的贡献。受到胡锦涛、习近平等领导人的接见。

田文昌，1947年出生，1983年获西北政法大学首届法学硕士学位。1983年~1995年在中国政法大学任教，曾任法律系副主任、研究生导师。1985年开始做兼职律师，1995年创办京都律师事务所，现任京都律师事务所名誉主任，中华全国律师协会刑事专业委员会主任，其间主持制定了我国第一部律师自律性规范——《律师办理刑事案件规范》；主持设立了我国第一个全国性律师网站——“刑辩网”；主持起草并出版了我国第一部以律师协会名义起草出版的《刑事诉讼法修改律师建议稿》。其素有“学者律师”之称，教学、科研、办案成果丰硕，曾发表学术论文、译文、专著、教材等数百万字，并以擅长办理各类典型疑难法律事务而著称。

王万华，1973年生，贵州省锦屏县人，中国政法大学教授，博士生导师，教育部新世纪优秀人才。王万华教授专注行政程序研究二十年，提出了行政程序法的理论体系，是国内关于行政程序法研究的代表性学者之一，在行政法学界具有较大的学术影响。其博士论文《行政程序法研究》是国内第一篇关于行政程序法研究的博士学位论文，荣获2001年度“全国百篇优秀博士论文奖”。其代表性论著《中国行政程序法典试拟稿及立法理由》在学术界和实务界产生广泛影响，成为立法机关制定行政程序法的参照蓝本。她积极参与立法实践，研究成果直接为立法机关吸收、采纳，是国内首部地方统一行政程序法规《湖南省行政程序规定》的主要执笔人。

赵云鹏，中国政法大学副教授，现任中国政法大学外国语学院分党委书记兼副院长。

主持人：

下面请允许我介绍今天到场的嘉宾，北京市京都律师所主任田文昌律师，准律师协会创始人、北京市致诚律师事务所主任佟丽华律师，中国政法大学教授、第七届全国十大杰出青年法学家获得者王万华老师，准律师协会第二届会长、中国政法大学外国语学院分党委书记赵云鹏老师，中国政法大学副教授袁义老师。让我们用热烈的掌声感谢各位嘉宾的莅临。需要向大家说明一点的是，昨天我们收到龙卫球老师的短信，龙老师临时家里有事，一早得离开北京，他对临时缺席本次论坛十分抱歉，并表示日后定来法大弥补此次遗憾。不过在田文昌律师、佟丽华律师、王万华老师三位与袁义老师精彩的讲述与主持中，相信今天的论坛依旧可以迸发出激烈的思想火花，让我们感受同样的精彩。

另外，黄进校长今天虽因故未能出席，但也对我协会 20 周年会庆表示了衷心的祝贺。下面请大家先欣赏一段会庆视频。

（播放视频）

正如视频中所说，90 年代初期，一群年轻人怀着崇高的法治理想开启了准律师协会的征程，并以实际行动将这种精神传递给了一代又一代准律人。下面有请准律师协会创始人——北京市致诚律师事务所主任佟丽华律师致辞。

佟丽华：

大家上午好，今天我怀着非常激动的心情来参加咱们准律师协会的此次活动。20 年前，中国政法大学昌平的新校园还显得非常荒凉，在这样的背景下，我们开始创建准律师协会这个平台。当初之所以要创建这个平台，就是因为我们地处一隅、与外界接触较少，所以我们想要创建一个自己的学术社团，让政法大学的学子们能够和法律界最活跃的律师对接起来，丰富我们的学术生活，历练我们的学术能力。本着这样一个想法，我们创建了准律师协会。

今天田文昌老师也来参加这个活动，我认为非常有必要。当时创建准律师协会，大家知道我们非常需要取得律师界的支持。最初在一年的大夏天，我从当时还是政法大学老师的田文昌老师家里借了辆比较破旧的自行车，骑着它到当时律师事务所比较密集的亚运村去，希望能取得律师事务所的支持。所以可以说，要不是当初田文昌老师那辆自行车，我们也不可能找到路，更不可能取得律师事务所的支持，成立现在的准律师协会。

当时我们创建准律师协会，主要是希望奠定一个学术氛围很活跃的北京律师群体沟通平台。现在通过我们的短片，通过厚厚的简介材料，我们可以看到，在过去20年时间里，中国政法大学的准律师协会非常好地践行了这个使命，使处于昌平的中国政法大学的学子们和活力的律师群体、活力的法律群体有了密切的接触；也通过丰富多彩的各色活动，让大家有了一个历练的平台。不仅是这样，过去二十多年来，包括我和田文昌老师在内，包括第二届准律师协会的会长赵云鹏老师，也包括后来的一些准律师协会的朋友们、同学们，我们之间这种密切的联系和互动更是构成了准律师协会的文化，丰富了中国政法大学在昌平的发展。从这个角度来说，20年的时间里，准律师协会的丰富和发展，为中国政法大学赋予了一种新的文化和传统，而这恰恰对中国政法大学来说是最宝贵的。对此，包括在座的各位同学和许多已经离开学校的准律人，我们为准律师协会在过去20年中所取得的成就感到欣慰和振奋，我们也希望未来准律师协会能够一直延续这种传统，为中国政法大学的发展赋予更多的活力和力量。这是我想谈的第一点。

第二点我想说的是，随着准律师协会的不断发展，我希望我们不只是为政法大学的学生们提供一个历练的平台，我们需要有更多的追求。我们追求的到底是什么？坦率地说，来中国政法大学上学的学生们心中对此都是有想法的，我们的想法可能和学经济、学金融的学生有些不一样。中国政法大学学生的梦想是什么？我记得有一天我来政法大学参加学生毕业典礼，我在演讲时说：中国政法大学的学生们梦想法治、追求公平正义，这些对于一个国家的发展而言至关重要。但是，在当前这样一个中国社会处于深刻变革的时代，依法治国依然面临挑战。尽管党的十八大已明确提出各级领导干部要用法治思维和法治方式来治理国家，但他们的法治思维和法治方式到底有多少？这值得我们每一个人深思。因为大家都知道，领导干部的法治思维和法治方式对一个国家真正走向依法治国起着多么重要的作用。

从另外一个角度来说，从我们整个社会、整个公众来看，我们对法律的信仰到底有多少？我们是更相信权力、金钱、人际关系，还是更相信规则和法治？可以看到，在当今中国，当公民的权利受到侵害时，法律不能发挥作用的现象还是非常普遍的。即我们不得不承认，在中国当前这样一个快速变革的时代，依法治国依然面临挑战，而这种挑战对我们法律人来说，对我们准律人来说，可能就是一个不可回避的话题。这是我想谈的第二层意思。

第三层意思，我想我们应该思考一下，未来准律发展的灵魂、梦想和出路在哪里？我认为，我们不仅要搭建一个广阔的平台，让学生们进行历练，更应该为这个国家、为这个民族做一点事情。我们应该努力让这个国家走上健康的依法治国的轨道。等到准律师协会成立40周年纪念的时候，大家回来可能会发现，大量的准律人在社会各个层面发挥作用。今天早上，我和赵云鹏老师交流，第二届准律师协会的两个副会长，一个在陕西的证监局当副局长，一个在中纪委的纪检监察室当副主任，虽然都没有做律师，但都在一些比较重要的岗位上。我想说的是，如果我们在校的这些准律人、在校的法大人能有一些追求，能通过在学校的历练不仅锻炼能力，也历练我们的梦想和追求，那么当我们走上社会以后，不论我们做什么工作，无论我们是去证监局、中纪委、法院、检察院、公安局，还是政府的其他部门，如果我们还能坚持这种梦想，并在各自的岗位上践行法治，那中国在不久的未来就有可能走上健康的法治之路。

我祝愿准律师协会未来能有更大的发展，也祝愿准律师协会在中国未来法治化的进程中扮演更积极的作用和角色。谢谢大家。

主持人：

谢谢佟律师的致辞，铁肩担道义，公益暖人心，带着准律人秉持着前辈们追求法治梦想的决心永不停息。下面让我们有请中国政法大学准律师协会第20届会长李胜卡致辞。

李胜卡：

尊敬的各位来宾，亲爱的准律人，老师们，同学们，大家上午好。准律师协会自1994年成立以来，在学校领导顾问团、校内外老师以及社会各界人士的帮助和指导下，在历届会友的关心与广大同学的支持下，已然走过20个年头。

回首20年，准律师协会这一路走来的点点滴滴都跟大家有着密切的联系。感谢母校培养了这样一个专业色彩浓厚的社团，感谢学校领导老师们对学生社团的重视和鼓励，使得法大为准律师协会的扎根与成长提供了一片肥沃的土壤，使其不断吸收法学精髓，从而培育了一代又一代准律人。感谢顾问团自成立以来，八位顾问老师对准律发展的长期关怀和支持，小至一次讲座活动，大至协会发展方向的调整，处处渗透出顾问团老师无微不至的关心与尽心尽责的帮助。

感谢各位老师、律师与其他法律界前辈。社团的成长需要学生在学术上不断沉淀、在实务上不断历练，无论是讲座、读书会等学术活动，还是各类大赛和实务培训，正是因为有了你们的帮助，准律协才得以更加迅速地成长。感谢各位会友，一日准律人，一生准律人，每一声亲切的垂问，每一次真诚的督责，无不洋溢着家人的温馨。在准律协，我们虽然只工作了短短的三年，但这里却是我们永远的家。

最后，我还要感谢所有法大的同学们。大家的支持与期待是代代准律人不懈努力、永不停歇的动力，法大学子所想所需，也正是准律人的所想所需。我们都一样，都是一群追求公平正义和法治梦想的法大人。谢谢大家。

主持人：

感谢李胜卡会长的致辞。在前辈们的感召下，在会友与同学的支持下，新一代准律人必将不懈努力，在新的征程中奋发启航，再续准律辉煌。准律师协会历史回顾部分正式结束，下面将时间交给论坛嘉宾主持袁义老师，让我们掌声有请四位嘉宾上台。

嘉宾主持人：

今天我们的论坛主题是关于我国的司法改革。走到今天，大家知道我国司法所取得的进步，也知道，包括刚才佟律师说到的，一路走来非常艰辛。这 30 年可以用江平老师的一句话来形容，就是前进一步、后退两步。所以这个话题其实是一个很沉重的话题。也许我们在很多时候作为一名法律人，尤其是作为目前我们这些准律师，我想佟老师之所以把这个协会命名为准律师协会，就是希望我们离律师更近一步。否则我们所做的可能更多的只能是呐喊，就像我们今天聚在这里讨论这个话题一样。

事实上，司法改革的命题是一个相对来说有一些沉重的话题。在中国的司法改革中，最艰难的一个问题应该是政府公权力的限制和司法机关对于公民权利的保障。事实上，在司法改革中，公法处在中流砥柱的地位，田老师和佟老师也都是在公法方面与司法改革的困境在抗争。我们也能看到，今天龙老师没有来，他是教私法的，由于私事今天遗憾未能到场，把司法改革的重任留在了我们这些公法老师身上，因此更显得今天话题的反思性与沉重性。

我作为主持人，还想做一个临时的决定，虽然我没有经过同学们的许可。现在大家可以写一些问题在纸条上，如果需要的话，由会场工作人员在讲演到一定时间时传上来，写好是问哪位老师，我来替大家提问。当然我要进行遴选，这是今天给大家的一个机会，可以和在座的三位嘉宾近距离接触，解答你们心中对三位老师的提问。

作为开场，我想先就司法改革的问题问一下田老师。我们知道田老师是中国刑辩第一人，他给我印象最深的就是作为1996年轰动全国的沈阳黑社会性质组织头目刘涌案件的辩护人，那个案件让我第一次了解了田老师，并且对他充满敬意。当时田老师受到很多压力。时至今日，前年田老师又代理了广东佛山的非法证据排除案件，也成为目前新刑诉法背景下标杆性的案件，成功地排除了非法证据。这些都是中国司法实践中非常成功的案件。当然我说的很多信息可能有一些误差，因为当事人在此，我希望今天能够听到田老师用一种司法改革的眼光，从这两个案例线索的角度，为我们进行讲解，看看在他眼中，我们的刑辩律师是成功还是正在遇到更大的困境。请田老师跟我们一起分享。

田文昌：

谢谢主持人，在回答问题之前，我想先就咱们准律师协会的发展发表一下感慨。刚才大家也知道，在20年前准律师协会成立的时候，我也是参与者，所以感慨比较多。看到20年后的这些会员，看到坐在我旁边的学生，我的感慨更多。我主要有六个字的感想：

第一，创建。20年前，准律师协会的创立是超乎人们意料的动作。佟丽华上学时就想法比较多，当时跟我提出来这个问题，我也没有太多的思考。但创建准律师协会这个想法非常好，而且他居然能够让大家持续了20年，并且还在继续发展，所以这是一个非常好的创建。虽然也许准律协看起来仅仅是一个小小的社团，但是它的思路、它的这种创意、将来发展的前景必然是不容忽视的。

当时我们的条件比现在要差许多。刚才提到的破自行车，确实挺破，为什么？记得1983年我刚到政法大学任教的时候，在前门那边一个旧车场花105元买了一辆28飞鸽旧车，我骑了十多年，到1994年就更旧了。在那个环境下，我就想到，越是艰苦的环境，人们越容易有想法，越是优越的环境，反而越容易丧失想法，就像今天的中国和欧洲。人们都说中国的发展很可怕，发展速度太快，同时对欧洲的发展表现得十分担忧，大家知道这很正常，其中自有它的规律。都说富不过三代，欧洲人太富有、太安逸，所以已经丧失奋斗的激情。我说这话什么意思？就是希望提醒大家，当你们的环境变得越来越好时，也一定不要忘记思考。

我曾经给我儿子说过几句话，我也希望对你们说说，仅供大家参考。我总结，人一生的认识和发展需要经过四个阶段：

糊涂、明白、糊涂、再明白。第一个阶段，从糊涂到明白，就是从无知到有知，从一个什么都不懂的孩子到逐渐上学，到上大学。当我们大学毕业时，实现第一个完整的教育过程后，我认为我们就从无知到有知了。但这个有知是指我们学习前人的知识和经验，此时我们是学别人的，还没有自己的。而第二个阶段就是指，当我们知识的获得达到一定程度时，就会从刚开始的死记硬背，发展到后来发现自己的课本存在一些问题，开始给自己的课本挑毛病，这就表示我们已经开始自己思考，并结合自己的体会和经验进行进一步思考。而这就是我所指的第二个阶段，从明白走向糊涂。我认为现在的大学生们充其量只完成了第一个从无知到有知的过程，才刚刚开始思考，甚至还没有开始思考。要知道，这个思考的阶段是最长也是最艰苦的。

当然，从有知到糊涂，我们在进行思考以后会产生自己的创建，此时再到第二次明白，就已然不是知识而是智慧了。所以，无知、有知、思考、智慧和糊涂、明白、再糊涂、再明白是连在一起的。而要做到第二次的明白——大明白，那就是大智大慧了。大智若愚，我认为我离那个还很远，我现在所处的是在第二次糊涂的阶段。我在思考，进行再学习。所以大家一定要认识到自己的认识过程，来客观、正确地对待自己。

第二，坚持。20 年，准律师协会能坚持到现在，很不容易，也很不简单。大家知道，我们政法大学的社团很多，但真正能够坚持到底的却比较少。咱们一个小小的准律师协会，能够坚持 20 年，并且现在还在继续发展，就说明它有生命力，有吸引力，有实际的作用。

第三，发展。20 年后的今天，准律师协会怎么发展？我在兴奋之余感到有一些不足。20 年我们坚持下来了，但我们只有一百多人——太少！我们需要反思。我希望我们准律师协会，能够在大家的努力下注入新的内容，注入新的活力，拥有更强的社会力，让更多的人参与进来。这非常重要。因为我们目前的大学教育存在严重的理论与实务相脱离的问题，而准律师协会的活动能够在一定程度上弥补这种缺陷。

记得30年前，1984年我在政法大学第一次给本科生讲课的时候，我就尝试案例教学，尝试互动式教学。我希望同学们事先预习课程，并在课堂上互动，当场消化。但是我觉得效率并没有提高。可是，十年前，我在美国纽约大学讲课的时候，不到15分钟，他们的同学就开始提问、不让我讲了。他们的教授跟我说，在我去之前的两、三周就已经布置了预习任务书，大家都去查阅资料，然后跟我互动，而我要做的就是回答所有学生提出来的各种问题。在国外从来没有一个教授滔滔不绝讲到底的做法，更多的是采取讨论课的形式。所以说，到今天为止，我们的教育改革成效并不显著，我们的学生还是在接受灌输式的教育，我们的主动思维还没有充分地调动起来，我们的课堂上还经常存在唯一的标准答案。我们不像国外的课堂上那样没有标准答案，大家各抒已见、没有束缚，我们还做不到。

两年前，我曾在杂志上写过一篇文章，叫《对两个脱节的反思》，反映我们目前大学校园中理论和实务严重脱节，并且这种脱节已从大学校园中延伸到整个社会，至少是法律界、法学界的问题。这样一种脱节的认识，造成了具体法律事务操作过程中的大量失误。对此，当然有多种解决办法，而其中的一个方式，就是通过在大学校园中多建设像准律师协会这样的实践性社团，来帮助学生更多地接触社会，培养其思考能力，从而弥补这份遗憾。所以说从这点来看，准律师协会应当有更强的生命力。

以上是我自己的一些感想。关于司法改革，我简单地说这样几个问题：

中国的法治建设从改革开放开始已经经历了三十多年，我个人的法律职业道路也几乎是和中国法治建设发展同步的。在这个发展过程中，我有深刻体会。前十几年的法治建设发展迅猛异常、举世瞩目，大家都非常兴奋、非常有信心，但后来由于种种原因，产生了一些波折，而最不能容忍、最可悲的则是前十年的法治倒退。由于现在大家可能都知道的原因，前十年的中国法治建设出现了大倒退，让每一个法律人和国人痛心。但是好在十八大以后确实出现了新的拨乱反正的迹象，这是令大家感到欣慰的事情。

让我深有体会的是两个领导人的两句话，请大家特别思考一下。习近平总书记曾说过，要“让每一个社会公众都能够在具体案件当中感受到公平正义”，这句话说得非常好。为什么这样说？我深有体会。在前十年的环境中，我经常受到法律界内部一些朋友的劝告，不是一般的朋友，是有一定级别的朋友，说你为什么总对个案那么认真，为什么你就不能顾顾大局，讲讲政治？他们说我的眼界太狭窄了，说我不懂政治，所以才对个案较真。什么是政治？当每一个具体案件都体现不出公平正义的时候，大局从何谈起？司法公正从何谈起？所以习近平主席能够讲这句话，不是一件简单的事情，这说明中国的上层领导已经认识到个案公平的重要性，已经把本末倒置的认识纠正过来了。所以，现在出现了各个省纠正错案、重视个案的操作。

第二句话是李克强总理讲的，讲到私权与公权的关系，“对于私权利而言，法无禁止即可为；对于公权力来说，法无授权不可为”。这句话非常重要，我们学法律的应当明白这个道理，在一个人治国家里，公权高于一切，而在一个法治国家，则必须有公权和私权的区分。这就是我们学法律的真谛之一，公权和私权具有不同的价值观。我们的同行、我们的学者也经常在讲公权与私权的关系，但作用不同。然而大家可以看到，至今为止，社会上仍到处都存在着公权和私权混为一谈的状况，“只许州官放火，不许百姓点灯”，这其实是专制统治下的一种典型现象。所以，李克强总理讲这句话，体现了国家领导阶层的思维方式，体现了对公权和私权的最基本的权利区分，这非同小可。

我举这两个例子就是想说，十八大以后，我们的整个社会环境正在向有利方向转化。我一直讲，我们的法治十年倒退，但现在冬去春来的时刻即将到来，所以我们每一个法律人、法律学子都要充分利用这样的机会，更好地、更充分地发挥自己的作用，在新的形势下进行更多的思考。你们是幸运的，要感谢我们这个时代，一定不要辜负了这个好时代，要在这个时代给你们创造的条件的基础上发挥你们更大的作用。

嘉宾主持人：

大家有问题的话现在可以提问，可以直接请教三位嘉宾。在提问之前，先请王万华老师谈一下有关行政程序法的问题。因为我们可以看到，最近行政程序法的研究非常出色，但实践中，行政诉讼却在萎缩，整个案件体系里面行政诉讼的案件大概只占不到2%的比例，这个比例是非常小的。

王万华：

行政诉讼的案件全国每年平均只有12万件左右，与信访的数量相比很少。

嘉宾主持人：

我们可以看到，在北京，信访的群众，包括集体上访、重复上访的比例都很高，行政诉讼的渠道反倒无人问津，即出现了我们刚才谈到的行政萎缩现象。信访的压力现在很大，我上个月看新闻，信访局的副局长甚至在办公室自杀身亡。想请问王老师，针对我们现在一方面在推进行政立法改革，一方面在实践中却越来越少人愿意采用行政诉讼方式的现状，您觉得会出现什么样的问题，应该怎么解决？

王万华：

我先简短地表达一下自己的想法。首先非常感谢准律师协会邀请我来参加这个活动，这也是我第一次参加咱们协会的活动，又赶上协会20周年庆，祝贺咱们取得的这么大的成绩。看了前面的短片，我也回想起我的学生生活，感受到学生生活的火热和青春的激情，想起了我自己的大学时光。我是89级的，作为第三届到昌平的学生，我觉得相比佟丽华律师，自己感到很惭愧。因为我1989年来的时候，实际上那时大学校园更荒凉，我们的开学典礼甚至都没能在学校里开。但那个时候我们并没有能够像佟丽华律师这样做出自己的一番事业。我选择每天通过看书度过比较安静的读书时光，这点我是非常惭愧的，也向准律的创始人佟丽华律师表示敬意，祝愿准律师协会取得更好的成绩。

同时我感到非常高兴，因为当年曾有幸听田老师为我们讲授刑法课。他的课充满激情，我也强烈地感受到田老师对法治的赤诚之心，以及在这个过程中充满智慧的策略。1996年，田老师给我们上课时曾提到禹作敏案件，当时田老师在该案中也遇到很大的压力，他在课堂上与我们分享了很多法律上的策略以及行政上的策略，我们受益匪浅，至今印象深刻。我经常说，我们法大虽然没有大楼，但是我们有大师；虽然我们条件艰苦，但我们确实有很多学识渊博，同时又满怀赤诚、践行法律理想的老师，这些对我们而言都是无比珍贵的财富。所以，我想借这个机会跟咱们现在的法大学子说，希望大家大学的这四年不要虚度光阴，一定要好好地过好每一天，让自己的大学生活没有遗憾。

结合刚才袁老师给我提的问题，我将结合行政诉讼和政府法治来谈谈自己的认识。从法治的角度而言，行政这块可能比刑事和民事更复杂，因为行政领域中的法治涉及司法对行政的审查。即便是行政诉讼的发展状况也并不理想。刚才袁义老师也讲到，我们每年只有 12 万件左右的行政案件，这个数量与每年几百万件信访的官方数据和上千万的执法决定相比，是非常少的，更遑论实践中大量的执法行为。所以，行政诉讼案件量的过低确实反映了我们行政诉讼发展的艰难。

行政程序法还有另外一个领域，就是政府法治，即政府自身依法行政的推进问题。刚才听了田老师的报告，我自己也有一个感慨。我觉得大家可能也注意到了，其实今天我们的论坛有一个很重要的时代背景，即法治中国背景下的司法改革。大家知道，法治中国背景的提出事实上跟十八大提出来的“实现国家治理体系和治理能力的现代化”这个重要目标是紧密相连的，即我们法治中国的建设就是为了实现国家治理体系和治理能力的现代化，这个目标将会影响中国未来的发展。而要实现这样的目标，主要的机制就是要通过建设法治中国来推进。这两者之间有什么关系？和我们的司法改革又具有何种关系？刚才田老师其实已经讲得非常深刻了，我想借着田老师的话简单谈一点自己的想法。

国家治理现代化的提出具有重要意义，它标志着我国现代化方向的转型。大家知道中国社会从 1842 年以来，直到现在其实也未能完成现代化的任务，我们一直在迈向现代化的进程中。而我们过去对于现代化的理解是什么？周恩来总理说四个现代化，邓小平讲小康社会，其实这些都是器物文明，都是器物层面的现代化，它们事实上只是现代化的一个外围。

日本是我们的邻国，它在近代化的过程中成功转向了现代化。其中，民族复兴包括现代化的过程中有三点非常重要：一是观念，二是政治制度的文明，三才是器物文明。他提到的这三点之间其实也有顺序性，观念第一，政治制度文明第二，器物文明则属于第三层次。然而，我们中国这一百多年的历史进程却是倒过来的，从洋务运动到现在，其实我们都是围绕着器物文明在发展。所以我认为现在提出第五个现代化是非常重要的，是由外围在逐步向现代化的核心转变。

现代化的核心是什么？大家有没有想过为什么工业革命会在西欧发生？是工业革命带来了现代化，还是现代化促成了工业革命？从西欧的历史来看，中世纪和现代的历史分界点在1500年，那时西欧还未出现工业革命，甚至对照中国的那个年代，我们的经济发展要远超西欧。那么1500年为什么会成为分水岭？就是因为1500年发生了文艺复兴和宗教改革，伴随着欧洲、美洲大陆的发现，人们从氏族权威、从上帝那里解放出来。所以按照黑格尔的阐述，现代最核心之处就在于人们主体性的确立。所以我们说，现代化最核心的要素是人的现代化，是人的独立主体地位的确立。在英法美这些国家，他们通过资产阶级革命和议会民主携手共进，将思想上的启蒙转化成了具体的法律制度，将自由平等博爱以及人的基本自由权利写进宪法，并用法律制度予以保障。所以我们说，现代化最核心的不是有多少高楼，也不是我们拥有多高的GDP，最核心的在于人的现代化，在于个体权利的保护意识。个体权利的确立和保护是社会的基础，体现在经济领域就是市场经济，体现在政治领域则是国家的主权属于人民。所以我想，如果我们提的第五个现代化能够成功，它就意味着中国能够真正地迈向现代化。

我认为我们的司法改革应该回应这样一个总目标，就是司法改革的目标就在于对个体权利的保障，在于对人的独立主体地位的保障。而它的保障方式则是刚刚田老师所讲的，个案中的正义问题。刚才袁义老师说我一直致力于行政程序法的研究，其实我当时在学校时研究兴趣之所以逐渐转向公法领域，就是因为我当时有一个深切的体会，我认为个体权利的保护其实最重要的还是对于公法权力的规范。如果公法权力未能得到规范行使，则很容易侵犯私权。所以，我的兴趣后来转向了公法，并将研究的兴趣定在程序法方面，就是因为我感觉与实体法相比较，程序法中的正当程序更能体现我们法律人对至真至善的追求。

“至真”就是对于事实的准确认定，就是对于真实的追求。事实是法院判决的基础，以事实为依据才能体现对真实的追求，所以我觉得它是一个至真的追求。而程序法第二个方面则体现了对于至善的追求，即我们在追求真实的过程中还要求公权力应按照一种正当的程序、以一种保障公民权利的方式去发现真实，所以这里需要程序的正义。正是因为正当程序体现了法律人对于至真至善的追求，所以它也是我们对个案正义的追求。只有每一个个案都实现了公平正义，我认为这个社会的公平正义才能自然地得到实现。所以，我将自己的兴趣一步一步从私法转向了公法，最后又定位于程序法。从我个人来说，我还是更倾向于关注个案中的正义，我觉得这个正义既包含结果的公平正义的追求，同时也包含对过程的公平正义的追求。而在国家治理现代化的大时代背景之下，我认为司法改革的目标应该就是努力去实现个案中的公平正义。

嘉宾主持人：

谢谢王老师。王老师的发言让我们对行程法的发展趋势有了更加清晰明确的认识，尤其是从历史的角度来进行分析。现在请佟老师回答同学们的一个问题：对于国家信访局近期不允许越级上访的做法，从法治的角度，您对此有怎样的评价？

佟丽华：

关于信访问题我确实有一些自己的想法。记得在十八大以前，我曾精心准备了一份一万字的关于深化依法治国改革的建议。在十八大会议期间，我也可能是代表中唯一一个以依法治国为主题的代表。我认为，从中国未来司法改革的方向来说，我们需要淡化信访、强化法治。但是就当前阶段而言，如果从措施有效性的角度来说，我认为可能还不能这样说。

信访在过去存在一个比较可怕的问题是，老百姓可以到国家信访局来，国家信访局会记个账然后发回去，但并没有实际解决问题。随着问题上一级一级往上走，实际上老百姓抱有着越来越高的期望，但问题却往往并没有得到解决。如果从信访具有一个良好的出发点，希望党中央和政府为受到伤害的个案提供一种救助渠道而言的话，这个目标在某种程度上并没有实现。

从短期改革的角度来说，我个人认为，长期趋势应该是强化法治、淡化信访，而短期来说，国家信访局还是需要发挥其应有的作用。至于这个作用要发挥在哪里，国家信访局应该明确。举个例子来说，如果一个人从乡镇上访到县市、到省里，最后到国家，一直得不到定论，那么国家信访局就应该将这个案子进行认真审查，看这个问题之所以久久未决是不是地方渎职造成的。如果是因为地方渎职、滥用权利，则要进行明确的处理，明确追究相关责任人的法律责任。这样才会让基层政府部门认真处理老百姓的申诉，使得老百姓可以通过信访这一渠道进行维权，而不能使国家信访局本身成为一个踢皮球的地方。它应该要致力于问题的解决，并为各级信访部门树立良好的榜样。

嘉宾主持人：

请王老师谈谈对近期复旦大学投毒案中 177 位复旦学生联名为投毒者求情的看法。

王万华：

我看到这两篇新闻以及大家对这个事件的评判，其中对这 177 名学生的指责较多。这个案件最后的生效判决我不知道有没有做出来。

嘉宾主持人：

还没有。

王万华：

我觉得这个案件涉及事实的问题。当然，我觉得学生求情有其情理可言，因为从学生的角度，从人的多元性、多面性角度而言，也可能是基于同学的因素，可能在平时的相处过程中犯罪嫌疑人和同学们的相处比较不错，因此，现在会有很多同学为他求情。但现在的问题是，我认为在求情信和法院的判决之间，事实的问题其实是我们需要更多关注的。

嘉宾主持人：

您觉得学生的求情会对将来法院的判决产生影响吗？

田文昌：

其实提出这个问题本身就反映出我们认识的多元化问题，这个问题是不应当提出来的，为什么？每个人都拥有话语权，拥有自己的观念，如果我们都用新的观念来看待这件事情，都用法治观念来看待这种事物，任何一件事、一个人、一个群体都有可能发出不同的声音，都有各自的背景、各自的道理。那么接下来我们应该怎么办？事实上，这些普通的认识和要求与法院的判决是没有任何关系的，每个人的观点是一回事，而法律的认定、法院的判决又是另一回事。正如我刚才提到的2002年的刘勇案件，当时在刘勇案件出现之后，社会各界都在说媒体审判、媒体杀人的现象应该杜绝，提出应该要控制媒体、限制媒体，都为我打抱不平，然而，我自己恰恰认为不应该限制媒体的话语权。如果媒体的话语权受到限制了，那么中国的司法就更无从监督、无从说起了。问题的关键就在于媒体和舆论可以参与审判，了解其中的具体情况，可以行使其监督权、话语权，然而它们作为非法律专业的机构，法院的判案不应该被它们影响，而应根据具体案情自行判定。因此，在复旦大学投毒案中也一样，学生怎么说是他们的权利，但法院本身不应被舆论所挟制，不应被舆论所左右，应坚持自己的判断。虽然我国的司法现在还很难做到这个程度，但这的确是不正确的。

王万华：

我补充一点。刚才我讲到程序法治对于至真至善的追求，我们说程序第一应讲求理性，第二应具备人文关怀，至真至善的追求其实也包括了司法在判决活动中对于民意的正确处理。民意，特别是多数人的意见并不一定都是符合事实和符合法律规定的，我认为，司法公正中其实也应包含对于民意的正确回应问题。它要求我们必须防止民意绑架司法对于个案追求正义的实现。也许被告人确实是十恶不赦，但有可能他在具体的案件中并没有构成犯罪，或者并没有构成这种罪，或者并没有罪大至死，因此个案中必然也包括如何对民意诉求进行正确回应，这个问题非常重要。所以我们说，我们的程序所追求的是个案的公平正义，这种至真至善既可能和领导的权威发生冲突，也可能和民意发生冲突，但这都是我们司法所需要面对并妥善解决的问题。

田文昌：

美国的一位大法官曾说过：在我作出判决的时候，当法院外面有500个民众在表示抗议的时候，我怎么能知道在几百里地外有5000个民众在支持我，这是说不清楚的，所以我不能简单地进行判断，不能仅仅结合民意来判断。

嘉宾主持人：

刚才田老师说，从个案的争议中可以体现出很多很多人性的闪光点，因此我觉得这个问题也可以从这样一个角度来解读：177名同学当时的表达是我们已经有一位同学的母亲失去了孩子，所以现在请不要让另外一位同学的母亲再失去一个孩子，我们177个人愿意用今生来承诺为您养老送终，希望能让我们这个同学活下来。

田文昌：

你说的是一种大善的表示。

嘉宾主持人：

对，这个个案所体现的善延伸到一个更大的问题，就是如果能救活这样一条人命，首先从死刑制度上而言还是一个较大的进步。因为现在我们在很多场合下也无数次讨论过药家鑫案件，包括李长水的案件，这一个个年轻的生命最后都已逝去，我想也许不管用什么样的方式，如果能够留下这样一条生命，我个人认为对我们国家来说都是一个进步。因此，对于这样一种舆论的支持，我们可以将它看作是一种至善的角度的考虑，是从法律人的另外一个思维来解读。

还有同学想请田老师谈一谈李天一案件中律协对律师的处分问题。

田文昌：

现在中国律协的定位是律协和司法行政机构两结合的管理方式，这种管理方式只能作为一个过渡，因为任何一个法治国家的律师都完全是由律协来管理的，而不可能由司法行政机构来负责管理。另外一点，对李天一一案我并不十分了解，只是了解皮毛。对其中律师的表现，我认为有些律师确实有问题，但是问题到什么程度、处理的情况如何，我不了解所以不能乱说。对李天一一案本身，律师的一些做法有问题，而案件本身也是有问题的。至少从客观的监控录像反映的情况来看，被害人说的每句话都是假的，现在根本没有证据证明是违背意志强行发生性关系，所有的监控录像都反映她是完全自愿的，但律师的做法却是另外一回事。

嘉宾主持人：

再问您一个问题，有同学向您提问，中国这次的司法改革，您认为它是对中国领导人权力的强化还是确实如您刚才谈到的那样，它是有利于法治建设的？

田文昌：

任何事物都反映出一种口号、方针和理念，在我看来，不管实际效果如何，至少这个理念和方针都是对的。但是，任何事物都有一个循序渐进的发展过程，至于发展过程中具体情况的落实如何、走向如何，我们还得等待时间来检验，现在不便做更细致的评论。

嘉宾主持人：

下面进入本场论坛最后一个环节，请同学们自行提问。

提问：

田老师您好，您刚刚在谈法治中国时曾提到十八大之前我们过去曾有十年的法治倒退，能不能请您再为我们仔细地介绍一下，大概有什么表征？

田文昌：

简单地说，这十年不仅仅是法治理念在倒退、程序在倒退，甚至在权力对司法的干预上体现得更加突出，整个司法独立性丧失了，权力干预加强了，程序相关性被破坏了，借之以所谓的维稳、顾大局来破坏公正，这些问题都充分体现出我们国家法治的倒退，甚至包括大学里的教学都出现了倒退。因为在过去，我们强调要广泛借鉴国外法治国家的经验，然而，在那个十年里，甚至有人指出我们在课堂研究上不应过多地介绍国外经验，这个情况非常严重。但是现在确实看到有很好的扭转，可以说拨乱反正的形势已经出现了。

提问：

各位老师好，我也是一名准律人，曾出国留学，现在回来在美国的一家律所工作，所以我特别关心司法改革这个大命题，尤其是对于律师行业的影响。我主要有两个问题。第一个问题是，您如何看待目前司法改革从法官入手的做法？第二个问题则是关于外国律师事务所在中国从事法律服务的问题，我想请问您觉得中国律师业现在是否有成熟的条件能够接受外资律师壁垒的打开，您认为这有利于促进中国律师的发展，还是对中国律师而言是一个挑战？谢谢。

田文昌：

关于第一个司法独立的问题是一个非常敏感的重大话题。在我看来，司法独立的本意就应该是法官，而不是法院。但现在我们连法院还没有做到，因此一下做到法官也不可能。不过可喜的是，深圳福田区法院的试点很好，已经开始接近法官。既然敢于允许试点，就说明是一件好事情，趋势不可阻挡，但我认为过程还比较漫长。这也就回到王万华老师之前所说的司法改革最大的问题还是观念改革的问题，当多数人观念不接受的时候怎么说都没用，而一旦多数人的观念都改变了你挡也挡不住。所以我说这个趋势是不可阻挡的，但过程比较艰难。

第二，关于律所壁垒的问题，我认为壁垒的设置显然是错误的，所以必然会打开，并且这个过程比司法改革过程会更短。我个人认为，这一壁垒的打开带来的不是引狼入室来抢饭吃，而更多的是融合、促进和互动。

主持人：

感谢四位老师的精彩发言，下面我宣布中国政法大学准律师协会会庆系列活动正式结束，请同学们有序离场，谢谢！

法治中国的理想与现实

——四中全会文件解读

演讲嘉宾：王锡锌　王人博　刘仁文　何　兵
王　涌　刘桂明　张青松

主 持 人：李　轩

时　　间：2014 年 11 月 6 日

嘉宾简介：

王锡锌，安徽泾县人，法学博士。现任北京大学法学院副院长，教授、博士生导师，北京大学宪法行政法研究中心副主任。主要研究领域为中国行政法、法律和行政过程分析、行政程序以及比较行政法。

王人博，1958 年出生，山东莱西人，法学博士，现任中国政法大学教授、博士生导师，中国政法大学学报《政法论坛》主编。主要研究领域为宪政理论和宪政史。主要著作有：《法治论》、《宪政文化与近代中国》、《宪政的中国之道》等。

刘仁文，中国社会科学院法学研究所研究员，刑法研究室主任，博士生导师，中国刑法学会理事，中国犯罪学会常务理事，中国行为法学会常务理事，北京市法学会理事，刑法学会常务理事，立法学会副会长。

何兵，1964 年出生，安徽巢湖人，现任中国政法大学法学院副院长，法学博士、教授，青岛仲裁委员会仲裁员，威海仲裁委员会仲裁员。1988 年被评为北京大学法学院十佳教师，2002 年被评为中国政法大学优秀教师。主要研究领域为宪法、行政诉讼法。

王涌，1968 年出生，江苏省盐城市建湖县人。现任中国政法大学民商经济学院商法研究所所长，中国商法学会副秘书长。主要著作有：《现代公司法人人格的本质与结构》、《宪法与私法的关系的两个基本问题》、《论民法上权利设定的几个基本问题》、《私权的概念》等。

刘桂明，1962 年 9 月出生，江西省永新县人，研究生学历。现任中国法学会《民主与法制》杂志社总编辑、《中国律师》杂志社总编辑等职。曾多次获得司法部机关“优秀党员”和“先进工作者”光荣称号，多次获得全国法制好新闻评选报告文学类与通讯类奖及其报刊颁发的新闻作品奖，并荣获“全国百佳法制新闻工作者”荣誉称号。

张青松，毕业于西南政法大学，现任北京市尚权律师事务所主任，全国律师协会刑事专业委员会委员，北京市律师协会刑事诉讼法专业委员会副主任，中国社会科学院法学研究所法律硕士导师，北京市法学会刑法学研究会理事，美国联邦刑事辩护律师协会（NACDL）会员。

主持人：

尊敬的各位来宾，各位专家学者，老师们，同学们，大家下午好！感谢各位再次莅临中国政法大学蓟门决策论坛，今天我们将共同来关注大家都感兴趣的“法治中国”话题。大家都知道，十八大三中全会对“依法治国”做了初步描述，今年的四中全会也对“全面地推进依法治国”作出了相应决定。今天我们聚集一堂，就是要讨论这样一个事关民族、国家兴衰的宏大叙事。首先请允许我介绍一下今天的嘉宾：

首先是北京大学法学院副院长、中国行政法学会研究会副会长王锡锌教授。应该说，王锡锌教授是一位名人，因为多年受聘于中央电视台作为特约评论员，就很多国计民生的重大问题发表观点。

第二位是著名宪政学者、中国政法大学法学院教授、《政法论坛》主编王人博教授，掌声欢迎！王人博老师一头白发，德高望重，是我们的顶梁柱。

第三位是我国著名刑法学家、中国社会科学院刑法研究室主任刘仁文研究员。刘老师既研究理论，又关注现实，尤其是在废除劳动教养制度方面卓有成效，并且在废除劳教制度后一直研究准劳教措施，比如收容教育的废除问题。

第四位是中国政法大学法学院副院长，也是我们的东道主何兵教授。

第五位是这几年如日中天的青年法学家、中国政法大学民商法学院副院长王涌教授，王涌教授是一位非常低调的学者，今天希望能听到他的高见。

第六位是长期活跃在理论与和实务两界，既和法学家打成一片，又在律师界游走的《民主与法制》编辑刘桂明先生。刘总编辑之前的身份是《中国律师》杂志总编辑，在就任《中国律师》杂志总编辑时，《中国律师》杂志办得有声有色。当时的盛誉是：不是律协的会长，但认识中国律师，也是认识中国律师最多的人。

最后一位是我们著名的刑事辩护律师，也是中华全国律师协会刑事专业委员会的副秘书长、尚权律师事务所的掌门人张青松律师，掌声欢迎！青松律师是既和体制内密切互动，又为刑事辩护一线的律师高声呼吁，尤其是最近两年承担了很多大案和要案，包括刚刚结束的四川刘汉和刘维的案件，虽然在这个案件中他受了很多伤害，但希望聆听他关于律师发展的高见。

大家可能注意到，今天请的几位专家和学者都有一个共同的特征，就是温和而又理性。下面我们还是按照惯例，简单介绍一下这次论坛的背景。

其实在座各位可能都非常了解了——“依法治国”这个话题在法学界很早就已经被提出，正式进入执政党高层则是在1997年的十五大。十五大报告中写入“依法治国、建设社会主义法治国家”之后，全国人大紧接着在1999年修改了《宪法》，将“依法治国，建设社会主义法治国家”写入《宪法》。之后若干年，法学界、实务界包括中央高层一直在推动法治中国建设。到了中共十八大召开之后，新一届领导人已经意识到“依法治国”或者力行法治是事关国家、民族兴衰的大事，法治也是国家治理的根本方式。所以，从三中全会开始，三中全会的《决定》就已经非常明确地描绘了“法治中国”的蓝图。到四中全会，我们已经看到有了全面推行“依法治国”的决定。应该说，这在执政党的历史上是绝无仅有的。但是我们同时也看到，和三中全会决定出台赢得普遍欢呼的现象有所不同，四中全会的《公报》和《决定》面世之后，社会各界的评价有褒有贬，甚至网上广泛流传一篇文章：《褒贬两极的四中全会法治公报》，对大多数法学界人士而言，喜忧参半。所以在这样一个环境下，我们如何解读四中全会相关的文件，如何展望中国法治的未来，是一个非常值得探讨的话题。

闲话少叙，下面将发言权交给我们的主讲嘉宾，有请北京大学法学院副院长王锡锌教授，大家掌声欢迎！

王锡锌：

特别高兴有机会到蓟门决策论坛和大家一起讨论，这个论坛我觉得对国家的政治和公共决策都有很大影响。四中全会我没有参加，前段时间一直在美国访学，但在那里参与了很多讨论。我在哥伦比亚大学访学一个月，参加了12场关于四中全会的论坛和讨论，刚开始的时候，大家都会有一些预测，然后到《公报》出来，有感觉到乐观的，也有感觉到谨慎乐观的。其实在这么高的层面上，执政党以一种中央权威的方式来讨论，以重大决定的方式来阐述执政党对治国理政、国家治理的路径、方式、战略的选择，我想既需要我们从技术层面理解，也需要从政治结构层面来理解。今天，我将从三个方面来简要谈一些我自己对四中全会的观察和理解。

这次讨论的标题是“法治中国的理想与现实——四中全会文件的解读”，对此我想提出三个问题：

第一，四中全会作出《全面推进依法治国重大问题的决定》，到底意味着什么，带来了什么？其中很重要的问题是在四中全会召开的前两天，《纽约时报》登了一篇很长的文章：“中国共产党所讲的法治到底是什么意思。”也就是四中全会所阐述的“依法治国”和“法治”到底是指什么？我个人对它有一个理解。

第二，我们将这样一种法治称为“中国特色的社会主义法治”，那么它在技术层面上对未来法律、制度发展，以及在结构层面上对未来中国政治的影响到底会有哪些？这是我想说的第二个问题。

第三，我想跟大家一起分享一下，假设按照现有的依法治国战略推进下去，未来整个法治系统甚至包括政治系统变革的动力何在？

我将主要从以上三个方面简单地跟各位朋友们交流一下。

首先，我们现在所讲的法治和依法治国，到底是指什么？

西方或者很多人也许感到失望的一点是，中国的依法治国包括我们所讲的“法治国家”、“法治中国”，其实可能都不是西方传统意义上的Rule of Law。昨天我看《新闻联播》专门请两位专家解读四中全会的决定，内容比我们更权威，一位是马怀德校长，一个是中国法学会的张文显教授。他们强调的核心观点是依宪治国绝不等于西方的宪政民主。这个解读我理解为排除式解读——我们的法治不等于什么——这也是四中全会文件多次强调的。四中全会以强调“党的领导”开篇，也以强调“加强和完善党的领导”收尾。这一前一尾的呼应，标志着中国式依法治国和法治的方向问题和道路问题。

西方的法治过去我们研究得比较多，甚至在中国法学课堂中很多法律教学都离不开比较法。原因很简单，因为中国的法律制度不仅跟自身历史有非常密切的关联，同时今天的中国法治系统，无论是理念还是系统，跟西方法治理念、制度和实践其实都是相关联的。如果从历史角度来讲，今天中国的法治样态既有本土的时间发展脉络，在时间跨度中也有空间的跨度，也就是说，今天中国很多的法治理念和制度并不等于2200年之前法家的简单的工具论学说，制度上也并非简单的工具论。我们有时候讲法治，我们有理由去关心、去考虑西方重要的理念、重要的制度，甚至对于法治系统至为关键的成功做法。我认为法治系统中的共性必须得到承认，正因为如此，无论是西方对中国感兴趣的观察者还是国内的法律专家，大家以某些西方的理念和实践作为参照，对现有的安排进行某些观察和评价，具有相当的合理性。

但是，如果我们发现我们今天所讲的这些“中国特色”并不与西方很多东西吻合，这也不构成我们悲观的理由。因为从逻辑上，不能说中国的法治系统跟1215年大宪章整个传统并不是完全一致。今天英美法系中都在考虑明年是大宪章制定800周年，许多地方都在组织各种各样的研讨会，他们也提炼出大宪章西式法治传统所延伸出来的一些基本法治理念、法治原则。我觉得，也许中国有足够的理由、也有足够的自信来考虑所谓的中国特色。

那我们来看看中国的法治到底是基于什么样的特色来考虑的，这个问题也可以化约为另外的问题：为什么1997年十五大之后，时隔这么长时间要重提依法治国、建设法治国家？“依法治国”的概念并不是什么新鲜玩意，我们提了很久。即便讲落实和建成，十六大、十七大都讲了。所以为什么要重提？这是理解中国特色法治的关键。四中全会讲了，中国特色最本质的是党的领导，这是作为政治现实存在的，但是为什么在这个节点上要重新告诉我们回到法治？回到依法治国？我个人觉得可能有政治上的考虑，即通过宪法和法律这样一套权威的系统来重新获得或者增强执政的政治合法性，这是一个比较重要的考虑，也就是说在政治上有一个合法性资源增强的考虑。

第二，在社会问题的解决上，也就是在治理意义上强调法治，更多是关注法治的有效性。无论是对经济的治理，还是对依法行政和政府的治理，包括社会问题的解决、矛盾的化解，都涉及过去用的很多措施，它不仅仅成本很高，而且在解决这些问题的同时可能会制造新的问题。因此，在工具意义上，有些治理工具需要升级，那么法治就可能成为一个新的选项。

第三，我个人认为执政党全面回到法治，还有一个原因是从国家建构意义上来说的，即它反映出其内心存在的某种焦虑以及对现实问题的回应。我国从1949年建立以来，我个人认为国家的建构一直是进行时，而不是完成时。比如我们一直讲的“国家共同体”到底共同在哪里？原来想用意识形态“共同”

起来，然后用所谓的“共同富裕”共同起来，但实践表明这些“共同”都不够理想。所以，有学者如清华许章润教授提出现代国家应该是法治共同体。“法治共同体”的提法在很大程度上具有合理性，比如国民身份问题、边疆治理问题，还有整个政党、国家、社会、个人通过什么样的连接能够真正形成一个命运的共同体。说实话，这一点也是今天中国国家治理或者宏观政治中比较重要的。

我想主要是基于这样一些考虑，我们所说的法治并非仅具有简单的工具性质，也非仅具有简单的价值性质，既不是要把这个基于某些价值的认同和追求引入另外一套新的价值系统、话语系统、治理系统，也不像我们有些人理解的那样——所谓的法治就是变着法地治理老百姓。纯粹列宁主义的国家和法律的理念、技术不能很好地解释今天中国法治的理论制度和实践。

所以我个人认为，四中全会整个表述中更趋向于治理型的法治。在这点上，可能与三中全会所讲的中国全面深化改革总目标，即一方面强调坚持和完善中国社会主义制度，另一方面强调国家治理体系和治理能力的现代化这两个方面一样。那么究竟该如何推进变革？在手段上，我们其实引入了治理型法治，这种法治的最大特点在我看来，既不同于简单的工具主义法治，也不等同于以某些普世价值为指导和本位的西方性法治。这是我对第一个问题的回答。

第二个问题，这种治理型的法治对于国家来讲，对于我们所讲的未来法治发展和政治发展到底会有什么样的影响？我个人觉得它可能既有积极的正面的法治正能量，另一方面，它对政治也会产生某种影响。

我想很多朋友已经仔细地读过1万7千字的决定，我也非常认真地学习了一下。我们有理由相信在法律制度和法律制度操作的技术层面上，四中全会所做的宣告、宣誓或者对某些具体措施的阐述，对于法治系统的完善和系统的有效运行，提供了许多新的促进因素。比如对于立法这部分来讲，尽管我们过去一直强调很多立法的科学化、民主化以及决策中所谓公众参与、专家论证、合法性审查、集体讨论决定的民主机制，但是还是第一次真正地在中央文件中以这种必须的方式把这个阐述出来，假设这个文件会落实的话，那么这方面肯定会有一些促进。同样的道理，对于行政执法和政府职能转变也就是法治政府建设这一领域，也提出了大量的具体措施。当然，也包括在司法方面。这些具体制度中，有些方面可能会为未来法律制度的发展留下比较大的空间。比如，关于立法体制的完善中，尽管讲了很多"党的领导"，也将"党的领导"融入体制中，但同时也强调了宪法的权威性、强调了宪法的实施和监督，并且明确地指出了完善宪法的解释、机制和程序。所以，从这些技术层面来讲，我觉得这一措施应该会在法律的制度层面和实践操作层面带来一些新的空间、新的契机，有可能产生一些新的法治技术创新和变革。

而在政治层面上，我认为四中全会决定中最重要的一点是，在原有的政治现实中不断强调"党的领导"这样一个一元权威之外，有可能再提出一个"党的领导与法律至上"的二元权威模式。许多人（特别是西方学者）在讨论中国政治以及政治运行时，喜欢用权威主义或者新权威主义这个概念，我想这里有很多的专家在这方面非常了解，所以我们不谈这个。权威是有中心的，过去中国的权威是一元中心，如果说是权威体制的模式的话。假设今天不断地强调中国特色的法治是以共产党为领导，同时又强调宪法法律的至上性，那么是否可以理解为在中国的政治结构中，我们已经在开启一个新的转折，由一元的政治权威转向一个二元并存的政治权威。在这个意义上，我们可以将这次四中全会所讲的“依法治国”、“立足于法治”这样一种改革，理解为同时也是中国的社会主义民主政治，因为这实际上是在做增量改革。在现有体制保持不动、结构保持不变的情况下，延伸出一些新的因素。关于这个新的因素，有人统计《公报》中“党的领导”曾出现13次，这是十一届三中全以来，中央全会《公报》出现“党的领导”最高的一次（在过去25年中）。在不断强化党的领导的同时，宪法法律的权威核心也得到了很多强调，所以这种二元权威主义在这个意义上，对于中国的政治会有影响。而这种影响究竟是什么？这涉及第三个问题。

第三个问题，从政治角度来说，未来中国依法治国的推进，无论是推进的机遇还是推进过程中面临的挑战，都在于“法律至上”和“党的领导”这两者之间的张力，或者说，这种二元中心的权威本身就紧张。里面最核心的问题是：如果一方面坚持党的领导，另一方面又要强调宪法法律至上，那么这两者之间有一个终极的问题，到底谁是更优的。有人指出这是一个伪命题，我认为说这个问题是伪命题的才是一个伪命题，因为这个问题是一个真实的问题。这在理论上是显而易见的，在实践中也是非常真实的问题。许多年前，曾有记者问彭真是党大还是法大，彭真是实诚人，说这个问题没法回答，这两个好像一样大。今天的表述也是一样的。逻辑是党领导人民制定宪法法律，在这个意义上，党在宪法法律之前。同样，我们在各种文件中表述“党必须在宪法和法律范围内活动”。实际是在二元中心之间，内在有一致性，这已经在很多文件中得到阐述，但它们的紧张还没有受到应有的认真的讨论和对待。如果真的要推进依法治国，中国特色依法治国的道路要继续往前走，这两者之间的紧张关系就是必须要讨论的。我个人的想法是，这两者之间的紧张会催生一些新的政治法律混合制度，比如，中国要不要考虑政党行为的合法性、合法性的机构、体制机制。因为这两者之间一旦关系紧张，一旦发生冲突，并不一定造成政治灾难，但如果没有有效的法律化方式去解决这两者之间的紧张，就会出现所谓的宪法或者政治的危机，至少在心理层面上会带来法治的某种疑虑。所以才会提出这样的需求，也会提出这样的推动力。

比如，四中全会讲到党内法规要完善，不仅仅党内法规体系要完善，党内法规与国法之间的关系应如何衔接也是非常具体的问题。例如，《中国共产党党内监督条例》对党员干部采取的双规，如何与《刑事诉讼法》中关于限制、剥夺公民自由权时应当遵循的司法程序的规定衔接、匹配起来，这恐怕是非常具体的问题。因此，我们将会看到二元权威的并存会带来新的问题，这两者之间会有竞争、会有某种张力，而这种竞争和张力我相信是推进政治体制向前，不断探索新的制度、新的体制、新的程序、提高新的解决问题能力的一种非常关键的动力。任何政治变革，我相信都需要去寻找某种动力源。政治改革的动力到底在哪里，一种是内部的、现存制度之间的竞争和张力，和它们依然存在的和谐可能性，为我们未来政治体制的某种变革，应该说留出了现实的可能性，也提供了现实的需求，制造了现实的压力。所以我觉得，在这个意义上，二元并存的政治安排，尽管有些人可能不喜欢它，批评它是找中国法治的局限，但如果从现实角度来讲，它的确为未来的变化留出了一定的空间。所以乐观、悲观，每个人可以从自己的角度去看，但我觉得至少提供了一种政治变革可能的空间和动力，在这个意义上，增量改革也有它的合理性。

这三个方面是我想要跟大家汇报的，今天有这么多专家，我就先把我外行的观察提出来，谢谢各位。

主持人：

非常感谢王锡锌教授对四中全会《决定》客观的解读，应该说王教授的解读充满着智慧，既巧妙地全面诠释了四中全会《决定》的核心要素，又对四中全会《决定》中内在的不可调和的矛盾提出了自己的观点和看法。比如提到这次依法治国的方案，实际上是一种治理型的法治。但其中，“党的领导”或者执政党的领导和法律的权威二元并存时，他们之间的紧张和矛盾如何解决，这是未来可能长期会影响中国法治进程的一个话题。

而我们也知道，自从三中全会《决定》出台后，一年时间内，意识形态领域各种主张都异彩纷呈、同台亮相。但我更看好法学界提出的一些具有前瞻性的观点。比如，依法治国到底是依法治民还是依法治官？我看到很多法学界的前辈已经鲜明地亮出了自己的观点，说依法治国首先是依法治权甚至是依法治党。这个观点在四中全会里得到了有效的回应。所以总的看来，这种治国理政的方式，就像王锡锌教授所说的，是一种治理型的法治模式，我的理解是一党执政前提下的有限法治。在三中全会里我们看到一些内容被继续延续了下来，比如强调宪法的权威地位，特别提到依宪治国，坚持依法治国首先要依宪治国。但我们同时也看到，一段时期内销声匿迹的“三个至上”的观点这次又重出江湖，政法委存废之争在这次四中全会《决定》里也得到了明确的回应，政法委要长期坚持。种种矛盾，是导致舆论解读截然相反或者差异甚大的根本原因。其中，我觉得最大的一个焦点问题是，依宪治国和刚才王锡锌教授所说的西方法治发达国家的宪政是不是一回事。可以看到，现在在宪政问题上存在两种截然相反的观点，甚至前年、去年存在着极“左”的思潮，否定社会主义宪政或者宪政社会主义，法学界江平教授、王人博教授、郭道晖教授、童之伟教授等对此做了旗帜鲜明的回应。我们意识到法治成了最大的政治，因为这些法律带有敏感性，而且人治和法治的矛盾似乎成了中国最大的社会矛盾。在这种背景下，要不要坚持宪政问题或者如何理解依宪治国的问题，是法治进程中最核心的话题。所以今天特别有请宪政专家王人博教授参与讨论，大家掌声欢迎。

王人博：

谢谢主持人。谢谢何兵教授给我这样一个机会参加此次会议，我既感到很荣幸，也感到很惶恐。刚才听了王锡锌教授的报告和发言，感触良多，我基本上认同他的解读或者认知。比如关于依法治国的性质到底应该怎么看待，我同意他的判断。总的来讲，他的发言或者报告对我启发很大。

下面我谈点我自己的看法，可能不太成熟。我认为要读四中全会的《决定》，可能要连带着读习近平总书记的《说明》，如果不读《说明》的话，很多文字没法理解。甚至从某种角度来说，我认为《说明》比《决定》本身还要重要。我主要谈两点看法。

第一，到底如何解读这1万6千多字的《决定》？现在其实应该用描述的方式而不是用应然的视角去判断或解读它。为什么？因为文本原本不是西方的，不能用我们学西方的法治理论、法治理念、法治的一些价值来对我们国家的这个文本进行判断，这是我们法学家所进行的工作。中国法学家更多是受西方的训练，这很正常，因为法律原理都是从西方引进来的，法学界自然而然地愿意用这样的标准和视角去解读。但我认为不应该这样，这样的解读肯定会很纠结、失望。我同意锡锌教授的判断，我认为四中全会《决定》里的“依法治国”应处于从列宁主义到西方主义中间的一种状态，我称之为“中间物”。这个看法对我来讲启发挺大。这既不是经典意义上的列宁主义那套理论，肯定也不是西方的，而是两者之间的。把话说得具体一些，我认为这个《决定》不是西方的，比如这个《决定》为什么一出来，全国都很关心很关注？换句话说，这样一个执政党的《决定》为什么具有这么大的效力？我称之为中国特有的中国效应，要从中国语境来出发。

从中国出发怎么来看？我认为中国共产党要推进依法治国的重大决定、重大改革，更多地应从中国历史和中国现实出发。换句话说，由中国现实提出的问题，要做出回答，就绝对不能仅仅认为西方法治理念好、法治理论好、法治价值好，就说我们来学西方。具体讲，我认为四中全会的《决定》总结了两个三十年，即对毛泽东时代的三十年和邓小平以及后邓小平时代的三十年进行了总结。我认为特别值得强调的一点是，它更多地总结了近十来年中国法治出现的问题，而且问题很严重。严重在什么地方？四中全会文件里有两个“前所未有”，那是关键点：改革发展稳定遇到的任务之重前所未有；挑战、风险、矛盾之多前所未有。也就是说，中国共产党、中国执政党已经走到这个关头，面对如此多的问题，共产党该如何才能保持长期执政，要选择一种什么方式来执政？四中全会《决定》对此进行了总结，同时也选择了推进文明的一种治理方式和执政方式，我认为这是对历史和现实问题做出的回答和决定。

这个决定本身是什么？如何来解读这个《决定》？我认为有两种方法：一种是原教旨主义的方法，不过我们都没有权力进行解释，因为原教旨主义的解释只能由起草者来解释，而我们不是起草者，不知道起草过程中发生了什么问题。咱们要做的只是学习、领会，最多提出一个学理解释。另一种是从学理解释出发，我称之为“高度共识”和“最低限度的共识”。中国共产党拥有八千多万党员，这几乎相当于欧洲一个大国的人口，要想在其中形成一个高度共识，或者大家意见完全一样，这根本不可能。即便都是共产党员，但看法也肯定会有所不同。四中全会前后，我看过三篇文章，分别是《坚持人民民主，并不输理》、《人民民主专政不可须臾离开》、《不能用法治代替人民民主专政》。看这些文章就知道意味着什么。所以在党内，中国共产党到底怎么来治理这个国家、怎么来领导这个国家，党内肯定有分歧。而作出这样的《决定》，对法学家来讲能够最低限度接受的一个《决定》，我称之为党内凝聚的最低限度的法治共识。

最高共识是不管党内右的意见还是左的意见，都主张不搞西方法治，锡锌教授说文本里多次提到“党的领导”，而且明确说不照搬别国的模式，也不照搬别国的法治理念。这个是铿锵有力的，说明党内在这个问题上有共识。那么为什么不照搬西方模式、走西方的路呢？原因很复杂，其中一个原因我不知道该不该说。我认为中西方之间缺乏一种最起码的信任，这种互信感、互信性很缺乏。西方对中国不信任，中国对西方也不信任，而在中国和西方的关系里，西方是强势的，制度、文明、科学技术都处在强势的状态。邓小平以后的中国共产党，从来没有想把中国的特色社会主义制度推行到美国、英国去，必须要建立美国的特色社会主义制度。相反，西方这些国家对于中国、对于非西方化的国家，是不是有推行普世价值的做法我不得而知，但从文明的强势和制度的强势来讲，可能存在着一种关系，这种关系是——大家缺乏最起码的信任。所以我的解读是，党内有高度共识：法治肯定是要坚持的，坚持我们的基本制度，即党的领导的基本制度。当然，中国共产党领导的依法治国，某种意义上大家可能会困惑：如果不是共产党领导的，依法治国会怎么推行？从学理上理解依法治国、依宪治国确实存在着二元的、并存的东西在里面，那就是党和宪法权威，党的领导和宪法权威之间的关系到底该怎么去理顺。事实上这一点并不复杂，就是《决定》里所强调的一点：党内要完善它的党内法规。锡锌教授讲了，习近平就是这么解释的，党章是最高的法，以党章为核心，完善党内的法规体系，达到从严治党。如果在这个党内法规里，一个共产党领导干部、一个共产党的党员违反了宪法怎么办？类似于党内有一个隐性的违宪审查因素在里面，但不能称作为违宪审查机制。但这两个肯定要对接，党内体系要完备。习近平也说了，党内法规比一般国家的法律要求更高，因为你是执政党，你是先锋队。从这样的理论来讲，这个问题确实存在，但中国共产党有智慧，能够解决这样的行为。这是我的一点不成熟的看法，谢谢各位。

主持人：

感谢王人博教授的精彩评论，应该说，王人博的解读是站在一种现实主义的态度，我非常赞同他的判断。这次最终的《决定》文稿事实上寻求了至少在执政党层面最低限度的法治共识，也可以说是最低限度的法治公约数。在法治方式方面，也在考虑对各种舆论观点包括左右力量的平衡。这样的一种法治模式，可能是中国目前最佳或者最现实的选择。

但我也有一些疑问，这一次四中全会的《决定》似乎比去年三中全会的《决定》走得更远，现在看有些方面并没有想象中突破得那么多，包括在依宪治国方面。比如，关于宪法监督机构的问题，法学界的普遍观点是要么成立宪法委员会，要么专设宪法法院。但这种宪法监督机制在《决定》里还不是很明确，不知道将来王老师对这样的监督机制会做怎样的建议和评价？等会我们讨论时再请教王老师。下面有请第二位与谈人，社科院刑法研究室的刘仁文教授，大家掌声欢迎。

刘仁文：

大家好！听了主讲人王锡锌教授和第一个与谈人王人博教授的发言后，我很受启发。10 分钟，内容很多，没法展开，我就谈一个小问题。今天是单双号限行，我搭出租车来中国政法大学，师傅问我：你搞法律的，现在法律有什么用，纯是管我们老百姓。这个问题由来已久，也反映出一种普遍的心态。四中全会前，凤凰网采访了一些法学工作者，我的标题就是“依法治国首先是依法治官”，法治或者法律形象不扭转，老百姓首先会反感，一反感就不会去认真对待。这个事情就严重了。刚才听人博一解释，我很惭愧，对《决定》的《说明》就没有好好看，听你讲后，还是应该把《说明》好好看一下。由此，我谈一个很具体的问题。

这次《公报》和《决定》讲到禁止领导干部干预司法和具体案件的处理。我们研究部门法的，特别喜欢稍微具体一点的论述。你说加强宪法监督，当然我很希望，但如果有一个具体的做法或者一个机构可能更好一些，只是笼统地说：疑罪从无、禁止刑讯逼供，这个并不能激起我的兴趣。现在是党的《决定》，所以大家可能会比较关注。实际上我们的《刑法》、《刑事诉讼法》从 1979 年以来，关于这个问题就说得非常清楚。在 1979 年《刑法》中就规定刑讯逼供是构成犯罪的，这还不严峻吗？可很多具体制度没有配套，对于这次《公报》或者《决定》没有仔细地去学，也有这样一种心理，觉得这个东西没那么具体，或者ABC的东西我们都了解。

这次《决定》中，有一点我比较感兴趣，跟我的专业有关。因为我是研究刑事法律的，在实际工作中的刑事案件，特别是重大敏感案件，各级领导、上级部门的各种批示、指示、电话等情况比较多，小至一名普通的法官，大至高级法院的副院长，可能都会遇到种种这些情况。我们最高法院去调研，经常一个案子哪个领导一关注就会打电话下来。这个问题由来已久，但必须要解决。如果不解决，就没有办法树立司法权威和法律的权威，所谓的司法改革就是一句空话，因为当事人不信法、不信法官，只信条子、只信找关系。各种人只要找到高层领导、高层部门，获得一个指示或者批示，哪怕划个圈就不得了。所以，这次四中全会的《决定》和《公报》明确地提出了这个问题，在我看来有很大的现实意义。

这两天参与了圈内圈外对这个问题的讨论，有一个问题要界定一下。我看了材料，说涉及领导干部干预具体案件的数目，这也不是现在提出的，而是由来已久。早在几年前，最高人民法院、最高人民检察院关于司法公开的规定里都说过要建立登记制度，可效果并不明显。有人说，我给你打电话，怎么个登记法？没法去窃听也没法记录，怎么登记？还有我不打电话但把你叫到办公室里，给你暗示一下，给你行贿一下，你在体制之内要升官要发展，就不可能不领会领导的意思，那么领导没有说，怎么去登记？这些都是问题。现在有些司法机关说北京做得很好，现在所有的党委、领导干部打招呼都有留痕，在卷宗里都有留痕，可这个留痕并不对社会公开，也没有严厉的处罚后果，根本没起到什么作用。所以不能简单地认为这次《决定》或者《公报》提了一下，这个问题就一定会得到很好的解决。

我接下来谈两个小问题：

第一个问题是怎么界定领导干部干预司法活动、插手具体案件的行为。①一般想到的是徇私枉法，这个好界定，我担心党的文件里主要禁止的是这样的情况。这种情况好办，反腐败的态度非常坚决，是领导干部打招呼行为中最恶劣的一种，对此也基本没有争议。对于徇私枉法，基于私情的关系案、人情案、金钱案没有争议，下一步要严格治官也好解决。但现在是另外两种情况不好办。②地方的党委、政府为了维稳，为了当地的利益甚至基于地方保护主义，以党委集体的名义或者党委书记、行政长官的名义去给司法机关、公安机关打招呼，这怎么办？这恐怕要重点研究，地方党委出于维稳或者地方主义去干预司法，这应当合理地解释到我们所禁止的范围。③一些重大疑难的敏感案件，政法委以协调的名义出手干预。这个很麻烦，现在很多冤假错案都是政法委协调的结果。有的人担心说这次《公报》、《决定》里还是强调公检法要互相配合，然后互相制约。④上级司法机关出于种种原因给底下打招呼，你底下一些法官即使作为地方法官不怕丢乌纱帽，问题是最高人民法院、最高人民检察院顶不住。所以，禁止领导干部干预司法插手具体案件的处理，这个范围到底怎么界定，这个问题要好好研究。

我说的至少有以上四种情况，实际很复杂，不能简单、狭义地理解为人情案、关系案、金钱案，这么理解就不全面，还可以做很多具体研究。这是第一个问题。

第二个问题，我提四点具体的政策建议：①禁止任何掌握公权力的人私自去直接或间接打招呼，这个要作为党的一条法纪严规，也禁止法院、检察院的领导接到此类打招呼的信息后，再向底下承办案件的法官、检察官打招呼，严格禁止领导干部干预和插手个案的电话记录、转递材料、口头指示或者内部批示等信息的提取、封存和公开通报制度，应当从制度上确立：今后任何打招呼的信息全部提存到法院、检察院的新闻发言人处，实行严格登记制度，并且向社会通报，漏掉任何要登记的信息都必须追究相关责任。②不仅上级法院、检察院不能给下级法院、检察院打招呼，上级党政机关也不能通过下级党政机关向司法机关打招呼。我曾调研干预司法的力量都存在于哪些方面，其中一个法院说，中央政法委、最高人民法院、当地政府、人大、妇联，各种组织都有可能。渠道多样，并没有一个固定的。关于要精确做到政法委从此不再干预具体案件的处理，我看到《南方周末》采访前副委员长王汉斌的讲话，他说政法委设立时，就应该不设领导机构，而只是负责协调案件。政法委作为国务院政法工作的参谋、智囊团、思想库，怎么样去研究一些大政策，而不干预具体案件？作为一项配套措施，我有一个初步的想法：能不能借鉴国外法庭自由的制度？即它不是作为一方当事人，而是作为组织、个人对这个案件提供一些看法供司法机关参考。任何一个国家的司法制度都要有吸纳民主的机制，但问题是我们不能绑架司法、干预司法，而只能通过提供多方面的信息渠道，利于检察官思考，做到兼听则明。我想以后任何组织、个人、党政部门、人民团体，包括现在各种法学专家的专家意见书，都可以向法庭提供。这样的话，官民都可以向司法机关递交自己的法律意见。③废除法院、检察院目前两套卷宗的做法。目前，法院、检察院都有外卷、内卷（一个是正本，一个是副本），正本对外公开，律师可以查阅；而副本则包括很多不公开的内容，有关领导的批复、指示、汇报、请示等。对于这样不合时宜的工作思路和工作方法，应该结合依法治国的新形势加以改进，让一切呈现在阳光之下。一方面防止办案机关、办案人员的暗箱操作，另一方面让当事人相信可以按正当程序走阳光大道，而不是走歪门邪道，信访而不信法。④对案件承办人员要严格规定其不得执行各种干预，否则要承担具体的法定责任。与此同时，要强化对履行法定职责的法官、检察官的保护机制，既不能随意调离、辞退或作出免职、降职处分，也不能够随意换岗位。这些问题都要认真研究，从细节上完善制度。我讲这些，谢谢大家。

主持人：

非常感谢刘仁文教授的精彩发言。刘教授从事刑事实体法研究，但对我们的司法实践一直长期关注。今天的发言和以往有所区别，主要选了一个具体而微的话题，由具体领导干部干预司法个案展开他的发言。这个话题虽然小，但就其实质，实际上是如何通过法治方式解决“权大还是法大”的问题。如果禁止领导干部干预司法个案的问题解决了，我们司法不公、司法腐败甚至维稳的政治问题都可能迎刃而解。因为长期以来，我们有三千年的人治传统，现在长官意志或者官僚文化根深蒂固，在法院、检察院甚至在普通的行政机关，一般都是长官意志说了算。而中国式冤案往往是由领导、政法委或者公安局长拍板，公检法联手将错案办成铁案。这样一种体制下，如果不解决权力干预司法的问题，就不可能建设社会主义法治国家。

刘教授既对这种现象进行了分析，同时也提出了他的合理化建议。这些建议有的放矢，很多都有针对性。当然有些建议，我个人认为关键还在于落实和执行。也就是说，如果领导干部干预司法个案不留任何痕迹，下面只是照他的意图甚至心领神会去处理，你仍然没有办法。包括通过政法委或者其他党政机关实现维稳目的的干预，追究责任似乎难上加难。之前，很多学者就政法委的存废问题进行了讨论，法学界旗帜鲜明地希望取消政法委。这次《决定》保留政法委，我在接受新浪网采访时，也赞成多数学者的观点，至少只保留协调指导，包括指导司法改革的功能，而应该完全禁止它干预司法个案、协调公检法处理案件的特权。只有这样，司法领域的法治意图才能得以贯彻。我们听了刘仁文教授关于司法问题的观点后，再来听一听这两年活跃在司法第一线的何教授的观点，大家掌声欢迎。

何兵：

听了前面几位教授的发言我很受启发。锡锌教授和人博教授的讨论都是“意识形态”比较强，高屋建瓴、阳春白雪的，我谈谈具体的技术。依法治国关键在于法院，不管是“制”还是“治”，一个最基本的道理，共产党领导人民制定的法律要执行，这应该没有什么问题。那四中全会文件对我们的法院制度的设计或者改进到底怎么样，在这里可以读出包括锡锌和人博所探讨的转型中的困难。

关于司法制度，首先提出要确保依法独立行使审判权和检察权，这一点比较明确。但大家会发现，并不仅仅只需要排除掉党政机关干涉司法的可能，而是任何司法机关和党政机关、领导干部都不得直接违法干预司法活动。但是，合法干预是必需的，要不然怎么体现党的领导。所以，党始终有一个不放弃的真理，也绝不走西方的路，在这儿体现得比较清楚。因为人民司法和司法的话语权完全不一样，人民司法一开始就明确提出我们绝不搞司法独立，就是党领导司法。

延安时期曾审理过黄克功的案子。黄克功是一位老红军，他看上一个女大学生，后来把人家给杀了，延安高等法院院长雷经天把黄克功判了死刑。判案之前，雷经天给毛主席写了一封信，黄克功也给毛主席写了一封信。判决读完后，沿河边一匹骏马飞驰而来，毛主席回信了。大家都在说，毛主席是不是要刀下留人。毛主席用他非常具有文采的语言，描述了为什么要坚决杀掉黄克功，“雷经天庭长和黄克功的来信，我都收到了。中央和中央军委之所以要杀黄克功，是不杀不足以教育红军、不杀不足以教育党、不杀不足以教育人民”。在共产党司法领域，从一开始就认为首长批案是天经地义的，发展到今天已是不易，意思是我们不违法干预可以吧，我们合法干预。解决这个问题用的是什么方法？就是所谓的记录通报责任追究制度。现在就有登记制度、通报制度、法院内部签报制度、审批制度，哪一个不是签字的？承办人意见、分管庭长的意见都在那儿。所以在这个问题上，明确提出了审判权的独立，但没有提法官独立。

这里就有两个关系要理清。一个是司法机关跟外面党政机关的关系，说不能违法干预，但合法监督或者合法干预是要保留的。这点请大家要记在心中，好好学。这是第一个。

第二个是在法院内部，到底是法官独立还是法院独立？应该说文件上是很明确的，不是法官独立，而是法院独立。为了解决法院内部问题，明确司法机关内部的权限，司法机关内部人员任免不得违反规定干预其他人。一方面说不能放弃领导干涉，另一方面又说不放弃责任制。所以起草人确实很难办。反映在这个制度上，中国改革的难度和纠结，背后是什么？是党的系统要不要有话语权。

这一次比较有意思的是什么？我们发现在司法体制内有动作，明确提出最高人民法院设巡回法院。关于巡回法庭，目前为止以我了解的，全世界没有一个最高法院设立过。巡回法庭一设立，机构立马就会庞大，这是中国的特点。但问题在于，新中国成立初期我们就有五个，最高人民法院西北分院、东南分院、华东分院，当时是军区一级，马锡武是西北的院长，雷经天是中南的院长，后来撤了。那些机构如果一成立，肯定就会有编制的问题，有案子的问题。最后，最高法院可能就变成办案法院，也就是中国特色的最高人民法院。我们的最高人民法院一年要判出去一万件案子，而美国最高法院一年才判 80 件，这就是一个对最高法院的定位问题。最高法院华北巡回法庭，用的是最高法院的章，中南巡回法庭用的也是最高法院的章，那我们如何保证中南的判决和西南的判决、西北的判决保持法律一致性？所以我说这一步如果跨出，司法改革就很麻烦，基本不可收拾。我有一篇文章《最高法院为什么越来越大?》就谈了这个问题，我希望他们能马上把这一步先收回来。

第二个是这次提出要设立跨区法院。我上次问了参与写稿的人，问到底怎么实施，他们说还没有完全考虑好，先设立一个再说。那么，问题就来了，如果设立跨区的法院，那么中院和高院是否还保留？是撤除若干省高院然后设立一个跨区法院？我现在也没弄清楚到底该如何分配。但更大的问题在于立案审查制变成了立案登记制。现在大量案件是通过不立案来解决的，但每年全国法院仍有一千三、四百万件案子，如果变成立案登记制，那么至少有两、三千万件，法官的工作量会急剧上升。但权威文件的导向是对的，将过去上访解决的纠纷纳入司法渠道，但在现行制度下，法院如果没有根本性的变化，那我们该如何解决问题？所以现在变成立案登记制度，律师的市场将会扩大，因为案件很多，法官忙不过来，大量证据的复核、交易包括双方的谈判都需要律师来解决。

第三个则是关于保障人民群众参审。文件有一句话说，要实行人民陪审员只审事实的制度，这是非常有意思的现象，似乎是准备学习美国的陪审团制度。然而陪审团制度的实施并没有那么简单，事实问题和法律问题怎么区分，法官对陪审团怎么指导，这些都是需要解决的问题。但如果没有人民群众参与司法，法官独立性加大，并不必然意味着公正性的提升。因为只要向法官放权，而不加大另一种形式的监督，公正性肯定提升不了，所以肯定还是要把人民群众参与司法提出来。

另外，这次开会还提出了代理律师权利制度。总体上看，本次四中全会文件里指出司法需要改革的方面很多，提出审判管理权和审判权分离，审判执行权和审判权分离。事实上，我们在新中国成立初期就推行了审判管理权和审判权分离，那时司法行政归司法部管，法官训练由司法部训练，而法院则负责审理案件。将来也把司法行政权拿到司法部吗？这是一个问题，我暂时还没有想好。另外，关于执行权和审判权分离，现在在法院内部是分离的，因为审判庭有执行局。但现在又提出执行权要和审判权相分离，是不是想把执行权也分到司法部去，我也还没有想明白。

主持人：

感谢何兵教授对四中全会《决定》中司法改革部分的解读，我们看到，刚才王锡锌教授和王人博教授都提到了决策者对转型时期法治方式的纠结和矛盾，何兵教授的观察也特别细致，他考虑到了起草者在处理相关矛盾时的另一种纠结。所以《决定》中可谓是充满着各种矛盾。

刚才王人博教授提到《决定》里有两个“前所未有”，我也注意到在司法部分提到两个“作用”：一个是司法公正对社会公正有重要的促进作用，另一个则是司法不公对社会公正有重要的、极大的、致命的破坏作用。所以，司法领域里的问题不解决，法治中国就很难实现，因为司法是所有公正的最后一道防线，是权利保障的最后堡垒。几位教授提到的问题差不多：行政不作为、滥作为，权力利益输送，潜规则盛行，司法领域司法不公、司法腐败，但解决这些问题的方式和方法确实值得推敲。何院长对这些方案做了自己的解读，包括巡回法庭，包括跨区设立法院，但这种解读带有他个人的主观色彩，我们还可以进一步探讨。应该说，现在中国如果要解决社会不公的问题，当务之急就在于解决司法不公的问题。下面我们有请另外一位既对民事实体法有较深的研究，又长期关注民事司法问题的王涌教授来表达他的精彩观点，大家掌声欢迎。

王涌：

我讲三个问题：①为什么这次四中全会把依法治国提到如此高的地位；②党和法之间究竟存在怎样的关系；③在目前司法改革当中，我认为最重要的问题是什么，是判例制。虽然它在我们这次司法改革的规划和《决定》中都没有提到，但经过我长时间的思考，在我看来，这是司法改革非常重要的切入口，但被我们大家忽视了。

第一个问题，为什么这次要把依法治国提到如此高的地位？我觉得主要考虑两个历史背景：

第一个原因是在过去20年，我党不可能把依法治国提到很高的地位，因为这20年是一个财富增长和财富分配的20年，所以即使提“依法治国”，一般也是在立法上说建立具有中国特色社会主义市场经济的法律体系，侧重点还是在经济，而没有把它提升到更高的位置。过去20年，我们的GDP增长是非常惊人的，跃居世界第二，产生的社会财富也非常巨大，所以这个时代在中国整个历史上就是一个财富增长最快，同时也是分配财富或者掠夺财富最剧烈的一个时代。那么，既然面对财富增长、掠夺或者分配，权力层的精力显然是放在财富的分配上，而财富分配又引发了巨大的政治腐败，这是任何所谓的法治或者青年政府所无法抵挡的。这也是中国为什么在过去 20 年政治腐败、司法腐败如此严重的必然历史背景，这是不可阻挡的，所以这 20 年不可能提依法治国。

第二个原因，过去20 年，社会矛盾急剧尖锐化，加上刚才我提到的分配和掠夺财富导致的巨大政治腐败，完全把法治体系破坏了，而且到了非常严重的程度。这是第二方面的历史背景。

而现在之所以提依法治国，我总结了一下，它的原因应该有三点：一是我党试图对日益复杂的社会寻找一个更好的治理途径，刚才王锡锌总结得非常好，国家治理能力和治理体系现在成了一个非常重要的问题。二是为我党争取新的正当性。新的正当性在习近平新体制下，先采用的是反腐败，而这显然是不够的，所以还需要有法治。三是也许和党内危机有一定关系。从“文革”到现在，在新的历史时期，我党的内部矛盾达到了前所未有的历史高度。所以，为了解决党内危机和党内矛盾、派系斗争，也需要引入法治。因此，在这次《决定》中强调以党内法规来治理党，是不是党内一些派系之间也走向文明解决矛盾的途径？这是我认为三个基本的原因和意义。

另外，我还思考了一个问题。我们现在所作出的关于依法治国的重大决策，是否会被现有的社会结构所扭曲？这就涉及大家经常谈到的“权贵”概念。该概念虽然未曾在学术上进行详细的分析，但恐怕在现实社会中是存在的。在过去的 20 年间，这种“权贵”的结构已然形成，财富的分配也结束了，这是不是也是我们提出依法治国的另一个新的原因？不过，既然20年财富分配已经结束，新的权贵结构也已经形成，那么这时候实行“依法治国”是不是为了对过去20年形成的经济结构进行一种维护？所以，我们要注意，“依法治国”这时候提出来有它的玄机。

我对社会结构非常重视。我觉得马克思的阶级分析有其一定道理，权贵、中产阶级、低产阶级和知识分子，作为社会阶层中的四大块，在这四大块的博弈中，权贵肯定处于非常优势的状态。权贵怎么形成的，过去20年，大家有目共睹。所以，在四中全会之前，很多媒体包括党内媒体提出人民民主专政千万不要忘记阶级斗争，这是让人非常困惑的。因为如果要搞阶级斗争，对我党非常不利，要知道权贵阶层都是在原来权力基础上形成的，如红二代。这是第一个问题，关于依法治国的背景。

第二个问题是关于党和法的关系问题。刚才王锡锌高屋建瓴地提出了党和法的二元权威制，这当然是一个非常理想的展望，因为法和党不可能处在同一个层次上，我们可以不从纯理论的角度进行思考。而从现实角度来说，党和法的关系主要表现在两方面：一个是党所作出的重大决策应该合宪，应该通过人大立法的程序将它表达制定出来，上升为国家意志。如果一不合宪，二违反程序，那么未来这种重大的党的决策如果还出现，则说明党是大于法的。

我们知道，过去20年，这个现象是非常严重的。例如，维稳制度中针对某些群体所采取的那一套极端的维稳政策，就并没有通过人大立法的程序呈现出来，却持续了十几年，最后甚至整个法律界对此都没有提出任何异议。这是一种不仅违宪，同时还绕过立法程序而作为党的政策直接进行实施的现象。我们虽然在四中全会明确地提出要善于用立法程序来表达党的意志，但是如何表达呢？所以，没有制度上的约束和保障显然是不可能实现的。而现在唯一制度上的可能性是设立宪法法院，但这个也不可能，因为昨天的《新闻联播》已经说过了，我们不可能实施西方的宪政民主。事实上，如果能保障党的政策和意志是在宪法领域里来运作的话，其实中国的宪法是非常漂亮的一部宪法，因为其中的很多条文反映了普世价值，如人民的尊严、人民的各种权利不受各种单位和个人的侵犯等。

而放在司法审查的层面来说，如果一个党的决策违反了宪法，就无法说这个决策本身具有很大的正当性。所以，在中国要保障四中全会其中所谈到的——让党的意志通过立法程序来表达，来解决党和法的关系的话，就必须在制度层面上设立一个可以对党的政策和国家政策进行司法审查的机制。我们现在的机制是设在全国人大常务委员会里，大家可以想象，人大如果要作出宪法解释或者类似于司法审查、违宪审查的决定，这都是政治局常委决定的，而它们并不是一个独立的机关。因此，如果要保证四中全会的这句话得以实现，最有效的、最展现我们诚意的做法就是要设立一个宪法法院，或者在最高人民法院的基础上再设一个最高法院，并且采取“三三制”人员组织形式——党员和1/3的法官，民主党派、无党派人士，以通过司法程序来对国家甚至是党的一些政策进行司法审查。

关于党和法的关系问题，刘仁文教授前面说得比较好，微观层面实际上就是指党可不可以直接干预法院的司法裁决问题。刚才何兵老师举了很多例子，说是不干预，其实渠道很多。但现在四中全会决议出台后，我们面临的一个问题是，我们原来关于党、关于人大、关于政协对法院的司法裁判进行监督和关注的相关法规以及文件依然有效。实际上党委监督非常厉害，因为党委下面有督察室。前年，我在河南遇到一个案件，印象非常深刻，明显是一个冤案，纯粹是省委督察室通过政法委不断地发一些文件在控制，而相关领导调走后，督察室就恢复正常了，省高院向最高院请示，最高院说这是冤案。这个案件也告诉我们，如果真正要保证党不干预司法的话，就要将现在党委监督、人大监督和政协关注的制度，要么彻底废除，要么则选择一个非常明确的形式予以规范。做到一切公开，不公开就不能干预。否则四中全会这句话就是空谈。

第三个问题，我谈谈判例制的问题。判例制即遵循先例，在过去的中国司法改革中曾被提到相当高的地位进行考虑，但这次司法改革规划还有四中全会的决议均未提到。司法改革的规划中仔细地提出最高院指导性案例要扩大或者促进最高院指导案例的影响，但没有把遵循先例的原则提到非常高的高度来看待。事实上，在我看来，遵循先例应当成为中国司法改革一个非常好的切入点，为什么？因为中国的司法腐败戕害人民太深，其中一个原因就是因为司法不独立，但这个原因还只是表面原因，最深层的原因还是因为我们司法制度规则非常匮乏，法律空白太多。虽然2012年全国人大宣布我们已经建成了社会主义法律体系，但这只是一个非常简单的框架，因此我们遇到任何问题都是法律空白，只有法理和一般性条文，缺少清晰的操作规则，最后压力都集中在法官那里。

以前司法腐败，我认为核心问题不完全是在司法独立的问题上。在中国，规则问题如不加以技术解决，不及时明确地供应规则，那么我们所谓的司法独立改革，它的后果就只能是从原来的分赃制变成一个寡头垄断腐败制。原来谁都可以参与、谁都可以监督，大家一起腐败，现在则演变成最高院一条线下来，形成一条线腐败。为什么？就是因为规则是很不明晰的。所以，在中国，我们的法学界、律师界，一定要呼吁将判例制提高到中国今后司法改革相当的高度上来。只有这样，才能带来目前整个倒逼型体制的巨大改变。

具体来说，它带来的变化将表现在以下三方面：

第一，法官裁判案件的心态会发生改变。过去，法官裁判案件，花费巨大的精力，最后换来的结果却是案件一判完就被扔进垃圾桶，看的人非常少。后来周强大法官主张采取的司法裁判文书公开制就具有巨大的进步意义。然而，它现在暂时还未产生巨大实效，因为它还没有和判例制结合起来。

第二，实行判例制，将会导致整个律师界的话语权越来越大。因为一旦当事人遇到一个抽象的、一般性的案子，在采用判例制的情况下，规则会变得越来越清楚，话语权也会随之发生巨大的变化，律师和民间研究机构的作用都会越来越大。

第三，该制度若实施，对增加法官压力、提高法官素质的影响也是巨大的。我们的规则蕴含在一个庞大的规则体系之中，这对法官的素质和要求均会提高，法官判案时想到自己的判决将成为先例、成为一项法律规则，就会产生很高的职业荣誉感，跟现在的空虚感完全不同。虽然这是小事，但其中隐含着巨大的玄机。历史上有很多伟大学者指出判例制在资本主义的发展过程中曾起到过巨大作用。我们为什么不沿着过去最高院推行的判例指导制的基础进一步往前推进？原来由于指导案例数目太少，最高院案例指导制的意义并不是太大，最近两年数量增加了一些，但三年下来也一共才十几起案件。不过，我们可以从将最高院和省高院这一级的裁决作为具有约束力的判例做起，然后往前再推进。所以，我认为判例制被我们忽视了。事实上，它的意义在很大程度上丝毫不亚于现在司法审判独立的改变，这是我的观点，谢谢。

主持人：

谢谢王涌教授的精彩发言，他共说了三方面观点，其中后两者我认为是非常宏观的、高屋建瓴的一种评价，涉及政治学和社会学的解读。比如，关于中国社会的矛盾，现在权贵阶层或者既得利益集团已经成为中国社会最大的法治阻力，但四中全会《决定》是为了维护这种权贵的既得利益还是为了破除这种权贵的既得利益还值得我们进一步推敲。清华大学孙立平教授对权贵阶层特别有研究，他认为现在对权贵的破除还需要很久，既得利益阶层的存在是中国最大的阻力。我宁可相信决策层是为了破除权贵或者牵制权贵，而不是为了权贵的既得利益在推行法治中国。王教授还提到比较敏感的党和法关系，这是法学界比较关心的问题，也是前面几位主讲人一直在解读四中全会《决定》时没法回避的法治模式的内在矛盾问题，这种矛盾恐怕我们一时还找不出特别合适的解决方案。至于第三方面，判例制度的构建，我估计这是民法学界有代表性的呼声。因为的确像王教授所言，这三、四年时间里，案例指导制度在中国所发生的作用微乎其微。但能不能像王教授所提到的那样，通过构建判例制度或者借鉴判例制度来改变司法不公的现状，在我看来，可能比何兵教授所提到的改革难度更具有颠覆性。包括中国的司法不公是否是基于规则供给不足所造成的，恐怕也会有不同的观点。下面，有请对法学研究和司法实务都有深入研究的刘桂明总编辑发表他的观点，大家掌声欢迎。

刘桂明：

谢谢主持人，谢谢何兵教授邀请我来参加这么“高大上”

的活动。的确如刚才主持人所言，我对法律界和司法实务界都有接触，但离研究还是有一段距离。首先我表个态，我非常赞成王锡锌教授所做的一个论断，那就是中国特色背景下二元权威并存的治理型法治，这个论断我是非常赞同的。另外，今天的题目是“法治中国的理想与现实”，让我想起了何兵教授曾经说过的“理想很丰满，现实很骨感”。在我看来，十八届四中全会的《决定》很丰满，尽管何兵教授提到不同意见，但还是要肯定地对四中全会的《决定》给予非常高的评价。因为对依法治国建设来讲，这是一个非常丰满的《决定》，也是一个非常丰满的论断。今天的组合是“非常 6 +1”，有三位教授来自法大。刚才我还在想，活动在法大举办本身就有它的特殊意义，而今天我们在合适的时间、合适的地点讨论这样一个合适的主题，为什么？常常有中国政法大学的学生告诉我，咱们中国政法大学特别不愿意跟中国人民大学和中央党校一起进行辩论，因为跟它们一辩论就出现一个问题，到底是党大、人大还是法大。事实上，这个问题也是我们学习四中全会《决定》时所要面对的现实问题。

通过我的思考，个人认为今天讨论的问题是四个，甚至可以说这一次我们所面对的《决定》、所学习的《决定》、所研究的《决定》就是要解决四大问题：一是党与法的问题；二是政与法的问题；三是民与法的问题；四是法与法的问题。

第一，最大现实问题是党与法的问题。这个问题本身就包含一个问题，那就是刚才王锡锌教授讲的关于彭真同志的回答，党大和法大是不是一个问题，到底是一个真问题还是一个伪命题？我想不管怎样，现实都要求我们解决党大还是法大的问题。《决定》里的七大问题，最后一条是关于“党的领导”。无论“党的领导”在文件中出现了多少次，我们都不能回避谈论“党的领导”在法治中国建设中的作用和影响。所以，我非常赞成王教授讲的这不是一个伪命题而是一个真命题，并且我们需要解决。作为我们的理想而言，我们要解决的是党领导人民制定法律，党带头守法，党在宪法法律范围内活动，这三句话是非常经典的表述。所以，当问我们“党大还是法大”时，用这三句话回答就已足够。回答是轻松的，但现实是残酷的，要解决这个现实问题，也是法治中国的理想问题，我相信不是只学习和研究能够完成的，更重要在于未来的长期实践。

第二，要解决政与法的问题。严格意义上，这个问题跟第一个问题有关。“政”既包括政治，也包括政府，最重要的是党政，也就是党政机关和司法机关或者立法机关，跟法律有关的机关部门之间的关系。解决了“谁来管”的问题才能真正解决法治政府、法治国家和法治社会的问题，而有了这三个“法治”，才能实现升级版的“法治中国”。

而这其中首先要解决的问题就是政与法的问题。因为党与法的问题不需要通过这种方式来解决，党是来领导解决这个问题。但在一些具体问题、具体案件和具体事件中，就需要我们来讨论如何解决政与法的问题。比如信访问题，它到底是一个政府管理、党政管理还是一个法律问题？这是我们这些年不断犹疑、不断变化的一个政策问题，现在终于回归到本位，变成一个法律问题。这是我们讲七大问题中关于严格执法方面我们已经做了很多的强调和表述。

第三，民与法的问题。我们知道大多数“民”的表述是“人民”，其实法律的表述是“公民”。我想无论是“人民”这样的政治表述还是“公民”这样的法律表述，总而言之，这个问题是法治社会的考量标准之一，考量着人民或者公民与法律之间的关系。刚才主持人讲到，法治到底是治官还是治民，当然最后结论是治权。这之中，“权”一方面是指公权力的“权”，另一方面则是指私权利的“权”。法治约束的是谁，这是依法治国建设中需要认真考虑的问题，尤其是在这种二元权威并存的前提下。我们说宪法是什么？很多人未必能够回答。其实，按照最经典的语言——宪法是写着人民或者公民权利的一张纸，这张纸非常神圣。当然，也有人概括宪法是“权利宣言”，有人概括是权力誓言。两者说明，宪法首先赋予人民的权利、公民的权利，然后是治理和管理公权。但在宪法的现实中，我们现在存在一些悖论。

前两天我在人大学习，韩大元教授特意跟我们讲，现在我们总的理想就是每个官员都有关于宪法条文的红宝书，即做到每个官员手中有红宝书、眼中有红宝书、脑中有红宝书、心中有红宝书。但现实怎样？人民大学的赵晓耕教授课件的最后一页给了我们最形象的回答，陕西省司法厅送给西北政法大学的礼物，下面是一本宪法文本，上面放了个地球——“宪法顶个球”。虽然这只是很偶然的一个巧合，人家本意并非如此，但现在的确有很多人议论宪法的现实。这次四中全会确定了宪法宣誓，希望宪法能够真正地成为权威，成为人民保护自己的武器，真正地解决人民或公民与法之间的关系问题。

第四，法与法之间的关系问题。所谓法与法之间的关系，是要解决司法机关（尤其是一些在诉讼程序中并非司法机关，但也被当成司法机关的“司法机关”）之间的关系问题。简而言之，就是在诉讼程序中侦查权、检察权和审判权三者之间的关系。现实中，我们都知道，公安是做饭的，检察是送饭的，法院是吃饭的，少了一个律师，有人说律师是要饭的。这说明在诉讼程序中要解决一个“谁说了算、以谁为中心”的问题。樊崇义老师说，强势的公安和检察，弱势的法院审判，这是一种现实。我们的理想就是希望确立以审判为中心的诉讼体制，可在现实中很难做到。就像我们经常笑话党委、政府、人大、政协，一个是说了算，一个是算了说，一个是说算了，一个是算说了。这四个之间有一个谁说了算的问题。作为法治而言，显然需要审判说了算、法院说了算。

解决了这四大关系，就解决了理想和现实的问题，理想这么丰满，既然我们要全面推进法治建设，我们就应该有更多的动作、更快的步伐，如此才能将现实和理想更完美地结合在一起。

主持人：

感谢刘桂明总编，他以一以贯彻的刘氏风格，从党、政、民、法四方面阐述了对四中全会的看法，其实也是对今天的主题——法治的理想与现实——进行了回应。刘总编对四中全会是高度肯定的，看到是的是理想部分的内容，最担心的就是法学界和律师界也普遍担心的，不管这个《决定》能打多少分，只要把它能兑现，那它就是一个非常不错的决定。但现在中国的问题，往往是文件容易、决定容易，但落实很难。从三中全会的决定也可以看出，虽然已经过一年，但中央决策一到地方就很难实行，文件上的决定离到实践中的落实有很大距离。所以，这种口号法治什么时候能够落实到实质法治，恐怕是我们最关心的问题。今天除了请几位学者和媒体代表之外，我们还特别请了一位长期参与司法实践的大律师张青松参与讨论，大家掌声欢迎。

张青松：

特别荣幸又一次受邀参加蓟门决策论坛。今天的主题是讨论四中全会解读，因为我是一个非党员，所以刚开始我还在考虑看不看这样一份中国共产党的内部文件。虽然这是一份公开文件，但是一个非共产党员对文件是好是坏、是对是错指手划脚，我总感觉还是不太妥当。

但这个文件我还是认真看了，看了四、五遍。我看后的评价是，这个《决定》几乎是一个完美的报告。完美在什么地方？既能够让那些悲观者找到去骂大街的理由，又可以让乐观者大喊冲下来的借口。大家都有话说，而且可以各种各样的方法讨论，所以非常完美。我记得在看报告过程中，曾有一个党员看到，依法治国几项基本原则中第一个原则是坚持中国共产党的领导，提到中国共产党的领导是建设社会主义法治的根本保证，这时候他就把文件合上，并对此表示所有的依法治国都是谎言。当时，我就跟他说，中国共产党发表的文件你希望它写什么？难道希望党写的第一个原则是党从此不再领导了吗？这怎么可能？我说你不能让它把自己的地位放得很低，这样想可能心里就舒坦了。因此，我觉得从各方面来看，我作为一名从事法律实践的律师，看到了更多发展乐观的东西。下面我将从三方面来谈一下我的感受。

第一，该《决定》对于社会中普遍存在的司法不公、司法腐败、执行不严、选择性执法、有法不究等现实问题做了详细的描述。这些描述带给我的感觉是，我们司法和执法的现实实际上是在让每一个人民群众在每一个司法环节中感受到司法不公。当然，这次中央终于知道了我们平时早就知道的司法现实。《决定》中有一句话是“已经到了希望必须下决心解决的时候”。我们说党终于知道了，并且下决心解决了。有什么不高兴的？我觉得应当乐观。

第二，党做了一系列有关依法治国制度上的安排。简单讲，宪法所规定的一切都应当予以落实。对此，我们这些法律工作者是不是应当高兴？然后，《决定》还提到要保障独立行使审判权和独立行使检察权，提出这样的司法勾勒和设计，当然我们也要高兴一下。因为如果没有独立的审判机构，那么一切司法改革都是没有任何意义的，这是大的方向。针对这些大的方向，本次《决定》落实了很多非常细节的制度，甚至从律师角度看，还特别包括了证人出庭制度、非法证据排除制度，包括保证诉讼参与权的辩护权、辩论权、发表意见权、申诉权等，这些都为律师的发展带来了很大市场。而这些权利正是我们平时所感受的司法现实，现在以这么具体的制度予以体现，我们有什么不高兴的呢？

第三，作为一份党内文件，该《决定》的重要性不言而喻。近几年，尤其是在刑事诉讼法修改后的两年里，刑事司法制度的很多东西都在调整和不断完善。我也参与了很多文件的讨论、起草，其中涉及律师权利保障的这部分时常很难通过，因为我们无法说服公安机关，无法说服检察机关，无法说服审判者，甚至也无法说服司法部。例如，《刑事诉讼法》中有一条是律师会见应该及时安排，不应该超过 48 小时。我们在六部委讨论时，希望加一个“到”字：最迟应当在48 小时之内“安排会见到”，而不是“安排会见”。我们跟四机关费尽了口舌，甚至把公、检、法说通了，司法部还不愿意，怎么办？我们直接找到中央政法委，领导一听有道理，回头就说司法部：你们懂不懂律师？律师提出权利你们都不予以满足？然后把这个“到”字添上了。我终于觉得，律师要混出一个新天地，要跟党走（现场笑）。

此后修改的一系列文件包括现在修改的文件，当我们无法跟司法部、公检法沟通时，我们就直接写信给中央政法委，先跟领导说一声，我们是这样的想法。理由是什么？领导一般来讲都会说“有道理啊”。如果修改过程中遇到公检法或者某个机关对此有顾虑，最后定稿时，中央政法委去协调、修改文件稿时，中央政法委的领导就会说：“我觉得搞得不错，其中律师提出的一条还是有道理的。”咱们马上就修改，就不讨论了。因此，通过这样的方式，我突然发现，跟党走，依靠党得到更多的权利，可以解决很多问题，这就是中国的现实。反正我知道只要是能够有利于我们从事法律工作的人顺顺利利地完成自己的工作就是最好的法治。如果从事法律工作的人工作起来别别扭扭的，就不叫好的法治。

因为我是律师，比较关注文件中有关律师的内容，其中有些描述让我感到担忧，因此我认为应当予以重视。《决定》第六部分里有很重要的篇章——加强法治队伍的建设。什么叫法治队伍?《决定》里描述得很清楚，建设高素质的法治专业队伍是指立法队伍、司法队伍、执法队伍。可能很多人都说，将来执业群体中，学者成为法官、检察官的通道可能会打通，大家觉得这是进步。但我认为这恰恰是最令人担忧的地方。先不说这个制度的落实问题，但它反映出一种观念，那就是在党的心目中，律师并不是法治建设的专业队伍，而认为直接从事法治建设的专业队伍是立法的、司法的和执法的人员。这是非常危险的一个信号。

建设法律队伍的第二项把律师列为和公证员一起的，叫加强法律服务队伍建设。这意味着我们是法律服务队伍，而不是法治建设队伍，这是有区别的。当然各位老师别笑，学者更惨，学者连服务队伍都不是，是培养法治人才的。所以，党的安排是这样的，建设一个好的中国特色社会主义法治大厦，党是设计师，公检法及立法人员是施工队，律师公众是装修的，学者是后勤，是这样的架构。所以，在党的心目中，法治建设共同体，分出这样的梯次，正像我们以往所担忧的那样，律师这个群体已经被排斥在法治建设设计者的视线中，而且有很多防范。唯一法律服务建设中与前面法治专业队伍建设有区别的是，特别强调了要加强对于律师的党的领导建设，要增强律师坚持走具有中国特色社会主义法治的自觉性和坚定性。我们可以想象，在我们这样一个轰轰烈烈、马上就要依法治国后的一系列措施中，律师群体将面临的是什么？是又一次的整顿。从整个报告看，除了扩大法律援助、建立申诉代理制度外，公司律师、社会律师相互配合，政府法律顾问上的建设，就是加强教育整顿惩罚，加强律师队伍、加强党的建设、加强律师事务所的建设，加强律协的自律，发挥自律功能，要构建合理的司法人员与律师之间的关系。

主持人：

感谢张青松律师的精彩发言，一开始青松律师充满了乐观主义精神，几乎对我们这次的《决定》打了满分。但我们看到他后半部分悲观主义的态度，虽然号称乐观的积极主义者，还是和普罗大众一样，对四中全会的《决定》喜忧参半。尤其是涉及律师的部分，青松律师的解读应该是中肯的。也就是说，法治中国建设离不开律师，中央高层也在拓宽律师的市场，也在进一步强调发挥律师的作用，但律师的下一步，尤其是律师管理的下一步，会不会面临更严格的管制，这是我们需要推敲的一个重大话题。因为就在依法治国这个决定刚刚作出以后，我们就看到了《刑法修正案（九）草案》中的对于律师言论潜在的威胁，比如，律师不当披露案情信息，或者律师威胁、诽谤、侮辱法官可能构成藐视法庭罪，这些需要在未来进一步探索。

我们的主讲和与谈部分告一段落，下面我先向两位嘉宾提两个问题。第一个是王人博教授提到依宪治国的问题，现在的《决定》暂时还看不出违宪审查机制，不知道王老师对此有何看法？

王人博：

《决定》出来后，我们这些教宪法的最直接的一个收益是，我在中国政法大学教课，四中全会出来后，有几个学生跟我讲不考刑法研究生，改考宪法研究生了。这是对的（笑）。

关于依宪治国，李轩教授也说了，感到不过瘾，光写那两句话有多大意思？我的理解是这样的：我们学者理解的宪法事实上跟领导层关于宪法实施的概念本身有差异。可能他们更多的是从狭义去理解那样一个事实，就像以前全国人大常委会弄一个宪法墙，把宪法墙搭上去，认为这就实施了。往下推一步，开始弄宪法日，就认为宪法加强实施了。现在又到国家宪法学习日，就认为这就算实施完了。在何兵教授主持的一次会议上，会议题目是“宪法实施三十周年：回顾与展望”，在我看来，这个题目就写错了，应该是“宪法颁布三十周年”。据我所知道的消息，本来讨论的时候曾有意见提出要在全国人大常委会设立宪法委员会，但最终出于种种考虑没有写进去。在我看来，不写也有不写的道理，因为在高层专门研究的这些人感觉到条件不太成熟，于是最起码从宪法日开始，从宣誓开始，慢慢往前走。但不写不等于将来没有。

我的意思是，宪法的实施确实有很多障碍，而目前存在的最大的障碍就是我们这部现行宪法文稿能不能实施，如何实施？宪法实施，首先一点就是能不能在条件成熟时，在党的领导下，给全中国人民量身定制一部能够实施的宪法。对此，我还是比较乐观，谨慎的乐观。谢谢各位。

主持人：

感谢王人博老师幽默的回应。第二个问题问一下刘仁文教授，这次《刑法修正案（九）草案》亮点很多，比如废除了若干罪名的死刑问题。但刚才我提到其中潜藏着对律师的威胁。之前在这类刑事诉讼法司法解释时，曾经就有过争论，当时最高人民法院某前副院长特别主张将第250条写进去，律师如果有不当泄露案情或者妨碍法庭秩序行为的，最高可以处以暂停6个月执业的处罚，但当时因为遭到法学界和律师界的律师强烈反对，所以没有写进去。而这次《刑法修正案（九）草案》则比之前走了更为严厉的一步：一是上升到立法层面；二是扩大内容，包括诽谤甚至威胁，设立了一个事实上的藐视法庭罪，而且针对的主要对象是辩护律师和代理律师，并且一旦认定，起点就是6个月有期徒刑，这比之前司法解释当年草案中最高暂停6个月执业的处罚要严厉得多，我不知道刘老师对此有何看法。

刘仁文：

李老师的问题可以分为两部分。第一部分是关于律师非法泄露案情的问题。这个问题我个人意见是不一定要作为犯罪来处理。坦率地说，这个问题的立法受李某某案件的影响比较大。确实有些律师在某些方面做得比较差劲，但还是应该先要通过行业自治或者行政法规来进行约束，然后才能用刑法规范，这是刑法的基本命题。也就是说，刑法是其他部门法的保障法。然而，在李某某一案中由于行业处理没到位，而直接牵涉到了刑法层面，这个就带来很大的问题。又比如，在李庄案件中，律师最后泄露了案情给当事人，关于这一点，律师看完案卷后，能不能将相关情况告诉当事人和家属，直到现在开会，大家还是对这个问题持不同看法。

我对律师制度没有专门研究，但坦率地讲，律师是当事人花钱雇来为他服务的，那么为什么律师了解的情况不能跟当事人进行商量、共同去辩护？在长期司法实践过程中，对这一问题，专业委员会从来就没有明确过，所以导致选择性执法非常普遍，到了李庄案里结果就演变成了律师泄露了秘密。这里有一个很大的困惑，现在这个问题在行业规则里都不明确，而刑法作为其他部门的保障法，后果如此之严厉，并且按照刑法的基本道理，私权利法无明文禁止就是容许，公权力法无明文授予就是不容许，那么就不应该动辄轻易用刑法对此进行约束。这样的情况也反映出我们立法的思维，一个案子出来后，由于各种关注，于是刑法上常常就仓促地写下一个条文。事实上，关于这个问题我们还是要慎重、要仔细考虑。所以，《南方周末》对这个问题要对我进行采访，我委婉地谢绝了，因为我不是很赞成目前条文的做法，但个人能力有限。

第二个问题，关于扰乱法庭秩序，目前也是一个折中的产物。从我了解的最高人民法院和各方面来说，基本上希望把这个权力直接交给法院，法院当天可以抓人；现在我们是倒回去，让公安去抓人，检察院起诉。后来，我们大家的意见是希望平衡一下，还是按照诉讼程序由公安来抓人，检察院起诉。但现在大家对这个问题非常担心，因为整个国家法治的生态还是在公权力，尽管是强势的公安、优势的检察、弱势的法院，但再弱势的法院，相比律师来说也是强势的。我参与刑事立法这方面的研究时，时常感到立法就是一种博弈，这就是现实。在我看来，我们的立法效率实在是太高了。立法其实应该要以公共决策的方式反反复复听取多方面的意见。现在可能一种立法的效果或者司法解释，目前看来确实很有必要，但它出来后可能就会产生负面作用。所以，不同的声音、不同的博弈，对于立法达成科学的效果还是很有裨益的。

主持人：

感谢刘仁文教授非常中肯、公允的回应，因为这个问题确实是非常严重的问题，江平老师不在现场，但他的那句“律师兴则法治兴”言犹在耳。依法治国《决定》刚刚出台，如果将对律师这种非理性的打压写入立法中，我们确实担心法治进程。张青松律师说到私人渠道，虽然是一种人治的渠道，但我还是希望你把这个问题再跟有关领导说叨说叨，把《刑法修正案（九）草案》中这部分内容给删除。

张青松：

我回应一下。泄露信息的罪名和扰乱法庭秩序的罪名，前面是增加的罪名，后面是修改的罪名，对于这两个罪名，我个人持赞同观点。扰乱法庭秩序，其中有一项行为是殴打司法人员。这次把犯罪侵害的对象扩大了，是殴打司法人员及其他诉讼参与人员，都算扰乱法庭秩序，这样的扩大是有道理的。至于后面规定的其他一些客观行为，比如，不听法庭制止，情节严重的也属于犯罪。这样的行为，我们担心不是说刑法条文规定，而是在执法过程中是否有被滥用的可能。我也不赞成后面几个客观上的增加，但犯罪对象的增加是有必要的。

而新增加的罪名则不一定是针对律师，建议条款是指司法人员、辩护人、代理人及其他诉讼参与人。如果是泄露依照法律规定应当不公开审理的案件的信息造成严重后果的构成犯罪。这是和司法相对应的，每一个诉讼参与人都有保密义务。但这样的行为是否像刘老师所说的，应该用刑法手段调整我是不懂的。谢谢。

主持人：

谢谢青松律师，下面我们自由讨论。

提问：

我想请问一下王锡锌教授，您提出我们现在面对的是由党的权威向党的权威或者宪法权威二元论的转向，从这个角度，我不赞同这个观点。因为从四中全会的文件来看，从党来说，不支持二元论，而是试图建立新的一元论，或这种执政模式的探索。多数学者（包括新加坡的一个所长郑永年）提到中共在探索新加坡的治理模式，所以我个人不太赞同二元论的说法。

王锡锌：

你提的问题不是问题，而是评论。这让我想起大家对四中全会《决定》一个新的观察，大家引入了瑞士心理学家的实验，即目击实验。那个心理学实验简单说是分析每个人的精神人格。现在四中全会起草者也好、决定者也好，他们像精神分析师、像心理学家那样给出了各种各样的目击实验，然后让我们去测，一个是我们看到了什么，第二个是你觉得那应该是什么。看见了什么是你读了什么东西，解读是主观的，所有这些东西都暴露在测试者的面前，会看你是什么人格，抑郁型的、狂躁型的，反过来是要治你的。我刚看了《金融时报》上的“四中全会决定充满了内在矛盾”，所以你讲的这些东西，你的解读，刚才是我的解读，属于第二层，你认为它是什么，你提出的问题不是问题，我提供的也不是一个回答，大家的讨论，基本上是两个东西，一个是他到底在说什么，然后我认为他在说什么，谢谢。

提问：

我想问王涌老师一个问题。您从立法解释的角度，说司法腐败的很大程度上是因为我们的法条不够。那您对我国充斥着司法解释、各高院在不同时期出具的不同指导意见等如此之多的规则如何看待？您认为这些规则不是法律吗？还是您认为这些规则应该通过人大常委会来提高他们的位阶？中国是否真的缺少法条？

王涌：

问题非常好。其实你提到了两个问题：一是立法层面能不能解决中国法律匮乏的问题；二是司法解释能不能解决这一问题。我的回答是这两个渠道都不能。

第一个问题是关于立法方面，过去立法的成就大家都看到了，但立法的缺漏是存在的。当然这和我们的立法事业刚刚开始也有关，我们不可能在过去20年时间里就建立起非常完善的法律体系。但即便在未来也不可能解决。这一方面取决于目前立法体制不可能面面俱到地解决一个部门法当中的所有问题，另外，西方国家的立法者也没有解决这个问题。西方国家分为大陆法系和英美法系，我们一谈判例制遵循先例，就认为是改变我们国家的法律文化传统，是要将我们从大陆法系转为英美法系，其实不是。大家研究一下两大法系的发展过程，就会发现解决法律匮乏的问题，无论是在大陆法系还是在英美法系，最终都是通过判例制来解决的。其实，大陆法系的德国、日本包括我国台湾地区，都有变成判例制的传统，这也是因为大家发现立法解决不了这个问题，只有通过判例制才能解决。

第二个问题是关于司法解释的问题。司法解释不能解决中国法律匮乏的问题，原因很简单。比如以《公司法》为例，《公司法》颁布之后10年内通过了三部司法解释，但这些司法解释到现在还没有实现。而且我们的司法解释又是一个法令化、法典化的方法，所以，我们的司法解释和西方判例制国家规则的及时供应、大量性供应相比差得太远，所以我们指望司法解释解决这个问题是不现实的。

所以，我的结论是，经过任何观察和比较，一个客观承载的规律是：没有判例制，一个国家无论大陆法系还是英美法系，都无法解决规则的供给问题。只有这一条可行，别无他途，谢谢。

主持人：

非常感谢王涌教授的两点回应。过去我认为只有何兵教授是“偏执狂”，因为他到哪个地方都推行他的人民陪审制，现在我发现王涌教授也有点“偏执”，到哪儿都推行他的判例制。这是一个好事，只有“偏执狂”才能生存。

最后，我代表主办方发表结语。应该说，法学界对这次出台的四中全会《关于全面推进依法治国若干重大问题的决定》，基本上还是持有谨慎的乐观态度，总体感觉喜忧参半。就像各位学者所说，这次的《决定》在很大程度上推行了法治理念，甚至提到依宪治国的高度，对当下普遍存在的问题，包括执法不严、司法不公、权力滥用不作为的现象，都作出了非常明确的判断和回应。但是，在某些层面可能还存在很严重的内在矛盾和紧张，而这些矛盾和紧张，恐怕是《决定》本身所不能解决的。而本次《决定》提出的一些解决方案或对策的现实效果如何，恐怕有待进一步评估。法学界或者社会各界普遍担心的最大问题并不是《决定》本身内容的科学性和完整性，而是如何将这种形式法治或者口号法治落实到实践中，成为实质法治的问题。所以，我以为，真正法治春天的到来，有待于《决定》通过立法的方式，将执政党的建议上升为法律，然后在全国范围内得到公允、严格的执行。只有这样，我们才能说：在每一个领域逐步实现法治，在每一个个案中，让每一个公民都感受到公平正义。今天的研讨会到此结束，谢谢各位，谢谢大家！

京津冀一体化

——中国城镇化新战略?

演讲嘉宾: 冯　奎
评 议 人: 郑新业　郑思齐　王敬波　童大焕　管清友
主 持 人: 解志勇
时　　间: 2014年4月3日

嘉宾简介:

冯奎，国家发改委城市和小城镇改革发展中心研究员，著有《中国城镇化转型研究》、《都市圈与中小城市发展》等著作。

主持人:

尊敬的各位嘉宾、老师们、同学们，今天蓟门决策第69期，举办“京津冀一体化：中国城镇化新战略?”论坛，我是本期的主持人解志勇。下面我首先为大家介绍一下到会的嘉宾。主讲嘉宾是国家发改委城市和小城镇改革发展中心的冯奎研究员，大家欢迎！参与讨论的嘉宾有：中国人民大学郑新业教授，清华大学郑思齐教授，中国政法大学王敬波教授，中国青年报编辑童大焕先生，民生证券研究院院长管清友先生。我是中国政法大学研究生院的解志勇。

下面我先介绍一下本次论坛的背景资料。

现在，中国有很多城市患上了“城市病”，不仅仅是北京。

交通拥堵、人口拥挤、环境污染，一到雾霾天，我们总是等着风来。而城市越大，“城市病”也就越厉害，究竟该如何来缓解？又如何来思考城镇化结合？

讨论京津冀一体化问题，大家首先不自觉地会想到长三角、珠三角。长三角作为中国改革开放区域发展的典范，一体化程度高、效果好，那么北京为何不能成为试点典范？北京有通向廊坊的高教校园区，有大学城公交车，但为什么廊坊对此不愿意？如何才能打破一亩三分地，实现 1 + 1 + 1 > 3 的效果？这些都是值得我们深入思考的问题。

在京津冀一体化上，河北热情很高，原因是：以往北京的发展总是让天津、河北进行配合、跟进，这次提出要把首都部分功能迁过去，还要搞特区，甚至成立新的机构，因此，河北省率先出台意见，将承接首都行政事业功能。对此很多人疑惑：中南海要不要搬过去？高校要都迁过去吗？

天津和北京相互联络，在此也提到要发展 7 环，那么备受诟病的“摊大饼式”的发展思路是否可行、是否还会继续？会不会出现特大城市？带着这些问题下面有请各位专家来分析讲解。首先有请冯奎研究员，大家欢迎！

冯奎：

京津冀一体化的意义需要充分地认识，在我看来京津冀一体化有这么几个特征：①在中央的眼皮底下；②习总书记亲自推动的；③该区域的规模在世界上都具有重要影响，即大家经常说的 21 万平方公里、1 亿多人口；④它是我们参与国际竞争的重要区域。现在北美建立了自由贸易区，欧洲通过各种城市群的组合焕发活力，但中国东部显然是不平衡的。京津冀一体化的发展有助于提升我们在国际上的影响力，特别是通过世界城市的打造来提升国家影响力，所以，这是国家战略的重要体现。而最后一个特征则是《国家新型城镇化规划》颁布后首先讨论、推动这样一个重要区域的发展。新型城镇化规划所解决的问题跟京津冀一体化所要面对的问题，严格意义上来说并不是一种类型。京津冀一体化主要是区域的问题，而新型城镇化研究的对象是城镇化发展，但两者有密切联系。所以，在这样的过程中，我们也在思考：京津冀一体化发展能不能充当新型城镇化发展的良好试点、示范，包括目标选择——是走上城镇化的老路，还是带来新的路径启示，在体制机制改革等方面为其他城市发展、区域发展带来重要的制度性探索。在这点上，今天的主题非常有意义。

目前，大家在振奋之余也有很多担忧，比如，我看到最近媒体热炒京津冀一体化，在这样的过程中大家看到全局未定（首都经济圈的规划没有出台），保定先行。大家先从炒作政治副中心开始到副都，所以叫“全局未定，保定先行”、“规划未出，房价先行”、“人员未动，新城先行”。另外，新型城镇化最大的特征、亮点是以人为核心，但在这之中并没有看到如何解决人的问题，而是一些地方纷纷宣布要建设新城。我们也看到很多地方产业未动，但地方政府已经摩拳擦掌，提出要规划出上千平方公里的土地来承接首都北京的输出功能。其实，“产业未定，土地先行”是一个阶段性的现象，从某种意义上而言，市场化的要素、力量对未来发展充满希望有它的正常性。但另一方面，它也反映出在京津冀一体化发展过程中，目前达成的理论共识和政策共识还不足以消除大家的疑虑。因为现在还未提供太多的确定性信息，因此大家就有很多非理性的期待，这也确实会让地方对将来如何发展产生疑虑。所以，有必要推动多层次的讨论，蓟门决策讨论的意义也就在这里。不管是非官方、由学术机构发起的讨论，还是政府机构内部、政府和企业家之间的多层次讨论都非常有利于发展。

关于京津冀一体化过程中如何体现新型城镇化的思想，我觉得内容非常多。新型城镇化颁布后，大家在解读时提到了它的很多新意。比如，以人为核心，提出两个城镇化率，重点要解决三个一亿人问题，通过四化同步的方法推动新型城镇化等。我重点讲京津冀一体化发展过程中，大、中、小城市协调发展的问题。我的核心观点是：京津冀一体化发展应该让一体化的红利更多地惠及该区域当中的各类中小城市，从而避免过去发展中的一些问题。

这主要基于以下几方面原因：

第一，从京津冀的现状来看，特大城市遇到了一些问题，而从长远来看，关键要提高它们的竞争力，解决它们发展的腹地问题和它们在世界城市体系中重新定位的问题。重点是针对北京和天津这样的城市而言的。所以，对于河北众多城市来说，明确目标、定位道路、选择方向是需要慎重思考的。

为什么我要强调中小城市发展在京津冀一体化当中的重要性？从河北发展的现状来看，河北省两年前的《十二五城镇化发展规划》，提出其发展目标是通过城镇化，努力建设包括石家庄和唐山在内的 300 万以上人口的城市，包括邯郸和保定在内的 200 万以上人口的城市，以及 4 个 100 万人口以上的城市、6 个 50 万人口以上的城市和 50 个 30 万人口以上的城市。同时希望通过努力，确保 55 个列入各类重点建设的城镇的镇区人口达到 3 万人。从该城镇规划我们可以发现，河北省城镇发展的总体特征是偏小、偏弱，这是河北省城镇发展的基本现状。因此，我们现在的发展仍不能脱离这样的现实，不能在突然有了京津冀一体化的概念、有了这样的元素、有了这样的能量以后，就头脑发昏，盲目规划500万人口以上的城市，我想这应基于城市的基本现状。

第二，基于城市发展所依赖的基本条件，比如资源条件。京津冀地形地貌变化非常大，山前发展带以及沿海发展带等不足以支撑太多大城市、特大城市发展。因此，在这个过程中我们就需要考虑城市发展的规模问题，比如水资源的限制问题和土地资源的紧张问题。这是第二个特征。

第三，如果我们在一个区域过多地强调特大城市、大城市的发展，则很可能会走上以往城镇化的老路，即在京津冀一体化发展过程中，掀起新的制造特大城市的运动。我们国家城市有行政等级，高等级的城市完全可以通过攫取资源的方式，将其腹地里中小城市的各类资源，吸收到大城市。如此，在大城市不断做大的同时，中小城市则很有可能失去其发展机遇。所以，我觉得我们应该要避免出现此问题。

第四，重视中小城市还有一个原因，即河北有大量的贫困地区。重视中小城市的发展是就近、就地城镇化的一种体现，可以逐步发挥中小城市重点镇辐射力，打造一天的生活圈，从而逐步解决这个地区所面临的大量的农村、赤贫带问题。在这种情况下，我非常强调这个区域里中小城市的发展。

此外，可以看到现在已经出现的一些倾向和苗头：当各个地方政府急于出政绩时，往往会采取堆砌资源、攫取资源的方式堆积一个大城市，比如，各类土地指标用于假定的一个副中心、假定的一个将来要成为集聚影响力的特大型城市。如果我们按这样的路走，我觉得一体化给河北中小城市带来的红利，将无法完全得到落实。貌似一两个特大城市、大城市发展起来了，但大量中小城市仍然没有机会发展，农村问题也没有解决，城乡一体化的矛盾仍然很突出。所以这种问题要避免。

那要如何做到在该发展过程中推动中小城市的发展呢?①在发展过程中切忌急于求成。②一定要树立特色中小城市发展。中国有些中小城市，在交通基础设施、基本公共服务改善后，完全可以靠当地的一些基本特色，在特大城市周边获得比较好的发展。比如这几年大家一直关注的河北正定。五六年前该地的房价只有一两千元一平方米，现在涨到了一两万，原因就是其有滑雪的特色优势。如果把它的发展能量急于向张家口集中，它就会失去发展的动力。我宁愿发展更多像正定这样的中小城市，而不是局限于几个地区城市或者定义中的副中心城市，所以我强调特色。③应重视改善基础设施。在基础设施、综合交通得以改善后，很多小城镇和小城市会立足于自身特色得到发展。④应结合特色产业、小微型产业的导入，促进城市发展。京津冀有一个特征：行政力量非常强大，有很多央企和国企，而民营企业则发展不充分。如果集中资源发展某几个特大城市，可以利用政府的力量，推动资源向河北范围内的特大城市集中，很快会造出一些政绩出来。但本质上，这些毛细血管也就是城市发展长期所需要的毛细血管，却并没有培养成功，城市发展的持久活力就无法形成。所以，在这几个方面，我觉得，一旦确立了重点支持中小城市发展、城镇化发展的政策，重心向中小城市集中，那么政策思路就可能和现在的思路有所不同。所以，我认为这不是一个可有可无的问题，而是值得去重视的问题。

接下来我简要点评一下目前我所看到的，如保定这样的地方，它未来发展的前景和它面临的障碍到底在什么地方。作为一个案例，为什么我觉得从顶层设计角度，不应该关注一两个特大城市的发展，而应该关注中小城市的发展?

对于保定的关注是在2014年3月20日。突然接到凤凰卫视打的一个电话，想了解一下保定政治副中心的问题。当时，我给他们回了一个短信：不可能。我说的不可能，并不是基于城市定位或者区域发展考虑的，而是一个常识判断，因为当时讲的是政治副中心。我觉得在我们国家关于“政治副中心”这个词，是高度敏感的词，潜在意味着机构分立、分权甚至制衡的现象。除了一些特殊情况外，我们要做一些防备和预备，不可能有“政治副中心”出现。所以我觉得这个选题本身没有意义。

接下来这一段时间，大家都在讨论河北省在推进新型城镇化意见中提出的“重点打造保定作为承接首都部分行政事业功能疏解的重点服务区”，媒体上还叫做“副中心”。在这样的情况下，保定房价一路上涨。保定市长说：“我们的目标是有可能打造一个500万人口以上的特大城市，已经规划了上千平方公里的土地……”这确实为特大城市的发展拉开了序幕，但这之中有很多因素在阻碍它，这些目标相信短时间内难以实现：

第一，在北京行政区周边曾经规划过一些北京自己所谓的副中心或者区域中心，如顺义、通州。北京医疗资源，三甲医院七成以上聚集在六环以内。但我们也看到，就在北京行政区范围内，延庆这样的地方并没有三甲医院。因此，我们怎么能相信，这样的资源马上能输出到保定去？北京并没有提这些资源从城市中心区很快输到保定的可能性。北京本来是行政区，有很多贫困地方和落后的地方，也有很多中心区与副中心。也就是说，保定提出自己的定位时，将首先面临着和北京市自身区域中心的竞争。

第二，保定这样的定位，面临着和周边城市的激烈竞争，而这种竞争我并不相信都非常有利于保定自身。如行政、教育、医疗等机构，这些机构的集聚并不遵循和企业集聚一样的规律。行政事业机构的集聚，很多时候要考虑到公共服务的均等性。

一个中小城市具备了一定的优势，也需要发展成为一个功能相对综合的城市，从集聚行政事业、教育、医疗机构方面来讲有必要性也有可能性，比如张家口、正定这样的城市，既有必要也有可能去集聚关于体育方面的行政管理中心，也有必要和可能集聚好的教育和医疗资源。这是政府所倡导的，不是像企业一样推动到一个地方去，建立一个园区。如果把很多医院推动到保定的一个园区，我想很滑稽。

第三，保定自身的一些特殊性。保定在河北省十二五规划里是“立足于现状，打造一个城区 200 万以上的城市”，这相对客观、实事求是。现在突然间大跃进，我不觉得短时间内甚至五、六年内具备吸纳人口的能力。还有河北周边也有一些城区，如秦皇岛已经出现了一定程度的空城现象，而且这些城市生态相对脆弱，水资源不足，所以我觉得不能够超出实际来进行这样的想象。

第四，类似于保定这样的地方，现在的定位——媒体上的说法叫做“副中心”，但我要澄清一下，《河北省关于推进新型城镇化意见》里只是说“要成为首都部分行政教育事业等功能的承接地，承接首都功能的服务区”。只是因为一些人感觉到它有“副中心”的潜质，所以才对其打造特大城市抱有信心。但我认为他们忘记了重要一条，一个城市宁愿把“副”字去掉而直接做“中心”，因为“中心”是立足于实际，立足于自力更生，凭借自身资源踏实发展。当一个城市把资源寄托在另外一个特大城市的副中心身上，自己还想要有特别大的发展，这就与哲学上所讲的“自力更生、内因为主”发生矛盾。从国外来看，大伦敦、大巴黎、东京、纽约都市圈都有中心，除非在行政区范围内才提副中心。它的中心包括国际中心、区域中心，包括地方中心，也包括邻里中心，发展得很好，功能相对综合独立。而我们想发展一个特大型城市，理论基础却是另外一个特大城市的附属，我对这样一种准特大城市发展路径感到迷惑，这也是我们要重视、从而一步一步推动中小城市发展的原因。我讲到这里，谢谢！

主持人：

冯奎老师给了我们很多启发，下面有请中国人民大学的郑新业教授发表他的高见。

郑新业：

同学们下午好！我同意解老师所讲的，我们只是从北京的立场看问题，从解决北京问题的角度出发来看待经济发展。但是这个问题必须要从更大的角度来看待，这是第一点。

第二点，谈京津冀一体化，应从更广泛的背景来看它是国家问题的缩影，我归结为三方面：京津冀一体化的目的是什么？一个是污染严重、一个是产业结构重、一个是地区差异大。北京这个地方，产业不辐射、区域不带动，就是“灯下黑”。

第一件事，京津冀地区的污染非常严重。城市发展到一定阶段，污染的确会很严重。如果从工业废水排放量、二氧化硫排放量、工业烟尘排放量这 3 个指标看，京津冀这些城市全在前 20 名以内。唐山二氧化硫排放量排第一，石家庄工业废水排放量第一。最好的承德也排在第十三名。北京工业废水排放量则排在第七位，二氧化硫排放量排在第十位，烟尘排放量排在第十一位。这是从全国城市而言的。大家现在天天看到的雾霾是结果，背后有数字在支撑。

第二件事是产业结构存在严重问题。主要体现为高耗能产业问题。2011 年在高耗能产业中，北京占 1.6%，天津占 3%，河北占7%，京津冀地带总共占全国高耗能产业比例达到11.5%，而全国六大高耗能产业占全国用电量48%。

以唐山为例。唐山粗钢产量在2008年是8107万吨，占全国产量的9.4%，生铁占全国产量比重是10.4%，钢材8890万吨占全国产量6.5%。世界第一大钢铁国是中国，第二大钢铁经济体是河北，第三大钢铁经济体是唐山。而同样的指标，邯郸分别是5.1%、5.3%和3.8%。从河北省全省来看，粗钢占10.9%、生铁占10.3%、钢铁占14%。如果把天津和北京放在一起，则粗钢占3%、生铁占25%、钢铁占17.5%。从这个比重我们可以看出，京津冀地区的整个经济结构确实比较重。又如陶瓷、水泥。唐山水泥产量为4千万吨，这个比例也非常重。

国家层面一直在强调污染要治理，经济结构比较重也要处理，但遇到京津冀地区这种状态，数字就摆在那儿。很多人说，要解决北京的问题，得问河北怎么办？怎么处理？比如，北京十几年来产的钢材很少，没有河北的钢铁产业，北京的高速公路、高铁根本不可能建成。所以，我想说这既是它的问题，也有它的合理性。

第三件事是整个京津冀地区发展差异巨大。从经济方面看，若论职工工资排名，北京人均职工工资居全国第二，唐山排第7，天津排第17，保定则排在第179位。从全国排名来看，河北除唐山之外的城市排名都是很靠后的；低保也是，人均低保北京较高，河北省内较好的城市是石家庄，人均238元/月，而沧州人均则只有173元/月；教育方面差异则更加巨大，一本录取率，天津为24.52%，北京为24.33%，而河北则仅有9.03%；城市绿化率方面，北京排名全国第19位，而河北沧州仅排名全国第208位。

在这样的背景下，是解决河北问题还是北京问题？还是给中国城市一体化拓开一条新路？我自己比较悲观，觉得要实现京津冀一体化，出现新的增长带，并不太容易。因为：①北京要发展自己的经济，可能并没有余力去支持和帮助河北。②北京的优势在于其有教育、医疗、体育、传媒和中央政府，然而这四个领域是集聚经济，很难打破。比如，如果北京现在把医院的某一个科室迁走，那么医生很可能就跑了。因为医院必须要有支撑系统，若把医院迁至河北，则必须新建支撑系统，那么医疗中的规模经济和范围经济都会被牺牲掉，并且病人不一定去那里。又比如，北京若想要把产业迁过去，也不一定能成功，这涉及行业本身的性质问题。还有教育，若人民大学要迁到通州去，那么人大附小怎么办、人大附中怎么办？这都是问题。要打破城市的聚集经济，确实是个难题。

还有，要做到不损害当地经济社会的发展也很困难。河北在经济一体化时，好处未享受到，坏处倒是先享受到了。京津冀一体化带给河北人的很可能是未受其利，先受其害。比如污染问题的治理、压产能后带来的负面后果等，都是实实在在的问题。再者，北京的拥堵和污染问题也不太好解决。北京的拥堵问题完全是布局问题，学校和医院都在市中心，而这不是把产业拿出去就能缓解的。

那京津冀一体化是否有一些积极的方面？当然有。我们需要考虑采用市场的方法，还是行政的方法？我个人认为应该在行政上创造条件，更多地让企业和政府去施行。首先，中央政府要积极创造条件，让企业和居民能够在此地生活，并且差异不要太大，特别是在教育、低保和医疗等的问题上。另外，在财政上，中央政府应该想办法帮助河北，至少在第一年需要帮助河北度过冲击，尤其是环境治理的冲击。另外，中央政府现在采取靠三省协调治理的形式是不行的，要知道靠地方政府协调困难重重，党中央在国务院体系中应该对此采取很好的协调机制来帮助处理这些问题。

总体而言，希望在经济发展的当前阶段中，中央能够解决污染严重、经济结构较重、地区差异较大的问题，而对于北京而言，则需要避免区域不辐射、产业不带动的问题。基于此，我认为大家对京津冀一体化的期望值不要太高，尤其是不要先想着做多少饼，而是要先考虑减少多大的损害，不能让河北未受其利、先受其害。如果不采取措施，京津冀一体化很难做到。谢谢！

主持人：

谢谢郑教授，究竟是把河北拉上来，还是把北京给摁下去，还是中间取一个值，这确实需要考虑。下面有请清华大学郑思齐教授发表您的看法。

郑思齐：

很高兴参加这样的活动，但我对京津冀一体化并没有太多研究，而主要是想来学习一下。之前我的很多研究都是在城市内部，比如北京市的空间结构问题，这个我研究得比较多。最开始我主要是研究城市居住和就业的空间关系问题，比如大型居住区导致的交通环境问题等。现在，北京市的交通流量50%以上是非上下班出行，所以我也开始关心公共服务问题。冯老师和郑老师提到北京优秀的公共资源大部分集中在三环以内，如医院、学校，致使家长接送孩子上下学影响交通产生额外的浪费。我们定量测算了一下，利用寒暑假交通拥堵指数和空气质量数据与平常上下班的对比，可以看到公共服务过于集中和资源需求不匹配导致的额外的交通流量、成本的具体数量等，这都是城市内的问题。

现在过渡到京津冀一体化的问题，这是一个区域问题，也是我进一步希望拓展的研究方向。因为随着城市高速公路和高速铁路的流通，京津冀逐步变成了一个城市体系。我住在北京，所以对这些问题有亲身的体会。记得2014年2月17日左右，一连好多天雾霾，不单是身体上，而且心里也感觉很不舒服，特别期盼北京的雾霾问题可以得到有效解决。另外，对北京周边的空气污染问题，我也做了一些研究。我发现，本地空气污染很大一部分是周边工业烟尘和粉尘带来的。我们以此为工具，研究环境问题是否会对当地房价的具体需求产生影响。在2月份习总书记开会前，清华大学好几个院系曾被叫到学校的一个厅，说有重要事情讨论。后来听说总书记要了解北京的事，所以各方面进行研究。我们建筑学院的吴良镛院士很早就研究京津冀一体化，他那次也代表学校发表了观点。

现在说一下我个人对这个问题的理解。我认为，通过将城市内居住、产业和公共服务三要素进行良性互动，并将之延伸到城市体系研究里，这对于京津冀一体化有一定的借鉴意义。首先是产业和居住。一般来说，产业和居住在一个城市体系内应该形成互补和联动效应。比如，一个大城市、一个中城市和一个小城市，像金融等就需要聚集经济很强的城市化经济产业，这比较适合大城市；而有一些适合中小规模、形成地方化经济的，则可以分布到小城市中去。而居住方面也是这样。一些大型的公共设施和服务需要规模经济，还是应该在大城市，比如机场和博物馆；而一些日常需要的服务小城市也具备，则可以将之分布到小城市中去。这样，通过使居民和产业在大中小城市中自由选址，可以形成一个自由的选址梯度，形成大城市、中城市和小城市之间的联动。

具体到京津冀，因为我不太了解，所以没有发言权。但我个人觉得应该在不同城市之间进行差异化分布。公共服务是共建共享，郑老师说对于北京的拥堵问题很多是内部问题，在京津冀这一块，北京的优势最明显，不但是数量问题，更多的还是质量问题，比如老师、医生和高考录取的概率问题。我觉得，公共服务共建共享机制应该和房地产市场联动起来。因为若公共服务分散开，将会带来地方居住机会的很大差别。那如何能够避免房价先行？在公共服务开始改良的地方，不能限制住房用地和土地，特别是居住用地的供给。如果居住用地供给约束，会带来房价的很快上升。因此，为了提高人们住房的支付能力，就应该在拥有比较好的公共服务的地方，加大住房供给，给人们提供更多机会。

另外，我对高铁方面有些研究。高速铁路对于城市群的建设和一体化作用较大，它的连通将有助于缓解大城市的拥堵问题。并且大城市在享受其正外部性的同时，还能降低其负外部性。当然，这也许不能适用于京津冀地区。以上是我的一些想法，很不成熟，希望大家指正。

主持人：

谢谢郑教授跟我们分享他的观点，下面有请法治政府研究院的王敬波教授。

王敬波：

谢谢！很高兴参加这样的活动。关于京津冀问题，刚开始我并没有怎么关注，直到后来我听说可能将教育等功能移转出去，我才开始担心。因为如果在中央学校里，从用地量的需求来说，政法大学的要求可能更迫切。我就在想要是政法大学迁到保定去，我怎么办？带着这个担忧，我想过来听听各位专家的看法。

从法律角度看这个问题为时尚早，但制度安排可以先行，因为制度安排在相当层面上会起到引领作用。从制度安排上讲，我认为应从五个方面对京津冀一体化做前期性研究：

第一，区域规划与现行规划之间的制度矛盾。现在的规划制度包括《城乡规划法》等在内，都是以一个城市为核心来进行规划的。目前，还没有在《规划法》中涉及区域规划的法律定位，以及跨区域本身的制度安排问题。但这实际上已经超出了我们现在以区域为核心的行政体制架构。我们所有的行政体制架构都是以城市为核心建立起来的，以区域为中心、为目标的一体化建设，必然会打破现行条块分割的传统行政体制建设。这突出表现在：我们没有区域规划的法律定位，包括区域规划由谁制订、由谁来通过，它的法律效力如何以及城市规划怎样进一步整合等。这些问题都需要在规划法上深入研究。

第二，京津冀一体化涉及决策的公开和经济社会的稳定问题。这个问题在京津冀一体化上再次成为热点。近年来，多次重大行政决策的信息公开问题引发社会较大的信息波动，包括北京、天津、杭州的汽车限号。类似于这些都涉及我们通常讲的决策公开和社会稳定的关系。对于这个问题我们感到很困扰，一方面要强调公众参与，强调政府决策应吸纳公众的意见，在民众决策的基础上推进科学决策；但决策信息究竟应如何公开，如何既能保证公正平等参与又能够避免不当得利或避免进而危急到整个社会的稳定发展，这在目前的制度上尚没有非常好的政策。所以，我们经常看到政府采取的政策是“半夜鸡叫”，提前不敢叫，因为还没等它叫就已经烽烟四起。

第三，如果京津冀实现一体化，那用什么来“化”？这涉及一体化的载体问题。载体表现在法律制度中，是以合同还是以行政命令的方式来实现？要知道，实现方式不同，载体就不一样。如果以区域城市间的行政合同性质来实现，那这个合同该如何签订，中间怎么进行？包括各地的决策应该怎么作出？类似这样重大的制度安排，理论供给似乎还很不充分。

第四，现行的制度安排对这类纠纷的解决没有什么比较好的渠道。很难想象北京和天津之间打起来，去哪儿说理。从争端解决机制的设立上来说，行政诉讼法中的机关诉讼是一个有待解决的问题，但现行人大仍持回避态度。

第五，京津冀一体化到底要实现什么目标？目的决定了功能的分流，把什么分出去、怎么分出去是核心问题。同时，京津冀一体化还有其他制度安排，比如行政权力的“走转改”问题。如果中央的权力不这么集中，大家都不需要“跑部钱进”的话，很多问题也能疏解，包括教育均衡问题。这些问题若都能够得到有效的制度安排，就不一定非得通过一体化的方式来实现。或者说不通过一体化，很多地方的市场资源就已经实现了一体化的融合。因为这毕竟是在市场的基础上、在自愿的基础上、在互利互惠的基础上自由选择的结果，远比行政命令进行强制性安排的方式效率更高、各方获益可能性更大。我说的这些也许是杞人忧天，仅供大家思考。

主持人：

谢谢敬波教授，下面有请《中国青年报》的童大焕编辑！

童大焕：

我已经离开《中国青年报》9 年了，新的身份是在重庆邮电大学挂牌成立了以我的名字命名的“大焕城市化战略研究院”。这个研究院是智库型的研究院，完全独立。

第一，什么叫城市化？城市化指的就是人口和资源的聚集，如果离开了人口和资源的聚集就不叫城市化。所以京津冀一体化，肯定不是资源和人口的扁平化、分散化，如果是就不叫城市化。

第二个是所谓的城市病问题。城市病包含了两个问题。有城市病，那么有没有乡村病？有。1949 年以后，中国很长时间阻止农民进城，导致土地荒漠化 300 万平方公里，达到了土地面积的 1/3，这是有数据的。当然，沙漠化有气候、伐树的原因，但很重要的一个因素是因为人口不能进城，导致过度开垦。还有城市人为规划未进行足够研究导致的毛病。

65 年来，最大的问题是相信权力万能，而不相信知识和自身的价值。权力点土成金，指一块地变成黄金。邓小平在深圳划了一个圈，成功了。江泽民在浦东划了一个圈，成功了。但大家知道胡锦涛和温家宝当政时，是中国政府 60 年来最富裕的政府，在河北一个地方投资了 300 亿，现在成了什么？是另外一个鬼城。

中国今天的城镇化是中国的提法，全世界只有城市化，没有城镇化。中国城镇化的提法造成了什么？《世纪大迁徙》就警告或预言，中国城镇化造成的损失有可能超过计划经济时代大三线、小三线的建设。现在我们的情况是怎样的？央视网一个调查结论是：有 31% 的住房供应过剩，37% 的城市基本集中在三、四线城市。恒大地产完全是从三、四线城市起家，去年拿的地则全部在一线城市。所以，什么叫城市化的规律，大家必须注意。

我说一个更加触目惊心的事实，这个数据是 QQ 大数据。QQ 有 8 亿活跃用户的数据，根据年前离开北京、年后回来获得的数据显示，北上广深四座大城市年后减少了 1070 万人，进来的则是 1904 人。这是春节后进来的人口，不是每年增加的人口。每年还有 727 万大学生。大学生每年毕业，有多少留在北上广深？第一年是百分之五十三点几，第二年后更多了。你们以为农村广阔天地大有所为？过几年会哭着回到大城市，所以大家奋不顾身到大城市，哪里房价高往哪里跑。房价最低的是甘肃玉门，100 元/平方米。

今天的保定，如果真的像保定设计的——把中央部委研究院、大学全搬过去，那么这绝对不是保定兴盛的开始，而是这些大学和研究院衰败的开始，好的人才肯定会跑掉。为什么要被你绑架？现在的世界是什么世界？要产业来吸引根本没可能。

中国还有一个工业化、城市化的数字。理论上，47% 的工业化率对应着 52% 的城市化率，然而事实上我国真实的城市化率只有 35%，47% 的工业化率对应着 35% 的城市化率。而世界平均是 26% 的工业化率对应 50% 的城市化率，发达国家更是以 20% 的工业化率对应 80% 的城市化率，剩下的则是服务业的发展。中国服务业发展的前提是人口的聚积，如果把人口分散，会是什么效果？中国穷的地方穷到什么程度？《南方周末》报道，记者回乡，很多贫困母亲一年的纯收入是一百多块钱，那把中国政法大学搬过去就解决了问题？是由资源的分散达成均衡发展，还是人的迁移达成均衡发展？你现在给了他钱，他的后代怎么办？后代还在那边，还是没有见识。所以，同学们要多方面思考问题。

至于有人说保定现在要做副中心或者其他，如郑老师说的，事情还没有谱儿就已经给地方先带来灾害。灾害是房价上涨。开发商和地方政府官员任期多少年？开发商房子卖完了，三五年就走了，最后你独守空房，谁给你买单？自己买单。这完全是一厢情愿的情况。如北京每四公里一环，140 公里到河北保定，多少环？35 环。除非保定有本事把北京变成你的 35 环，你是中心，可是你有这个本事吗？现在的情况，有点像一个人看见了一个美女，也没跟人家打招呼，就在大街上公开渲染我明天娶她了。这在现实生活中他要么是神经病，要么是流氓。我的话说完了，谢谢！

主持人：

你打了一个很生动的比喻，听你的意思是由市场来决定。

冯奎：

“大城市论”。

童大焕：

关于“大城市论”有一个数据——麦肯锡《迎接中国十亿城市大军》，这里面有很详细的数据，证明城市群效力最高、最节约土地。这都是有数据的，不是我们大笔一挥就可以改变的。费孝通当年推崇小城市化，写了《乡村经济》，后来很多人把“乡村经济”作为我们城市化发展的一个楷模，但“乡村经济”在大城市发展范围圈内，正好在那个背景内。如果当年邓小平在甘肃玉门划了一个圈，又是另一个情况。有时候，正好暗合了城市化发展的规律。有人说，浦东当年是鬼城，鄂尔多斯当年也是鬼城，去年鄂尔多斯扬言要跨省追击不负责任的记者。保定也可能跨省，但过几年可能是另一个鄂尔多斯。

我再插一句，郑老师说轨道交通，其实城市发展到一定程度，不管什么原因，行政力量也好，市场力量也好，就变成一个大磁铁，聚集效应就出来了，对外部一定是吸附的。轨道交通使两个物体之间阻力减少，而如果两个物体能量差不多，就是互相促进的；而如果两个物体能量差别太大，肯定另外一个是被吸附的。

主持人：

物理上能成立，但城市发展是否如此，则需要考虑。下面有请民生证券研究院副院长管清友先生。

管清友：

京津冀协同发展，缺乏时间表或者路线图，停留在争论中的比较多。究竟应采取什么步骤，或者说从规划层面怎么弄、决策层面怎么走？今天就这个议题，我主要做一个白描性的陈述。

2014 年 2 月 26 日，习总书记没打招呼就突然去了南锣鼓巷，顶着雾霾去了。我们当时就觉得应该要开个什么会，针对北京的城市发展要说点什么。所以，当天下午我们给客户提示，要重视总书记视察南锣鼓巷的信号，这之中可能会有指示。果不其然，当天晚上我们就看到京津冀三地座谈会召开。这件事的起因就在这里。

这个座谈会开完后大家比较明确了，其实京津冀发展说了30 年，有京津唐、首都经济圈，发改委也曾有关于环渤海、环首都经济圈的规划，这不是一个新问题。那么为什么老话题会重新发酵？我觉得主要有三方面的原因：

第一，主要是因为习总书记考虑到了这个问题，指示要多去推动。习总书记在召开京津冀三地座谈会之前，曾单独召见过京津冀三地的领导，分头谈话了解情况。座谈会后，马上就开始展开落实、推动工作。政府工作报告、全国两会都在讨论这个问题。相关部委、相关地方受到了鞭策，非常积极，以至于一厢情愿、自作多情、自说自话。北京觉得压力大，其实是挨了批评：工作没做好，赶紧表态。河北觉得终于抓到了机会，找到了发展方向。天津稍微低调一点，但就我们了解，也给下面的区县布置了非常紧急的任务，要求大家迅速拿出方案，探讨如何在协同发展过程中承接产业、发挥作用。

第二，战略转换驱动。很早以前就说要打造中国经济第三极，我觉得这是未来三、五十年的一个重要目标。但不能仅仅从所谓珠三角、长三角划一个圈来理解习总书记的格局。我们理解京津冀区域和一路一带（新丝绸之路和海上丝绸之路）未来会成为决定中国全局性考虑和政治安全考虑的大战略，而这只是其中第一步。最初我们不太理解把京津冀协同发展作为国家战略，现在看来，动用整个党政系统来推动这件事，就恐怕不仅仅是打上一个标签、贴上一个烙印了。

第三，现实问题倒逼。问题非常现实，中央领导跟我们同呼吸共命运，而雾霾在未来 20 年内只可能改善不可能解决。并且，关于现实问题大家还忽略了一个非常重要的因素，即政治和安全的考虑。我们必须充分考虑未来 30 年、50 年中国国际地位的变化以及来自内外部的冲击和压力。如果 9 · 11 式的恐怖袭击事件或者昆明这样的恐怖袭击事件发生在北京，如果非典公共卫生事件发生在北京，那么北京这样一个交通非常拥堵、人口密度非常大的城市该如何解决？说得再严重一些，如果遇到外部有局部战争，北京作为首都和军事指挥中心怎么解决？因此，政治和安全是这次京津冀协同发展和疏解首都功能非常重要的考虑因素，甚至可以说是起始点。

另一个问题，如何实现协同发展？对此我有几点建议：

第一，我跟新业教授探讨过这个问题，成立中共中央华北局。当然这是开玩笑，因为不可能成立中央分局导致地方政府很大，这不符合简政放权、分权的趋势。但我觉得在中央层面成立一个领导小组很有必要。在现在的国情之下，可以仿照当时西部大开发的模式在改革办或者发改委成立一个办公室。而协调的主要目的是北京必须做减法、让利。京津冀之所以难以协同，很大问题是产业同质化、产业竞争，不解决这个问题，这三兄弟就永远回不到一个窝里。北京招商引资比河北有利得多，所以我们只看到吸血不反哺，跟珠三角、长三角不一样，所以中央的协调不可或缺，至于谁来协调、谁具体来协调，我们看到刘鹤同志之前到河北踩过点，张高丽同志最近也到河北做过视察。

第二，规划与落实进行。现在已经在落实，但不是市场起决定性作用，而是地方政府起决定性作用。并且规划和落实要并行。政府真正起作用的是要严把环境关，特别是在环境保护区域联防联控上。此外，京津冀协同发展中必须要成为改革实验区，在财税体制、GDP 考核方面大胆探索。这方面，习总书记很多做法超出了大家的想象。而大家在技术层面、学术界研究方面完全没有跟上领导人的思路，还是老思想。

另外，从软的方面来说，如果把人民大学搬到通州去，郑新业教授肯定不愿意，但我肯定愿意，至少雾霾稍微轻一点。医疗和教育，把 301 医院、人大附中搬出去不现实，但要想一些办法，能不能和地方共建、合作，用传帮带的方式去反哺河北。比如是不是可以在河北建立一个 301 医院的肿瘤中心？人民大学是不是可以帮助廊坊和保定的一些学校？我记得 80 年代改革开放初期，在珠海、深圳、山东烟台都做了一些工作，取得了比较好的效果。软的方面其实从某种意义而言重要性更大，因为它对于吸引准备逃离北京的人有重大意义，至少能够在公共服务均等化方面大大缩小跟北京之间的差距。我先说这些，谢谢！

主持人：

还有 15 分钟的自由讨论时间进行互动交流。

管清友：

我问一个问题，京津冀协调发展未来 10 年、20 年是什么样的？廊坊、北京、天津分别是什么样的？大家发挥一下想象力。

冯奎：

你讲的问题，我先不去想象它到底会是什么样，但我想说一下国际上的区域研究跟中国的不同之处。城市概念最早并不是我们提出来，而是西方提出来的，叫“战略规划”或者“远景规划”。这其中包含目标导向，然后朝着这个方向实践。国内更多的是问题趋势，这是我们目前面对的最大问题。清友说我们跟不上领导思路，也是这个意思。

我们解读京津冀一体化协同发展主要是为了解决北京问题，但从国家战略高度一下拉到北京市的问题，又拉到我们遇到的雾霾、污染问题时，恰恰是在把一个远景目标问题变成一个现实问题，重要而不紧急、紧急而不重要的关系在区域发展战略中并不存在。因此，很难描绘未来是什么样的。国外关于治理的研究需要集中全球智慧，花很多时间去描绘一幅远景，但国内没有。所以，当记者问我对保定高房价有什么看法，我感觉很奇怪。我们需要的是 2049 年或者更远一点京津冀的目标，而不是简单对问题趋势做一些浮皮潦草的研究，谢谢！

主持人：

今天的主题是“京津冀一体化”，不知道大家是否有留意这个词是从什么时候开始出现？它究竟是什么含义？习近平总书记讲协同发展，在他的讲话中四次使用了“一体化”，从交通一体到市场一体化，再到城市圈一体化，并且，沿用了曾用过的“首都经济圈一体化”。但现在如果把“京津冀”和“一体化”连在一起，大家就不知道再说什么了。我提个建议，也是一点告诫。从最近一段时间的表现来看，京津冀协同发展已经变成不冷静的媒体、地产大亨以及感性群体的一场狂欢，我们应该警惕，避免跌入狂欢的陷阱。好了，今天的讲座就到这里，谢谢大家！

全球化视野下中国反恐立法的过去与未来

演讲嘉宾： 高铭暄　王世洲　刘仁文
主 持 人： 阮齐林
时　　间： 2014 年 4 月 10 日

嘉宾简介：

高铭暄，北京师范大学刑事法律科学研究院名誉院长、博士研究生导师，中国人民大学法学院荣誉一级教授，中国人民大学刑事法律科学研究中心专职顾问，中国法学会学术委员会副主任，中国法学研究会名誉会长，国际刑法学学会名誉副主席兼中国分会主席。

王世洲，北京大学教授、博士生导师，中国刑法、比较刑法、国际刑法领域专家，1994～1996 年洪博基金会客座研究员，2004 年英国学会王宽诚研究基金客座研究员，2009 年度德国洪堡科研奖获得者。

刘仁文，中国社会科学院法学研究所研究员，刑法研究室主任，博士生导师，中国刑法学会理事，中国犯罪学会常务理事，中国行为法学会常务理事，北京市法学会理事、刑法学会常务理事、立法学会副会长。

主持人：

各位同学大家晚上好，非常荣幸能够担任今天讲座的嘉宾主持人。今天的中国正面临着日益严峻的恐怖主义犯罪的压力，因此，中国反恐立法的过去与未来就成为我们关注的话题。就这个话题，今天我们请来了三位权威，还有刑法学界的泰斗高老师，所以我想今天的讨论大家必定会有很大收获。首先，让我们有请高老师为大家介绍一下中国反恐立法的情况。

高铭暄：

亲爱的中国政法大学的同学们，大家晚上好。与大家一起参加这样的论坛活动，我已经是第三次了，每次参加我都有很大的收获。你们非常热情，求知欲很高，并且能够积极地提出问题，使我们感到很亲切。我已经从教六十多年，教了一辈子的书，接触的同学可谓是数以万计。直到现在，我虽然名义上已经退休，但仍然没有离开工作，和同学们还经常有见面的机会。今天能够再一次来到中国政法大学，和同学们进行沟通交流，我感到非常高兴。

关于今天的主题——反恐立法问题，我们都知道，国外的许多国家都制定了反恐方面的法律，联合国也有几个反恐公约，我们起步算是比较晚的。其实谈起恐怖主义，大家也许并不陌生，但是真正将它在法律中正式规定，在我们国家还是从 1997 年刑法才开始。1997 年《刑法》第 120 条规定了组织、领导、参加者恐怖组织罪，不管是组织也好、领导也好还是积极参加者，只要参加了恐怖组织，就算犯罪行为。但是恐怖组织本身也需要界定，实际上我们也曾界定过。恐怖组织是一个犯罪集团，这个犯罪集团成立的目的就是要从事恐怖活动。即为了从事恐怖活动而建立起来的犯罪集团，就是恐怖组织。犯罪集团有首要分子，也有骨干成员，所有组织、领导或积极参加者，一律构成犯罪。

后来我们对此有所发展，2001 年 12 月《刑法修正案（三)》增加了两个条文。一个是第 120 条之一的资助恐怖活动罪，只要资助他人进行恐怖活动，无论是提供金钱、活动经费，还是提供活动场所，都算构成该罪。还有一个是第 291 条之一，叫投放虚假危险物质罪，就是实际并未真正投放危险物质，但假装真的投放了。恐怖活动有个很大的特点就是要造成社会恐慌，比如，在非典时期假装将一个与非典有关的东西放在他人办公桌上，本来不是真的，但你假装是真的，这就构成投放虚假危险物质罪，这个罪名在《刑法修正案（三)》进行了补充。此外，刑法后来还补充了编造、故意传播虚假恐怖信息罪，这个也构成犯罪。比如，飞机起飞前你给机场或航空公司打电话，说这架飞机上有爆炸装置，当你打了这个电话以后，他们当然不能置之不理，必须对这架飞机进行重新检查，结果发现根本查不到你所谓的爆炸装置，只是虚惊一场。但这种行为还是会造成人们的恐慌，并且给我们的民航航空秩序造成很大的破坏，使人们的精神上、心理上，甚至工作的安排上，都造成干扰和破坏，这就构成该罪。所以这样的话，我们说刑法中直接和恐怖活动有关的犯罪，就包括原有的组织、领导、参加恐怖组织罪，和后来新增加的资助恐怖活动罪，投放虚假危险物质罪，编造、故意传播虚假恐怖信息罪。

比较常见的恐怖活动既有故意杀人、爆炸、放火，也包括投放危险物质，还有可能是抢劫、绑架，甚至还可能是破坏交通工具，等等，这些都是恐怖分子常常采用的一些犯罪手段。但是从罪名来说，它们和我们的一些普通犯罪罪名相交叉了。不过如果一个犯罪嫌疑人的行为既构成普通的刑事犯罪，也构成恐怖活动犯罪，那么这两个罪他就都构成，需要数罪并罚。例如，昆明的 301 事件，犯罪分子在火车站广场上用刀砍人，他当然构成故意杀人罪。但由于他参加了东突的恐怖组织，是东突分子，因此他还成立恐怖活动犯罪。

当然关于恐怖活动的立法，我们不光有刑法，人大常委会此前也专门针对恐怖活动作过一个决定。2011 年 10 月 29 日，全国人大常委会通过了《关于加强反恐怖工作有关问题的决定》，这个决定着重强调反恐的意义，强调要坚决同恐怖主义做斗争。与此同时，其中很重要的一点在于，它从法律角度界定了什么叫恐怖活动，什么叫恐怖活动组织，还有什么叫恐怖活动人员，这对于司法工作具有较强的指导意义。而 2012 年修正后的《刑事诉讼法》也从程序法的角度专门针对恐怖犯罪的程序立法进行了完善。比如说，它在其中明确了恐怖犯罪案件的管辖问题，即对于恐怖犯罪案件，由中级人民法院承担一审任务，并实行中级、高级、最高人民法院的三级管辖制度。此外，它还规定针对恐怖案件的侦查可以采取一些技术侦查措施，比如秘密拍照、窃听、截取信息、特情侦查等，还可以对恐怖活动人员采取指定住所监视居住，对相关的证人、鉴定人和被害人的人身安全规定要加强保护，并对诉讼参与人的权利可以进行适当的限制。总之，关于恐怖活动，我们既有实体法的规定，也有程序法的规定，这就是立法的大概情况。

另外，现在也有人主张要进行专门的反恐立法，在人代会上也有代表提出这个问题，舆论方面也登过相关的信息，但是这个意见大家还并不完全统一，今晚我们也可以等会再一起讨论一下。我先说这么多，谢谢大家。

主持人：

高老师将中国反恐立法的孕育、诞生以及基本内容，为我们做了一个高屋建瓴的介绍，让大家对此有一个基本的印象，但同时也为我们留下一些问题，比如，我们如果要进行专门的反恐立法，那么它的实体内容应该包含什么？它的程序内容又应该如何规定？这样做具有什么样的意义？大家可以带着这些问题，自己先思考一下，这样也有助于大家了解今天讲演的内容。

下面有请我国在国际刑法舞台上特别活跃的一个学者——王世洲教授——来为我们谈一谈全球化视野下中国反恐立法的过去和未来。

王世洲：

很高兴今天能够来到中国政法大学。咱们中国政法大学是中国法治教育的重镇，每年都为国家培养了非常多的法学学生，所以我很高兴有机会来这里座谈。以前我也曾来过几次，每次来都听到同学们提出许多思想开放、内容尖锐的问题，这都促使我对一些相关的法律问题进行进一步的思考。今天我们要谈的反恐题目有些大，之前休息的时候，阮齐林老师为我分配了任务，让我多讲讲有关国际方面的情况。我看了一下，我们今天的题目也正好是“全球化视野下中国反恐立法的过去和未来”。刚才高铭暄老师对于中国反恐立法的过去和现在以及未来的展望进行了很好的概括。我可能无法像高老师那样完整地对此概述，不过我将就我所知的主要是国际层面上有关反恐方面的问题与大家进行探讨。当然，在这中间如果有什么疏漏或者错误，也请同学们和各位老师批评指正。

现今国际犯罪形势严峻，各国普遍害怕恐怖主义犯罪出现政治化趋势。最早国际上订立的反恐公约是在 1937 年 11 月 16 日通过的《防止和惩治恐怖主义公约》，那时即对恐怖主义和恐怖主义的相关表现进行了定义。这部公约只有三个国家，当时只要三个国家批准就可以通过，但很遗憾最终只获得了一票支持，至今未能生效。这其中最重要的原因在于担心当时的国际背景，害怕一旦通过之后政治化色彩太强。并且 1937 年国际上还存在另外一股思潮，就是民族解放运动和反帝国主义和殖民主义的斗争。这些斗争如果无法准确定义，则很可能会被扣上恐怖主义的帽子，所以当时恐怖主义的斗争就被搁置下来。

尽管对于恐怖主义的斗争被搁置下来，但对恐怖主义的研究和关心是持续存在，只是当时不再直接讲“反恐”，而是首先在航空领域进行加强，其中主要就是通过了民航安全方面的三部国际公约，即 1963 年的《东京公约》、1970 年《海牙公约》和 1971 年《蒙特利尔公约》。这三部国际公约针对的都是民航安全问题。今天在我们看来，反恐针对的也主要是防止对民用航空安全进行威胁。

后来反恐问题在全世界获得普遍重视，则是在 1972 年慕尼黑奥运会上发生袭击以色列运动员的事件之后。那一年奥运会在德国慕尼黑召开，会上以色列运动员受到来自巴勒斯坦和阿拉伯国家的一些激进分子的袭击，这样一来，这次事件就导致恐怖主义活动在全世界范围内得到重视。从那以后，反恐就成为联合国的一个重点关注问题。

1972～1984 年，每年联合国大会都在秘书长的要求下，在保护国际上最易受到侵害的无辜的平民的生命和权利之框架下，讨论反对国际恐怖主义的问题。但是在讨论过程当中，常常会出现一方面谴责恐怖主义，另一方面却仍旧支持阿拉伯人的一些民族解放斗争的现象。所以这个问题显得就比较混合。一直到 1995 年以后，联合国在 53 号协议中通过一个关于消除恐怖主义的措施，并尝试明确恐怖主义的定义，并且该协议还在全世界范围内具有法律效力。

我们知道，在反恐斗争当中，恐怖主义的定义是一个很关键的问题。当年在欧洲，尽管它们是世界上在经济和法治方面都走在世界前列的地方，并且它们对反恐问题也很重视，但是在它们1976年的《欧洲制止恐怖主义公约》中仍然未对恐怖主义加以定义，而是仅仅列举了各种各样的行为，强调欧洲各国必须团结起来，共同反对这些行为。接下来，2000年以后，那时在美国的主导下，在世界范围之内发动了所谓的反恐战争，在这个背景下，各国法律才对此进行了一些规定，并制定了一些实际操作的规则。最典型的，也许同学们都知道，在民航课题中间，我们现在说因为“9·11”事件的发生，提出若已知一架民航客机被恐怖分子劫持，那么该国的国防部长或是军队就可以击落该架民航客机。同学们，要知道一架民航客机上乘坐的大量是无辜的乘客，那么我们到底可不可以击落它？这又变成一个全世界都非常关心的法律问题。像美国、欧洲很多国家，甚至日本都有规定，说国防部长在这种情况下可以击落民航客机，算是紧急避险。但是也有一些国家反对。比如德国就认为无论是军队或者是国家的领导人，在任何情况下都不允许下令杀死一个无辜的平民。

其实这个问题最困难的地方就在于，如果先击落这架飞机，那么这些乘客就会牺牲；而如果不击落这架飞机，若事后它再撞击其他地方，则可能会牺牲更多无辜的人。因此，反恐的问题就进入到了一个非常具体也很复杂的法律问题的讨论上来。但不管怎样，所有的这些问题都还是会集中到这个要点——什么叫恐怖主义？对此，全世界即便到现在也仍无法对此下定论。

目前比较有影响的是西方学者和以色列学者所提出的观点。他们认为，恐怖主义的界定主要有三个要点：一是暴力，这个暴力包括实际使用暴力和威胁使用暴力；二是政治目的，无论多么隐蔽，只要争取实现的目标是一种政治性目标，就符合恐怖主义的定义；三是目标受众一定是广泛的群体。

这个说法现在在西方具有很大的影响力，不过我们在选择采用这个概念时需要很小心，因为尽管它在国际法领域中影响很大，但它是以英美法系特殊的社会制度和政治制度为背景的，采用的是英文的指标。他们是按照有无政治性目的这种方法来进行确定的。因此，在这点上我们需要特别注意。这个定义实际上讲求的不要将恐怖主义的界定扩大化，是一种事实性的界定方式。因此，我们作为学法律的学生，一定不能一方面高声呼喊要遏制恐怖主义这种严重的犯罪，另一方面又在高举反恐旗号的同时掉进人权自由方面的陷阱。这两个方面都需要考虑到。反恐问题迄今为止最难的就是这一点。一旦理解这一点以后，我们就可以更好地理解我国刑法中对于恐怖主义规定的方式。

目前，我国刑法典中明确使用恐怖主义、恐怖组织词汇的只有两条，一个是组织、领导、参加恐怖组织罪，另一个是资助恐怖活动罪，而其他的具体行为也没有恐怖条件的限制。比如，刚才几位老师提到的昆明301事件中，那些犯罪分子肯定涉及了恐怖活动，但我们却不一定使用“恐怖”这个词。所以，我们可以看到，关于恐怖主义犯罪的规定，未来我们一方面需要加强对它的打击，但另外一方面我们还需要寻找一个合适的定义对此进行界定，这是我们目前特别要关心和注意的问题。

而关于这个问题，国际上主要采用两种立法方式。一种是将所有要特别打击的恐怖主义犯罪行为列一个长清单，而另外一种则是在法律中对恐怖活动组织进行规定。现在各国都是由国家负责反恐的主要机关，如公共安全局等，在我国主要是公安部，由该机关将恐怖活动组织提出后上报各自国家相当于国务院这一级机构批准，然后以此为基础对恐怖活动组织进行认定。而这种立法方式也被我们国家所采纳，目前我国已于2003年12月15日公布了一个认定恐怖组织和恐怖分子的具体标准，规定：①恐怖组织是以暴力为手段，从事危害国家安全、破坏社会稳定、危害人民群众生命财产安全的恐怖活动的组织，不管其总部是在国内还是国外；②具有组织领导和分工体系；③要同时具有下列情形，包括组织策划、煽动实施恐怖活动，或者资助、支持恐怖活动，或者建立恐怖活动基地、招募训练培训恐怖分子和其他国际恐怖组织相勾结等。这就是由我们国家公安部颁布的认定恐怖组织的标准。此外，认定恐怖分子的具体标准也有一份非常详细的规定。根据这个标准，我们国家现在认定了"东突厥斯坦伊斯兰运动"（叫做东伊运）、"东突厥斯坦解放组织"（叫做东突解放组织）和"世界维吾尔青年代表大会"和"东突厥斯坦新闻信息中心"（叫做东突信息中心）为恐怖组织。另外还认定了一系列的恐怖分子，这是我们的做法。

所以，我们国家迄今为止认定恐怖组织和恐怖分子的做法与国际上目前采纳的办法还是比较接近的。并且对于有关的新的恐怖组织和新的恐怖分子，我们国家也在努力采取各种方式进行认定。而在国际上，全世界目前也基本形成了一个共识，重点要打击侵害民航安全、侵害普通公民（即绑架人质）的情况，重点打击使用特别危险的手段（如爆炸或核材料）的情况，并且重点反对由国家支持的恐怖活动。

现在，在世界范围内，由国家支持的恐怖活动基本上已经销声匿迹。所以当前主要需要考虑的关于反恐的活动主要包括两大类。一类就是刚才阮齐林老师提到的这个问题，我们也在思考这个问题，就是要不要制定单独的反恐法。关于这个问题，我认为，如果要规定反恐法的话，在实体法方面我们还需要仔细商量，甚至需要列出一份恐怖主义清单。而另一类就是刚才高老师提到的，在刑事诉讼法中，现在已经把恐怖活动和危害国家安全的行为进行并列，那么针对一些既用于危害国家安全也用于恐怖活动的特殊措施，是否需要单独列一份清单，这个我们也是可以考虑的。

另外，从目前全世界范围来看，还有两个要点需要我们特别注意：第一个要点是关于国际合作。从马航客机失联一事中大家可以发现，要顺利找到失联的客机必须要动员多个国家共同搜寻。包括飞机乘客中的那两名偷渡分子的真实身份，也需要动员全世界的力量来查清楚，这之中没有国际合作似乎不可能办到的。而第二点更重要的则是关于人权保障的问题。我们一定不能忘记，恐怖活动的确需要严厉打击，但是人权也必须加强保障。这其中既涉及实体法方面的问题，更主要的还是牵涉到程序法方面的相关事项。当然，程序法方面的规定，包括现在对付恐怖活动的一些措施，在2012年《刑事诉讼法》颁布以后，法学界对这个问题已经在保持警惕。

总之，我们一方面要打击恐怖主义，另一方面还是要注意保护公民的合法权益，在这两难之间，我们一定要做出适当的安排。因为反恐方面的法律发展，不仅仅牵涉到恐怖分子的人权问题，还与我国目前正在建设的以市场为决定手段的国家资源分配体系，以及在此基础上构建的对于全体民众人权的保护等级提高息息相关。因此，通过使用反恐的手段来推进整个社会法治的发展，这也许是一个非常好的契机。

而这样一来，大家也许就对法学研究立刻会提出空前高的要求。我们必须要想办法，努力将法律规定得更加准确。当然，一方面，我们刑法学者会绞尽脑汁贡献自己的聪明才智，但更重要的是我们还需要大批的青年才俊，因为要完善整个制度不能一蹴而就，恐怕需要有一代人的努力。所以，我也希望同学们在这个问题上给予高度关注，并做好准备，一同参加到中国特色社会主义法制体系的建设中来。谢谢大家。

主持人：

王世洲教授为我们介绍了国际反恐立法形成的过程及其基本内容。综合刚才高老师和王老师介绍的国内外反恐立法状况，我们可以发现，反恐立法的核心和要点已经逐渐浮现出来。

第一，一个中心，就是要严打。他们用暴力破坏我们社会生活的安宁，我们就要誓死捍卫安宁的权利，所以我们对此当然要严打。但是严打不等于乱打。因此，什么样的行为属于恐怖主义行为，什么样的组织是恐怖主义组织，这些就成为最为重要的实体问题。然而，目前关于恐怖主义的定义和行为表现，各国并未形成一个统一的定论。

第二，在已经拥有刑法和刑事诉讼法的前提下，如何进行严打就需要通过国际刑事司法合作才能完成，只有通过它才可以在全世界范围内形成联手打击恐怖主义、防止恐怖主义利用国家之间的政治分歧进行犯罪、逃避惩罚的态势。所以，在程序法中，国际反恐合作成为核心的内容。

第三，既然是严打，那么我们可不可以追着打？可不可以刑讯逼供？可不可以制定一些特别程序？这是一个非常重要且敏感的问题。下面有请我们的杰出校友刘仁文教授，就这个问题为我们做一个专业的讲演。

刘仁文：

大家晚上好，非常高兴能够与几位老师合作，这对我而言也是很好的学习机会。刚才听到高老师的演讲我感到很惭愧，因为每次演讲高老师都会进行精心的准备，提前准备稿子，他的这个习惯已经延续了多年。因此，可以说一个人之所以成功，必定在背后付出了多于常人的努力，必定值得他人进行学习。像今天的主持人，他也是在这个领域研究得非常深入的专家。演讲之前，其实我们几个人事先并未进行明确的分工。现在看来，王老师主要讲的国外反恐立法的进展情况，那么我就接着他的话，主要谈谈其中涉及的人权保障问题。这样我们四个老师的演讲就分别都有所侧重。

大家知道我就职的单位是社科院法学所，我们的职能之一是给中央政府当智囊团。两会期间，针对昆明恐怖事件的发展，有人大代表和政协委员对此提案，所以中央希望我们研究所针对反恐问题制作一份研究报告，谈一谈为什么要制定《反恐法》，以及《反恐法》制定过程中主要存在哪些问题？有的领导希望得到一个解释。因此，我和我的同事就对此进行了一些思考和研究。

刚才几位老师在给大家梳理立法历程时也提到，我们人大常委会当时只是通过了一个关于反恐的决定，而没有制定《反恐法》。那么既然现在反恐形势如此严峻，我们为什么不制定《反恐法》呢？我认为，原因主要在于现在我们尚不具备制定一部成熟的《反恐法》的条件。

我们翻译了俄罗斯的《反恐法》和联合国的《反恐法》。我看了以后，觉得制定一部统一的《反恐法》确实有必要，它并不像我们理解的那样，仅仅是刑法或刑事诉讼法的问题。如果仅仅只涉及刑法或刑事诉讼法，那我们可以通过修改刑法和刑事诉讼法就可以解决这个问题。实际上大家在网络上或者在杂志上查看一下《反恐法》的主要内容就会发现，它并不是只是说哪些行为要制定一个罪名，哪些行为需要制定一些刑事诉讼程序，而主要确定的是比如反恐队伍、反恐力量的配备问题等。世界范围内的反恐立法主要都是为了预防，而不能等恐怖事件发生以后再去用刑法打击它。因此，国家的反恐机构、反恐队伍必须要配备。

为什么斯诺登在国际上这么出名？一方面，斯诺登至今依然被国际上很多人视为英雄，甚至要提名他为诺贝尔和平奖，因为就在美国如此大手笔地打击恐怖主义的时候，他有勇气、有良知、顶着卖国贼的骂名向全世界披露美国在这之中的一些黑暗做法；但另一方面，美国也绝不会因为斯诺登事件就废除他们的反恐法案，美国联邦调查局或美国立法机关举行了相关的听证会，证明说正是因为他们采取了监听措施，才得以预防了数以百起恐怖事件，所以打击是有用的。

那么恐怖事件发生以后，我们该如何应援？在紧急状况下如何协调各相关部门？如何对被害人进行救治、赔偿？刚才几位教授提到了国际合作的问题，事实上，关于如何开展国际合作，我们现在并没有一个体系化的做法。像《出入境管理》、《人民警察法》、《海关法》，还有党的纪律文献，对于恐怖活动、恐怖组织、恐怖分子等事项的处理措施都不是很一致。在这种情况下，我们说制定《反恐法》很有必要，它并不只是把刑法或刑事诉讼中的某些内容拿出来那么简单。

所以，我的基本观点是，我们应该将《反恐法》的制定作为一个大的课题来研究。当时我非常担心在这种情况下如果出台《反恐法》可能会造成比较严重的后果。因为大家知道，当一件恐怖事件发生以后，我们常常容易扩大事情的利害情况或在舆论中形成一边倒的趋势。因此，美国或德国《反恐怖法》都不是盲目生效，而是要进行审查，看看该法是否还有必要继续存在或需要修改，这是目前西方社会的一个折中措施。它与宪法或刑法不一样，不容易生效，而是一定要定期接受立法机关的检查，审查以后再实施，因为可能制定当时的特殊情形已不再适用。所以，目前我们不适宜仓促出台《反恐法》，因为中国的政治体制，以及当下离立法民主化还存在一定距离。这种情况下，作为一名法学学者或者法学学生，我们一定要用法律的思维来思考这个问题，一定要对人权保障给予高度的警惕和关注。

《反恐法》还存在一个难题。作为维护国家安全的立法，《反恐法》主要目的在于限制公民从事恐怖活动，是国家为了限制我们的行为而成立的法律。这样大家就会很担心，《反恐法》中涉及的预防、监听或者其他更加严厉的刑事诉讼措施会对我们产生侵害。因为面对恐怖活动，大家只要是参加或组织，或仅仅还只是一个阴谋、一个预备行为，法律就会提前介入，而这种提前介入很可能会造成对公民利益的某种侵害。

刚才讲到预防，我又想到，现在大家手机和电脑上的信息，理论上而言，国家安全部门是可以看得一清二楚的，我们没有任何隐私而言。然而，任何一个地方绝大多数的人还是良民，只有极少数是恐怖分子。如果为了打击这几个犯罪分子就导致每一个公民都没有隐私可言、成天处于监视之下，相信大家都会很不情愿。因为我们不愿意活在恐怖活动的威胁之下，但是我们同样不愿意活在政府的恐怖之下。因此，我们既要防止国家利益和公共利益被恐怖分子所侵犯，但我们同样也要警惕国家公权力对公民所造成的侵害。这种情况下，如果我们高明的立法者或司法部门能够非常恰当地掌握其中的平衡，能够准确监听到那极少数的恐怖分子，同时又确保剩下 99.9% 的公民的安全，那当然最好不过。但这只能作为我们努力的一个方向，因为在实际生活中它确实很难做到。

之前我在报纸上看到，王立军有一项罪状是其采取了非法窃听的措施。2012 年《刑事诉讼法》对此的规定是，窃听措施的采取必须经公安机关严格审批。而王立军之前曾一度被视作重庆打黑的英雄，而现在却被重庆市批捕了。所以，之前我们说的反恐决定一样要与打击恐怖主义活动互相配合，恰恰是错的，它们应当互相制约。现在西方一些国家已经开始规定，公安机关在发现某个恐怖分子需要监听后，不能由公安机关自己作决定，而必须按照法律程序由法官批准，这就比公安机关所谓的内部监管慎重一些。此外，如果我们在监听过程中发现这个人并不是恐怖分子，但却监听到了他的其他一些与案情无关的负面隐私，那么对此我们也绝对不能用于其他用途，否则这个社会就毫无安全感和隐私权可言了。

实际生活中，恐怖主义的界定是非常困难的。国际上有一句名言说的是“一个人的恐怖主义者是另一个人的自由战士”，这个问题太复杂了，因为国际上这些意识形态在短期内根本没有办法达成一致。举一个简单的例子，曼德拉去世以后，美国几任总统都去参加了他的葬礼，可是过去曼德拉也长期是美国恐怖分子名单上的一个重要人物，这该怎么解释呢？话又说回来，现在不管说你喜欢他的政治主张还是意识形态，只要你将普通的老百姓作为暴力对象，那么你就是恐怖主义。那如果以现在的这种标准，曼德拉毫无疑问就是恐怖主义，因为他们制造了大量的爆炸事件。但这个问题又不能如此简单地断定。恐怖分子之所以对无辜平民下手，很多时候就是因为他认为自己的宗教和民族在国际上是一个弱势群体，只有采取极端事件才能获得世界对他的宗教和民族进行关注。正是因为意识形态等差别太大，所以对恐怖主义进行定义非常之难。

刑法和刑事诉讼法各种严打的问题，刚才也有老师提到，这个问题也非常复杂。我说两个情况。俄罗斯的恐怖灾难比较多，包括大剧场爆炸事件都是恐怖分子故意为之，毫无疑问。但俄罗斯通过宪法法院去裁决实际上是违宪的。大家认为对于制造这些恶性恐怖事件的恐怖分子当然要给予严厉制裁，但是如果只是一味地进行严打，一味地通过在刑法中不断增加罪名，提高法定刑罚，不断地去把刑罚的介入往前提，是否是一种合适的正当手段呢？我们作为刑法学者或法律人对此应该要有所思考。我的意思当然不是说对这种行为刑法要完全不介入，只是我觉得应该对它的范围进行稍微限制。

另外，我们可以看到，西方社会常常利用刑法或刑事诉讼法对恐怖主义采取所谓的严厉措施，但我们必须注意，中西方法治的语境是有所不同的，西方社会已经进入了权利高高飘扬的人权保障体制，他们现在处于“厚法治国”的阶段，在这种情况下，对恐怖主义等新兴犯罪采取严厉制裁的做法，我是有些理解的。但是中国现在的问题在于，我们的刑法还是应该以保障公民权利为主，还是要先实现从国家权利向公民权利建设转型，在这一基本目标还未实现、中国刑法仍是一种国家刑法而非民权刑法之前，我们必须要小心谨慎地对待恐怖主义，而不能盲目地向西方学习。因为西方现在主要是强调恐怖主义的风险，而我们仍处在对权利加大保障的阶段。

最后一个问题我想强调一下，打击恐怖主义犯罪实际上功夫不在刑法，而在于刑法之外。对此也许其他几位教授会持不同观点。其实我认为刑法的作用和功能是非常有限的。大家知道，恐怖主义的发生确实跟一个地区的民族、宗教、政治、文化有着千丝万缕的关系。最近两会期间，全国政协主席俞正声发表了一次讲话，他提到“反恐事件”以后，有些地方一些干部对所谓的嫌疑分子或者维吾尔族采取了一些愚蠢的做法。俞正声主席对这种做法是提出批评的，他认为现在很多干部水平都是很差的。报道出来以后，很多人都觉得这个人就是该杀，但是到底这件事情的真相是什么，是不是一定像媒体报道的那么简单？去年人民大学一位法学家发表一篇文章，我记得文章最后有一句话，就是认为我们在对待国内犯罪分子时也要考虑到国家领导人治理国家的技术水平以外。在国际上对恐怖主义越反越恐的状态下，我们该如何跳出这个怪圈，这也在考验着国际上政治家们的胸怀、眼界和水平。如果我们考虑问题永远只是严打的话，那我们永远跳不出这种越反越恐的局面。这绝对不是我们希望看到的。我就讲这些，谢谢大家！

主持人：

谢谢刘老师就国际反恐和人权保障问题为我们作出了非常深刻的讲解，确实对于恐怖主义，以毒攻毒的手段绝对不能奏效。最后，在我们进入讨论环节之前，我们还是有请高老师为我们介绍一下恐怖主义的概念和基本特征，以便咱们下面进一步进行讨论。

高铭暄：

目前从恐怖活动的势头来看，不能说已经得到了遏制，世界范围内仍在不断发生恐怖事件，甚至在今天的广播里我还听到说尼日利亚那边发生了恐怖活动，很多平民牺牲。包括这次马航失联事件的性质至今也没有最后结论，到底它是一般的民航事故还是恐怖主义活动，大家都还在猜测。而乌克兰与俄罗斯之间就克里米亚问题也是闹得沸沸扬扬，虽然克里米亚本来是俄罗斯的领土，后来却送给乌克兰了。但乌克兰的国内政治矛盾很大，主要是俄罗斯族和乌克兰本身的民族一直有冲突，特别是乌克兰东部地区的俄罗斯族人很多，所以现在来讲，东部地区现在至少有五个城市，是反对乌克兰政府，要求并到俄罗斯去的。

当然，这样的做法压力也很大。过去的《大西洋公约》，包括欧盟，是支持现在非俄罗斯人当政的乌克兰政府的。原来乌克兰的总统是俄罗斯人，当政时这个事情还没有那么尖锐，但后来他被赶下台跑到俄罗斯去了。所以乌克兰的国内局势显得很混乱。现在东部地区不只要求独立，还要求成立联邦体，而乌克兰政府则宣布给东部地区最后通牒，限他们几天内从占领的政府大楼退出去，否则的话就要宣布他们是恐怖分子。那么他们到底是不是恐怖分子？还是说他们只是提出正当的要求？

所以说，恐怖问题是比较复杂的，针对同一批人，可能有些人认为他们是恐怖分子，另外一些人却认为他们是自由战士。现在阿拉伯地区的一些极端分子还挺有群众基础，在我们看来他们是在实施恐怖活动，而他们当地很多人却认为只是在发动圣战。所以，关于恐怖主义是很难下统一定义的，因为大家的利益不同、立场不同，一个定义要被大家都接受是很困难的。就像对“侵略”一词进行定义一样，你说是侵略，我说是正当，领土的争端常常是这样，我们现在都面临这个问题。不过难归难，我们有我们的立场，我们从我们的立场出发，根据我们的国家主权和本身的利益，当然我们可以对此下一个定义。

2011 年 10 月 29 日，全国人大常委会《关于加强反恐怖工作有关问题的决定》，对恐怖活动、恐怖活动组织、恐怖活动人员曾作过一个官方的界定：恐怖活动是指以制造社会恐慌、危害公共安全或者胁迫国家机关、国际组织为目的，采取暴力破坏、恐吓等手段，造成或者意图造成人员伤亡、重大财产损失、公共设施损害、社会秩序混乱等严重社会危害的行为；恐怖活动组织是指为实施恐怖活动而组成的犯罪集团。而恐怖分子，则是指组织、策划、实施恐怖活动的人和恐怖活动组织的成员。

这里给我们提出了一个问题，恐怖活动是不是一律都有组织？有没有其他类型的恐怖活动？恐怖犯罪到底有什么特点？在我看来，它主要包含三方面特点：

1. 恐怖犯罪作为有组织犯罪的一个组成部分，一般来说是有组织的犯罪，这里说的有组织不仅仅是指两三个人坐在一起商量，例如就基地组织而言，它的组织性是非常有层次、非常严密的。因此，恐怖犯罪的第一个特征就是其组织性比较强。但是，恐怖犯罪最终落脚点还是应该在人，并且这个人显然指的是自然人。

2. 就目前的恐怖组织来看，现在很多恐怖组织都是跨国、跨境存在的。不光是在国内存在，还与国外勾结，例如，东突组织总部就在国外，国外有很多人在支持他们。

3. 恐怖犯罪的危害性非常之大。他们的行为总是针对政府、针对不特定人群，而不是仅仅针对他们认识的特定群体。这也是我们将该罪放到刑法危害公共安全罪中去的原因。危害公共安全就是危害不特定人的安全，行为针对的是不特定人群，常常表现出敌视社会、仇视人民、反人民、反人类的特点，可以这么说，它具有这样一种主观恶性。他们有鲜明的意识形态，当然也可能是极端宗教势力，也可能是民族分裂，目的就是要分裂国家，这个危害很大。

而从手段而言，一般来说，恐怖犯罪的手法都极端残暴，容易引起人们的恐慌。最近的例子就是昆明301事件，在社会上造成了非常恶劣的影响。再就是恐怖活动现在还有一种趋势，就是向着科技化、网络化发展，利用网络的手段遥控指挥活动进行。这就是我想补充说明的，我先说这些。

主持人：

谢谢高老师对恐怖主义特征的概括，下面我们进入即席提问阶段。

提问：

我想请问老师，现在有一些声音说我们不需要去关注恐怖分子的诉求，但是我认为，对于他们的诉求我们还是应该给予一定的关注，只有这样才能更好地解决恐怖犯罪的问题。请问各位老师有什么好的办法可以解决恐怖分子的诉求吗？

刘仁文：

你这个问题很大，我记得胡锦涛主席曾说过，社会不公是产生恐怖主义的根源。实际我们都知道，肯定要满足他们的诉求，这是没有问题的，我想其他老师也不会反对。但问题是恐怖分子的诉求究竟是合理的还是不合理的，是合法的还是不合法的？比如他们要主张新疆分裂，我曾经去新疆进行过调研，我问那儿的农民为什么要参加那个组织，他们说是因为对基层干部的腐败不满才参加这种组织，因此他们这方面的诉求我们就肯定要关注、要解决。但是有的是诉求是要求新疆独立，那这个恐怕就很难了。

提问：

各位老师好，刚刚几位老师都提到要加强反恐方面的国际合作，我想请教一下几位老师，该如何在国际合作与防止他国借此干预我国内政之间保持平衡？

王世洲：

我一直讲反恐活动的开展需要保持在一个合法秩序之下，在这个社会中，应该保证所有人都有饭吃、有衣穿，具有正当性。在一个合法的社会里，犯罪分子不可能说因为我穷所以我就去偷东西。国际合作也是这样，必须是在两个合法政权之间开展合作。其实，不仅是在反恐领域，还包括其他领域，如银行合作方面，双方都需要互相支持、互惠互利。

举个例子，目前我国主要的恐怖势力存在于新疆，我们希望美国能够支持我们反对新疆突厥斯坦的恐怖主义活动，希望美国不要支持他们的恐怖活动，而同样的，在国际上，美国也在很多领域需要我们的支持。所以，其实国际合作就是国家之间互相博弈的过程，我们要做的就是利用好这个机会，做好工作。

提问：

各位老师好，刚才王教授是从大环境来谈，说中国走社会主义道路离不开市场经济。同样地，我认为反恐法的制定也需要有一个舞台，既离不开市场经济，也离不开街头政治。我想请问王老师，不知您是否赞同，如果我们真的要制定《反恐法》，是不是也应该从街头政治的角度出发？

王世洲：

恐怖主义只要不用暴力的话就是合法的，和街头不街头没有什么关系。我们要注意，即便行为有道理，但如果采取的是杀人放火的方法，我们也不允许。因为杀人放火是犯罪，如果允许的话，那么就无法建设法治社会、建设民主社会、建设自由社会。因此，我们需要维持一个大家都守法的环境，不可以使用犯罪的方法来追求正当的利益。

主持人：

关于全球化视野下的中国反恐立法，今天三位老师给我们做了非常精辟深入又富启发性的讲解，相信同学们都获益匪浅。今天的讲座即将结束，让我们把掌声再次献给百忙之中抽空走进我们法大刑事法论坛的嘉宾，谢谢大家！

港澳特别行政区政府体制

演讲嘉宾：许崇德

评 议 人：焦洪昌

主 持 人：林鸿潮

时　　间：2007年11月15日

整 理 者：初瑞英

嘉宾简介：

许崇德，1929年出生，江苏省青浦县（现上海市青浦区）人。著名法学家、政治学家，中国人民大学荣誉一级教授，中国宪法学泰斗。1951年复旦大学法律系毕业，入中国人民大学读研究生，1953年毕业，留校任教。1971年调北京师范大学政教系任教。1980年调回中国人民大学法律系，历任副教授、教授、博士生导师。曾任香港特别行政区基本法起草委员会委员、澳门特别行政区基本法起草委员会委员、香港特别行政区筹备委员会委员、澳门特别行政区筹备委员会委员。

许崇德教授是新中国宪法学奠基人之一，新中国宪法制定的重要见证人，参加过1954年《宪法》起草的辅助工作，全程参与了1982年《宪法》的修改，并参与起草了香港、澳门两个特区基本法。许崇德较早提出了“依法治国首先是依宪治国”的观点，曾在九届全国人大常委会法制讲座、十六届中央政治局集体学习会等场合，向高层讲授宪法知识、阐述自己的观点。2003 年，许崇德穷尽毕生所学，完成了 70 万字的《中华人民共和国宪法史》，对于中国宪法和宪法学的发展产生了积极的推动作用。

主持人：

非常欢迎各位老师和同学光临“法治政府论坛”系列学术讲座。“法治政府论坛”学术讲座是在马怀德副校长的倡议下，由中国政法大学法治政府研究院主办的，得到了法学院和法治政府研究院很多老师的支持。以后在此论坛中，我们将会陆续邀请宪法学、行政法学、经济法学、政治学、公共管理学及与政府法治理论和政府法治实践有关的学科的知名学者，来到我们这里作学术报告。今天，作为本论坛的第一讲，我们非常荣幸地邀请到中国宪法学的开创者之一，著名宪法学家，中国人民大学法学院的许崇德教授为我们论坛开讲，大家表示欢迎。

刚才说许老师是著名的宪法学家，这句话我想，说的既正确也不正确。说它正确是因为许老师非常著名，以至于对许老师的职务、经历以及成果不需要我做任何详细的介绍，在座学习公法的人无不知晓；说它不正确呢，则是因为用“著名”这个词来概括许老师一生辉煌的学术成就很不恰当，也许用“卓越的”或“杰出的”会更加贴切一些。总之，许老师的名字已经跟我们这个时代的中国宪法学紧密地联系在了一起，他的名字足以用来命名一个时代的中国宪法学。今天许老师演讲的题目是“港澳特别行政区政府体制”。另外，我们还邀请到了另一位中国宪法学家——咱们学校法学院的焦洪昌院长担任本次讲座的评议人，我们同样表示欢迎。下面我们有请许老师开始今天的学术报告。

许崇德：

各位老师、各位同学们，大家晚上好，刚才主持人说了许多溢美之词，我不敢当。其实我们是一家人，我也可以说是中国政法大学的成员之一。在20世纪80年代初法大创校时，我曾在这教课，也帮助带过几届硕士研究生。那个时候，我们还没有博士。因为中国政法大学的前身是北京政法学院，受过“十年动乱”的灾害，那时全部师生援助安徽，后来才陆续回来，正式复校应该是在1982年左右。那时我们缺少师资，所以着重对研究生进行培养，以充实我们的教师队伍。那时交通很困难，我家住在人大院子里头，我来上课就骑自行车。有时，学生还到我家里来上课，因为那个时候研究生的数量比较少，就这样度过了几个学期。所以，我对政法大学是很有感情的，我们是一家人。因此，今天有个平台让我来讲一讲，我是很高兴的。但我也很惶恐，怕耽误大家时间。

跟我联系的同学说，咱们是“法治政府论坛”。其实我对法治政府的问题并没有什么研究，加之时间紧促，我也来不及准备，因此我就与大家探讨一下港澳政府体制状况的问题。因为我们知道港澳（尤其是香港）过去是很骄傲的，它们向来认为它们是法治社会，它们的政府是法治政府。其实，它们的“法”跟我们的“法”是不一样的，它们属于西方法律体系，而我们是社会主义法律体系，我们的政府是社会主义的法治政府。因此我想我们还是有差别的。但是既然港澳回归了，是我们中华人民共和国的一部分，是我们的一级地方政权，那么我认为我们既然作为一个中国人、一个中国的大学生，也应该对港澳政府体制的情况有一些了解。

首先，我要做三点说明：

第一点，我在想法治政府是不是指政府的建立应该依照法律建立，政府的运作也要严格遵守法律来运作。法治政府，依法施政，这里的“法”我想对港澳来说，首先是基本法，最主要、最重要的是港澳特区的基本法。基本法作为全国人民代表大会制定的全国性法律，所有的中国公民都必须遵守。全国地不分东南西北、人不分男女老幼都要贯彻遵守基本法。那么港澳政府的建立，我认为也是根据基本法建立起来的。他们的所谓“法治”要合法，首先就需要合基本法。当然我们和港澳分属不同的法律体系，因为我们国家特别行政区实行一国两制。从港澳回归以来，我们的法律体系呈现出多样化的特点：整个大陆相当严格，实行社会主义法律体系；澳门虽地小人少，但它仍属特别行政区，保留着它的法律体系。受到葡萄牙的影响，它应该属于大陆体系；而香港被英国占领了 150 年，它的传统是英美法，即 common law；当然现在台湾还没有回归，没有实现统一，将来假如保留其原有的法律的话，我们国家法律体系将更加呈现出多样化。

多样化之下必然会产生一些法律冲突。在发生某些法律案件时会产生司法管辖与法律适用的问题，这些问题都比较复杂，我今天也主要不想探讨这个。我主要想说明的是港澳特别行政区的所谓法治政府，主要还是依据他们当地的法律。因为我们中华人民共和国法律除了基本法之外，以及其他涉及国家主权的少量法律（如《国旗法》、《国徽法》）在港澳适用以外，我们的主干法律，《中华人民共和国刑法》、《中华人民共和国民法通则》以及后来通过的《物权法》、《婚姻法》、《劳动法》等全国性法律，在港澳都是不适用的。因此，我们讲港澳法治政府只能从它的法律的角度去看。但是我认为，香港回归 10 年，澳门回归 8 年，我们中央特别强调它的法治、依法施政，主要还是要根据基本法。因为基本法是由中华人民共和国全国人大制定的法律，是代表我们13亿人民意志的法律，它在特别行政区同样处于最高地位。因此，在处理一些事情时，除了香港当地内部的一些问题，一些根本的、重大的、特别是与我们中央关系的处理等问题，还是应该按照基本法来实行。今天我讲的问题也是围绕基本法而展开，这是我需要首先说明的一点。

第二点，我们讲政府体制或法治政府，这里的“政府”是一个大政府的概念，即政府组织，也包括行政机关、立法机关、司法机关。这是从大的概念来讲政府。当然我们各位也有人学的是宪法，我们国家习惯上的政府，我叫它“小政府”的概念。这个“政府”指的是行政机关，中央就是中央人民政府即国务院，它是最高国家行政机关，北京市政府、海淀区人民政府都是地方行政机关。狭义上的政府的概念就是行政机关。今天我给大家讲港澳政府，我是用的大政府的概念，牵涉到行政、立法和司法及它们之间的关系。我希望大家可以系统地了解它的政府组织的概况。这是第二点要说明的。

第三点，我们需要给港澳特别行政区进行定位。应该说港澳政府，或者说特别行政区，是我们的地方政权。但这个地方政权又跟我们的北京市、上海市、天津市、湖南省、广东省有一些不一样，它是特殊的地方政府。按照我们基本法的提法，特别行政区是享有高度自治权的地方性政权。从共同点而言，它与山东省、江苏省、北京市、重庆市一样，都是我们中国的一级地方政权；但它又有其特殊性，在于它享有高度自治权。

我们国家的地方制度是很复杂的，或者说是多样化的。我们这么大的国家，那么多的人口，从地方制度来说主要可以分为三种类型：一种是普通的地方，省、市、直辖市、县、乡、镇都是一般的、普通的地方。这种地方也并非绝对没有自己管理自己的权力，我们还是赋予了地方某些自主权。这是一种比较普遍的类型；第二种地方制度的类型是民族区域自治，叫民族区域自治地方。自治区、自治州、自治县，这些地方都叫自治地方；第三种类型的地方制度就是特别行政区，特别行政区从1997年起正式成立，这也表明我们国家地方制度的多样化。

刚才说普通的省、市政府享有一定的自主权，而民族自治地方享有宪法和法律规定的自治权，相比而言，后者地方的权力更大一些，而特别行政区则享有高度的自治权，自己管理自己的权力更大。这样我们就发现我们的地方制度存在三个层次。今天我们给香港特别行政区、澳门特别行政区来定位的话，首先他们是地方政府，其次它是一个特殊的地方政府。但是它们的特殊之处并不像自治区、自治州、自治县，它们并不具有民族特点，而是因为历史的原因导致它享有高度自治权。至于高度到什么程度，我们下一步再深入展开分析。我想首先要说明的就是这三点，掌握这三点之后我们看问题就容易一些。

下面我想讲的第一个问题是中央对港澳的总方针。我们可以从三个方面来进行研究：

第一，我们强调一国两制。中央的文件包括十七大报告都在提一国两制，十一届人大开会时温总理也提一国两制。其实，一国两制在宪法当中并没有规定。《宪法》第31条规定的是："国家在必要的时候设立特别行政区，特别行政区实行的制度根据实际情况由法律来规定。"宪法并没有规定说，大陆实行社会主义，特别行政区实行资本主义，但它授权给法律即由全国人大根据《宪法》第31条来制定特别行政区基本法。若基本法规定特别行政区实行社会主义，那么香港澳门回归以后，那里就应实行社会主义；基本法规定香港澳门回归以后，那里实行资本主义，那么我们就在香港澳门保留资本主义。所以宪法本身并没有哪一条规定实行一国两制。“我们可以在特别行政区保留资本主义50年不变”这句话，是由法律来加以规定的。

我认为一国两制是中央处理港澳问题的重大原则。一国两制，一国是前提，即在一个社会主义国家内，某些区域保持资本主义，这就是我们的中国特色、中国特色社会主义。江泽民在十四大报告里有一章专门分析中国特色社会主义，他提了九点。第九点就是讲我们要用一国两制的方针来统一祖国。而“一国”则是前提，但这并非说“两制”就不重要。

这次香港回归十周年大庆，在香港举行了隆重庆祝，胡总书记也去了。胡总书记在香港谈一国两制，有一个方面我觉得他讲得很深刻、有一些新意。胡总书记分析一国两制时说，“一国”是前提，是指我们要保证国家的主权安全、领土完整，要尊重国家依法行使权力，这是一种新的提法；而“两制”则是指社会主义国家内存在资本主义制度。就像我们中国，在一个社会主义国家里面，个别的地区允许保留资本主义制度，并且可以在相当长的时间内保持不变，是这样一种状况。

另外一点我想说明一下，一国两制不光是指经济制度。基本法中规定，“香港特别行政区保留原有的社会经济制度、生活方式50年不变”，这是原文。这里它说的是社会经济制度。当然，社会经济制度是基础，一国两制当然包括经济制度的不同。但大家注意，政治制度我觉得也是不同的。我们大陆地区实行的是人民民主专政，就是无产阶级专政，但资本主义社会如何建立无产阶级专政的地方政权呢？所以我认为，政治制度肯定也包含在一国两制的含义之内。它不仅仅是经济上的不同，上层建筑很多方面也存在很大区别，但这是我们的政策、我们的方针，因为当时我们需要跟英国和葡萄牙谈判，和平解决港澳问题。就像香港作为一个高度发展的现代化社会，英国人当时并不会轻易放弃，没有实际的实惠的话它是不会放弃的。世界上的和平谈判总是需要付出一定代价、做出妥协和牺牲。我认为，一国两制就是一种妥协的表现，我们需要用它换取高度现代化发展的香港和澳门，并通过利用它们的高度现代化来促进社会主义建设。否则，当时若以武力解决，换回来的很可能只是一片瓦砾。我认为问题应该从这个角度来看，这是我们的总方针之一。

第二，高度自治。高度自治中自治的程度确实很高。就国家结构形式而言，联邦制的国家结构比较分散，如美国、加拿大各州、邦都具有较高的自治权。但我们是单一制国家，实行的是民主集中制，强调中央集权。可以说，在这种情况下的特别行政区的自治，我认为甚至比联邦制下的州的权力还要大。举个例子，比如我们现在实施的基本法，不管是从财政经济还是其他各方面的角度来看，港澳实施的政策大部分都可以不同于我们中央的政策。因为实行一国两制，香港澳门存在其特殊现实情况。就拿财政金融方面而言，我们是通用人民币的国家，但在香港是发行通用港币的，澳门也有澳元，它们都不是中央发行的，而是地方政府自己发行的。在一个统一的单一制国家中，还保持着不同的货币制度，那就说明它真正拥有高度的自治权。就像大家到美国去，虽然联邦制下各州的权力很大，但它们也不存在美元以外的其他货币形式。从这一点来说，我们的确比它们更高度自治。

基本法规定，香港澳门实行财政独立，收入不上缴中央，中央也不在港澳征税，这也体现了高度自治问题。对于每一个国家而言，财政都是一个重大问题。就像北京市，税务机关都有两块牌子，一块叫国税局，一块叫地税局。国税局的收入就是国家的税收收入，地税局的收入就是北京市的税收收入。最重要的国税，因为像青藏铁路等工程的开支是巨大的，而这些都需要中央支持，地方都是负担不起的。但是我们对港澳的政策，基本法中明确规定，特别行政区政府的收入归地方政府自己支配，中央不向香港澳门收税，还给予它们很多照顾。其实，当时基本法制定的时候，港澳居民对这一条是鼓掌欢迎的，但内地也有一些地方存在意见。比如我们到上海，上海人就会提出来，上海发展速度太慢就是因为负担过重，为什么香港澳门那么富裕的地方却可以一分钱也不上交，这不公平。这时我们就会对他们解释中央的政策。和平解决是需要付出代价的，并且我们考虑问题必须从宏观的高度出发，我们收回了高度现代化的香港澳门，对我们整个国家的建设都是很有利的。这里我只是举了财政金融这一个方面的例子，其实在其他很多方面，我们授予特别行政区的权力都是很多的。

但是话又说回来，正如邓小平在一篇文章所说的，高度自治也并非完全自治，而是必须有一定限度，必须要在基本法的框架内。高度自治是我们总的方针，是我们的国策，是出于国家的需要。这次香港回归十周年，在北京有个座谈会，会上吴邦国发表了讲话。在讲话中，吴邦国表明，香港的权力不是它独有的，而是中央授予它的。中央授予了多少权力，港澳就行使多少权力；没有授予的权力，港澳也不能行使。所以，这也就解决了特别行政区的权力来源问题，它是依据中央授权。

《基本法》第 2 条明确规定，“全国人大授权香港特别行政区享有高度的自治权，享有立法权，独立的司法权和终审权”，这就是基本法授权；后面第 20 条还规定，需要的时候，全国人大、全国人大常委会和中央人民政府还可以授予其他权力。因此，港澳的权力来源实际上是依赖于授权。

香港现在有些人认为香港的权力是英国人授予的，是英国人还政于民，这是严重错误的。《中英联合声明》明确表示，1997年7月1日中国中央人民政府恢复对香港行使主权，另外一句话是1997年7月1日英国把香港交还给中国中央人民政府。也就是说，英国政府交出来也并非交给香港人，而是交给中国政府。交给中国政府之后，我们再制定基本法授权给香港特区。这是第二个原则，必须要澄清。

第三，港人治港，澳人治澳。这在很多中央文件中都曾提到，也是我们的基本政策。所谓港人治港、澳人治澳，就是说，中央并不向香港、澳门派驻行政长官、高级官员，这些人都由香港、澳门本地人来担任。但是，也并不是说任何一个香港人、澳门人都可以治港、治澳。比如，在香港现在有一些强烈的反对派，在我看来，这些人就是不能掌权的，否认必定会引起很大麻烦。所以，这个问题也是有其一定界限的。

第二个问题，我希望讨论一下特区政府的性质和组织形式。

香港特别行政区政府、澳门特别行政区政府究竟是什么性质？原来它们可以说是殖民地性质的政府，是由英国、葡萄牙派驻的高官担任总督、进行高度集权治理的。但是，现在港澳回归了，现在的政府肯定不再是殖民地政府。可是，我们也不能笼统地说现在的政府就是一个资产阶级专政的政府，它跟西方资产阶级政府还是有所不同。此外，虽然我国《宪法》第1条规定，中华人民共和国是人民民主专政的社会主义国家，我们的地方政权也均是人民民主专政的政府，但香港和澳门作为特别行政区，早在收复香港澳门之时，我们就已同意，四项基本原则只在内地实行，而不在港澳实行，因此它们的政府也不是人民民主专政的地方政府。那么特别行政区政府的性质到底是什么呢？

《邓小平文选》中对此进行了交代：特别行政区的政府性质

就是由特别行政区的爱国者为主体来管理特别行政区。而关于什么是“爱国者”，邓小平的文章中有这么一段话：“爱国者的标准是：尊重自己民族，诚心诚意拥护祖国在香港（澳门）恢复主权，不损害香港（澳门）的繁荣稳定。”即只要满足这三条，不管是相信资本主义，还是相信封建主义，甚至相信奴隶主义的都是爱国者。这个范围划得是很宽松的。按照这个标准，我相信绝大多数的香港同胞、澳门同胞都是爱国者。那有没有非爱国者呢？我看也还是有的。有些香港人在150年的殖民统治下，已经养成一种，说得不好听一些，是奴性。有一些顽固不化的人，甚至到现在也没有改变，代表人物就是李柱铭。他不仅不是诚心诚意拥护祖国在香港（澳门）恢复主权，而且是反对收回香港。总之，我认为，要说特区地方政权的性质，特区政府就是以爱国者为主体的政府，这就是它的性质。

那么，特区政府的组织形式是什么？我想，首先它不是殖民时代的总督制，总督制就是由英国或葡萄牙派一个总督来管理香港或澳门，我们并没有这么做。大家知道，我们在香港有一个中央政府派香港联络处，这个联络处总体上起一个承上启下的作用，当然有时候也向香港传达中央的意见，或向中央反映香港的要求。它并非当地的政府，而仅仅是中央的一个派出机关。

另一方面，鉴于香港是资本主义社会，在开始的时候，包括起草基本法的一些起草人员，他们从逻辑上推断，既然香港是资本主义社会，那么香港政府也应该采取三权分立的形式。但那时邓小平表态说，在中国我们不搞三权分立，三权分立也不适宜在香港实行。原话在1987年4月16日《邓小平文选》第三卷中大家可以找得到。他说：“香港的制度也不能完全西化，不能照搬西方那一套，香港现在就不是实行英国的制度、美国的制度，这样也过了一个半世纪了。”

这是事实。香港150年并未实行英国的制度，也未实行美国的制度。大家知道美国是总统制，总统是选举出来的，但香港一直实行总督制，而总督是英国派驻的，因此它当然不是实行的美国制度；但另一方面，它也并未实行英国制度。英国有女王，有议会，议会采取内阁制，但香港既没有议会，也没有内阁，只有一个总督。总督下设行政局和立法局，操作着两局的所有大权。行政局是他的行政智囊，而立法局只不过是他的立法咨询机关。所以邓小平才说，这150年香港也并未实行英国制度和美国制度，那么现在也不能完全照搬西方制度、实行三权分立。这对于香港而言并不适宜。

但是不实行三权分立制度的话，该实行什么呢？邓小平并没有给我们答案，而只说了一句原则性的话：“关于这个问题请大家坐到一块深思熟虑的想一想。”他给我们出了一个大题目，让我们想一想。最后，我们也不负他老人家的期望，还是想出来了，在特区实行行政长官负责制。

“行政长官”这个概念，不管从学术上而言，还是从基本法中，我们都找不到对应之处。但是基本法的条文体现了一个精神，我们归结为三句话：第一句话是行政主导，第二句话是司法独立，第三句话是行政和立法相互制约又相互配合，这就叫做行政长官负责制，也就是香港和澳门现在正在实行的制度。假如我们采用大政府的概念的话，这就是港澳的政府体制。那么为什么要实行行政主导呢？原因在于香港澳门的社会环境十分复杂，各阶级、各阶层的势力错综复杂，并且社会等级森严，群众容易受到控制。因此，必须要有一个强势的政府，否则难以管治。

我们都知道，香港是国际金融中心、国际贸易中心、国际航运中心，这说明它的经济发达；但是大家也要知道，香港还是一个国际情报中心，一个间谍中心，凡要刺探我国国家情报的，在香港都有机构。香港有香港的特点，澳门有澳门的特点。澳门回归以前，我看澳门报纸，头版头条都是杀人案，后来我们解放军派驻澳门把这些邪气压下去了，但现在澳门还是有一些黑社会组织，并且澳门的博彩业发展得很厉害。在一个这么复杂的社会中，没有一个强势的政府根本行不通。当时邓小平说要我们坐下来想一想，没有回答我们的问题，而现在我们的答卷就是刚才所说的行政主导、司法独立、行政与立法相互制约又相互配合。我认为这个制度还是比较适合港澳地区的。

并且，之所以强调行政主导，我们不仅考虑了港澳的特殊情况，还参考了外国的经验教训。第二次世界大战以后，法兰西第四共和国曾短暂存在过十几年。在这过程中，第四共和国采取的是责任内阁制，由议会主导，政府很弱，最后它招架不住了。十几年里，法国政府内阁倒台了 20 次，换了 20 届政府，每届政府平均存续时间仅为半年到一年，甚至有一个政府 3 天就倒台了。这样导致法国的政局很不稳定。直到后来 1958 年戴高乐上台，公布戴高乐宪法，将责任内阁制转换为总统制，才维护了法国政局的稳定。

我们采取行政主导的体制也主要是参考法国的经验和教训。在港澳的复杂社会形势下，行政主导是很重要的。当然，制度制定出来以后还需要执行。香港回归以后，香港第一届和第二届的行政长官是董建华。我跟他是有接触的，他这个人是好好先生，为人忠厚老实，也很愿意为香港做事，但是缺少魄力。在基本法的规定中，行政长官的权力很大。可董建华并不太会用权，所以我在香港曾经发表过一篇文章，题目叫做《行政长官应该敢于用权、善于用权》。后来香港的记者问我是不是针对董建华的？我说并没有这个意思，只是一般意义上而言。事实也确实是这样，在香港当一个行政长官，没有点魄力、不敢用权、不善用权，香港回归十年的形势就不会美好。

第三个问题，谈谈司法独立的问题。过去香港是没有司法终审权的，香港人打官司最后可以上诉到英国枢密院的司法委员会，那里的判决才是终审判决。中英谈判的时候，这一点我们作了让步，同意香港的终审法院享有终审权，而不需要由我们的最高人民法院进行终审。这不无道理。原因在于案件的初审和二审在香港进行，适用的都是香港法律，属于普通法系，加上我们对香港的情况也不太熟悉，因此当时把终审权下放给特别行政区不无道理。

大家知道，英国人在归还香港之前对司法权是寸土必争的，他们认为司法权非常重要，但是我们的认识不如他们深。现在终审法院的法官多数是洋人，根本不懂基本法的精髓。按照普通法精神，应由法官来掌握法律——法官怎么认识，他就怎么判，因此有些案子根据我们内地的观点来看，判得实在不怎么样。但是，我们又不大好去干涉。因此我觉得这是一个很大的缺陷，也是一个隐患。

根据《宪法》第127条的规定，最高人民法院监督地方各级人民法院的工作。最高院监督内地的法院很有效，但我觉得对特区的法院的适用困难重重。它似乎有些管不住一国两制下的特区法院。在司法独立这一块，特区的“高度自治”已经快要接近完全自治了。像立法的法案，需要报全国人大常委会备案，但凡有不妥之处我们还可以把它发回去重议；行政这块，中央也可以向行政长官下指示，因为基本法规定行政长官的一项职权就是要贯彻中央的有关指示。所以，立法和行政方面，我们都还算管得住。不过司法这一块，我今天来看我们的确需要下功夫思考如何来有效地约束它。

第四个问题，我们接着谈谈行政和立法互相制约的问题。关于这个问题，它是这样：立法会通过的法案，多半是行政机关提出来的；法案通过之后，还需要行政长官签署公布才能生效。如果行政长官认为该法案不符合香港的利益的话，他则可以发回立法会重议。我想这就是一种制约。与此同时，若重议的法案，以2/3 多数又通过，再发过来，那么行政长官只好签署；若行政长官再不签署，则可以解散立法会。解散立法会这种事情在近十年来，港澳都没有发生过，行政长官不签署的状况好像也没有记录，但这在制度上是允许的。另外，行政机构的高级官员要列席立法会会议，立法会可以提出质询、批评，行政官员也必须答复，这又是另一种制约。

香港目前的状况是，强调行政主导，所以立法会的权力有所控制。但立法会的情况相对来说比较复杂，因为它的议员是选举产生的，而在选举过程中民主派的势力很大，这样它就会在立法会中占据多数议席。因此，如果立法会的权力过大的话就会相当麻烦。

香港回归，包括之前起草基本法时，香港当时还没有政党。但最近十年来，香港地区正在陆续组织起来。据我了解，民主派的人组织了一个民主党，后来有个大律师工会，这里面的大律师都是英国培养出来的，是亲英派，他们也组织了一个政党，叫做公民党。大家可能不知道，这次曾荫权竞选行政长官，跟他竞选的梁家杰就是公民党，他的竞选口号就是议会多数党组阁，他试图取消基本法规定的“行政长官在当地选举出来之后要经过中央人民政府的任命”，试图摆脱中央对香港的约束，所以这个人的观点是非常有问题的。最后的结果是曾荫权胜出了。大家知道，曾荫权他过去本身也是英国统治下的一名公务员，但他算是一个爱国者，这样的人我们可以接受，香港人也可以接受。

在香港，立法会可以监督政府，行政长官也要接受质询。比如，行政长官向立法会提出施政报告，立法会通过基本法规定的程序可以弹劾行政长官，虽然这实际上还未发生过，但在制度设计上是允许的。我们提倡行政主导，要避免行政专权，就要有一定的约束。总的来说，行政主导下立法会的权力不宜过大，否则反对派议席占多数就很危险。但现在香港有一个情况是，司法机关在膨胀、在扩权，甚至要审查全国人大的立法行为。而立法权也在自我扩张，我记得有一件事可以说明。

有一次，立法会居然不顾一个动议，要对律政司提出不信任案。当时律政司的司长是梁爱诗，他是香港特别行政区高级官员中唯一不是由英国人安排的官员。大家知道，过去香港政府的高级官员都是英国人，香港回归时我们明确，回归之后不能由外国人来担任特区地方政府的官员，高级官员必须是中国人。因此，在英国政府撤退之前，它们将所有英国人都撤了下来，而安排他们靠得住的中国人担任各机构高官。用解放初的话来说，就是“把旧社会的人员都包下来了”。而当时唯一不是英国背景的就是梁爱诗，就是律政司，因为当时可能连英国政府自己也没有合适的人选可以安排。

我介绍这个背景是想说明，当时立法会想扩权，在一个案件中，他们认为律政司办事不公，于是立法会就动议，提出不信任案。当时基本法对此根本没有规定，立法会有权对政府成员提出不信任案。但立法会就是这么做了。当然，最后梁爱诗也没有辞职。但是即便香港对梁爱诗的不信任案未起到实际上的法律效力，但他当时的政治压力还是很大的。所以，我觉得基本法监督的问题是一个非常值得研究的问题，要防止在基本法的实际操作过程中出现出格行为。

现在我们可以看到，《基本法》第23条规定，特别行政区自行立法，反对分离祖国，反对发动叛乱。这相当于我们国内刑法中的危害国家安全罪。但因为我们的刑法并不能在香港地区适用，因此我们要求它自行立法。当时董建华在位时，曾颁布了23条的立法草案，但民主派大游行，反对23条立法，认为这是侵犯人权。甚至不仅是香港岛内不断游行反对，连英国人和美国人都出来说话了，认为23条破坏了香港的法治传统，侵犯了香港的人权。而以董建华为首的香港政府屈从于当时的形势，所以就把23条立法搁置了下来。到现在，曾荫权继续担任行政长官也没有再顾得上这条立法。但这条安全立法是基本法规定的，若我们没有执行的话，基本法就无法得到完全落实。因此从这一点来说，基本法直到今天也还未得到完全实施，这是我的意见。这是一个问题。

另一个问题是普选的问题。基本法规定，行政长官间接选举产生，立法会议员一部分直接选举产生，另一部分根据功能团体产生。这个功能团体，是按照它的界别，如工商界、教育界等组成，类似于德国20世纪的职业代表制。现在他们要求行政长官和立法会成员都要由普选产生。他们的目的就是，由民主派攻下群众、争取多数人来夺取政权。这是香港当前存在的一个问题。

今天由于主要讲港澳政府的体制问题，因此我就主要介绍这几个方面。当然，特区还存在经济问题、文化问题、教育问题等，这些都值得我们深思。我觉得今天我主要是一个启发性的讲话，希望大家以后有机会多多交流，因为我觉得咱们政法大学在学术方面还是很自由的，大家可以多加探讨。

主持人：

非常感谢今天许老师就港澳特区体制为我们展开了这么一场生动传神的讲座，让我们能够深刻地体会到港澳特区制度的历史和现状。今天我们的论坛也设置了评议环节，邀请了焦洪昌老师作为评议人。在焦老师扼要评议之后，我们再留出点时间供同学们提问。下面有请焦老师。

焦洪昌：

我觉得咱们今天的论坛设置评议环节，主要是考虑到许老师辛苦地为我们讲解了两个小时，让他稍微休息一下。如果说给许老师作评议的话，我觉得我们都没有这个资格。最多我们只是谈一谈对许老师的印象，以及对本场报告的简单体会。

要说对许老师的印象，我觉得许老师给我们最大的印象就是作为香港基本法和澳门基本法的起草专家，我们都能够感受到许老师的忧国忧民，他是真心实意为我们这个国家在奉献。这一点让我们都非常感动。

前几天在人大宣传基本法时，大家还谈到现在基本法解释遇到的最大问题就是，涉及立法的原旨主义解释，即当时基本法起草者见证基本法的全过程。当然这些人都是我们国家非常重要的国宝级人物。如果我们不及时让这些老人家为我们介绍的话，当时的好多情况我们都无法了解。今天我们能听到许老师的报告，聆听很多第一手的材料，对我们理解基本法是非常有意义的。

此外，要说对许老师的印象，他虽然作为一名宪法学者，实际上他的人生却是非常丰富多彩的。在给许老师庆祝从教六十周年时，韩大元院长、包括原来曾宪义院长都曾特别提到，我们这些做宪法学研究的后生晚辈跟许老师相比起来，生活情趣实在太单调。其实许老师出版了专门的诗集、书法集，还有绘画集。他们那一代确实丰富多彩，我们这一代要说厉害的话，就只有喝酒比他们厉害（全场笑）。

刚才主持人说要对许老师的报告做一个评议，我觉得我听完许老师的报告之后，感觉有这么几个问题非常具有学术意义：

第一个问题是基本法制定的依据问题。许老师也说这是一个非常大的学术问题，因为我们是根据一国两制方针来制定基本法的，而在宪法中确实不存在一国两制，因此这就涉及宪法的基本原则，包括社会制度的原则，它代表了人民的最高意志。我们都说人民代表大会是人民的代议机关，全国人民代表大会制定的宪法高于法律，那么人大制定的基本法能不能违反宪法？这是最大的一个争议。正因为这样，1991 年全国人大专门用了两个“决定”。一个是基本法究竟是不是违反宪法的决定，这涉及全国人大的自我违宪审查，我想这个问题非常大。我们人大是根据宪法的授权来制定基本法的。现在香港在提，修改宪法时要再加上一句话：设立特别行政区是根据一国两制。我想这个问题不只是香港和澳门问题，将来还会涉及台湾问题。因此，这确实是一个重大的学术问题。

第二个非常有意义的问题，就是香港、澳门和大陆的关系问题。这个关系的争议点在于权源的问题。单一制国家和联邦制国家最大的不同在于权源。在单一制国家中，地方的权力由中央授予。现在的问题是，香港的权力、北京的权力、上海的权力是由中央授予的，那么中央的权力从哪来？这个问题是我们作为宪政学者应该研究的问题。我们通常说，中央的权力是人民统一授予的，中央再把权力授予地方。吴邦国在香港回归十周年讲话中也特别提到了权源的问题，因此我想这个问题更加坚持了我们是单一制的这样一种观点。

第三个问题是，既然港人治港、澳人治澳，那么中央到底要不要派干部？我觉得这也确实是一个比较大的问题。过去我在党校学习的时候，在延安有一批干部，后来才知道他们是澳门派过来的干部。这批干部将来要发展自己的组织，那么我们就在党校里给他们培训。正如许老师讲的，给他们讲共产党领导、讲四项基本原则确实很难，因为他们没有这样的文化。因此，要把教育和他们的文化结合起来是一个非常实际的问题。

第四个是关于23条立法的问题，我觉得从香港的发展来看，23条立法还涉及对香港的保护问题。我们为什么要让香港来自行立法，这里其实是中央政府对香港、澳门的保护。我们可以设想一下，如果港澳不自行立法的话，那么就会涉及我们的《反分裂国家法》是不是要适用的问题。如果不自行立法，未来一旦出现23条所列明的分裂情况，中央政府就必然会出面直接干预。那它应如何与港人治港、澳人治澳的原则来协调呢？因此，我觉得这一立法从实质上来说对港澳是有好处的。

最后一个问题，我想谈一下许老师之前说的行政和立法的关系问题。许老师在前面的讲座中提到，当时收复香港时，我们将终审权给了特别行政区，而要一个对特别行政区行政长官的任命权。实践来看，这是很大的遗憾。因为在中央政府与香港政府协调时，中间缺少司法机关的运作，导致一出现问题它们就要与我们的最高行政机关对话，而将我们的最高人民法院、最高人民检察院边缘化，未能很好地发挥司法机关的作用。而一旦跟全国人大常委会对话，好多问题我们就没有回旋的余地了。所以，在很多国家，司法权及终审权都不是自治的问题，而是涉及国家主权的问题。所以我们把这个权力交给特别行政区，带来了一系列问题。当时我们可能认为终审权不是最重要的，认为人事权最重要，我们认为只要把特别行政区官员控制了，就把特别行政区控制了。但是从现在的情况看，如果将来特区发展出政党政治的话，就会出现行政长官控制不了立法会的情况，带来很多麻烦。它实际上走向了一个类似于行政越来越受到立法约束的情况，而与基本法规定的行政主导原则相背离了。背离之后，走向政党政治之后，政府就会越来越受到立法会的制约。

因此，基本法如何落实，是一个非常关键的问题。它表面上看是学术问题，但背后其实也涉及政治问题。所以，许老师在报告里很多地方都是站在国家利益的角度来看待问题。而我们作为学者，往往要经过很长一段时间才会注意到许老师提到的很多问题的重要性。因此，从未来的角度看，包括香港的体制未来能否在台湾实施，这些问题都是重大的政治问题。法治政府最终还是要回到基本法上来，要依照基本法行政。

以上是我对许老师报告的一些心得和体会，谢谢大家！

主持人：

感谢焦老师的评议，下面我们留出一点时间，同学们如果有什么问题的话，可以跟许老师交流。

提问：

许老师您好！我有三个问题：第一个问题是，香港澳门回归以后，我们知道，在对港澳的主权方面，国防权主要体现在驻军上，那么外交权体现在什么地方？例如，香港在参加一些国际组织之前，是否有通过外交部的审查？第二个问题是中央对港澳的沟通问题。您之前提到，在香港回归以前，我们曾有新华社驻香港分社作为中央和香港的沟通机制，那回归以后它是否继续存在？如果存在，我不明白中央为什么要用一个新闻单位来与香港沟通，而不是以中华人民共和国驻香港办事处这样的方式？第三个问题是关于行政级别的问题。在中国大陆的公务员法中，公务员是有行政级别的，那么不知道何厚铧是什么级别？因为现在我们可以看到有这么一种现象，就是当国家有重大活动的时候，香港特首或澳门特首都会出席，而中国大陆其他省市的高层是没有这样的待遇的。我的问题问完了，谢谢。

许崇德：

关于外交的问题。外交属于中央的权力。有关香港的对外事务，除了基本法中规定的香港在某些事项上有一定权限以外，其余的外交权力均属于中央的权力，因为它涉及国家主权的问题。当然假如参加以国为单位的国际会议，香港可以派出代表作为我们中国代表团的成员来出席会议，它可以提出一些对港澳的特殊建议。但与其他国家建交、断交等，香港则没有这项权力。大家知道，有很多国家在香港设立领事馆。过去在香港设立的领事馆，是因为他们与英国有领事关系，但香港回归后，与中国没有外交关系而承认台湾的，则不能在香港设立领事馆。举个例子，过去南非跟我们没有外交关系，但因为南非在香港有很大的利益，所以它为了保护其在香港的利益，立即转而承认我们中华人民共和国是唯一合法的政府，与我们中国建交。这样我们才允许它们在香港设立外交机构，设立领事馆。所以，有关国与国之间的交往权力归属中央。又如航空方面，假如国际航班要在香港着陆，或经过香港飞到其他地方，这些都需要经过中央批准，因为它涉及中国的领空、领海、领水问题，涉及国家主权。

关于第二个问题，我们在香港有特派员公署，它属于外交部的派出机构。关于它的职权我们并没有太多打听，但是香港有很多事务需要来北京请示，这在时间上和程序上都比较不方便，因此很多事情在当地外交部的特派员公署都是可以决定的。此外，香港还有中联办，即中央人民政府驻香港联络办事处，它代表中央政府，向中央负责，任务就是传达中央的意见，帮助当地政府解决实际问题，也作为当地政府向上转达的机构。

第三个问题，级别当然有，每个国家的公务员都有级别。它的最高级别是行政长官，政府下面有三个司，律政司、政务司和财政司。司下面设立各个局，局下面又有处、科，它们形成一个行政体系，所以它是有级别的。而公务员的级别是根据他的薪金表现出来的。香港的公务员制度跟我们有些不同，它起源于英国的文官制度，他们的级别体系与我们也不一样。

提问：

许老师您好，很高兴能有这样的机会跟您请教问题，我想请问您，大陆的政党制度和香港逐渐发展起来的政党制度之间有什么借鉴之处？有学者预测，如果香港的政党制度发展势不可挡，那如何通过法律化来规范政党活动？这个法律要如何制定？谢谢许老师。

许崇德：

其实我们并不鼓励香港形成政党政治，但是它现在在自发地发展。我们的政党制度，是指共产党领导的多党合作制，这之中最核心的就是共产党领导。但这在一国两制下的香港和澳门是不实行的。未来如果香港发展政党的话，也是地区的政党，只允许在香港范围内活动，而不能到内地来发展。究竟它们未来的发展前景如何，我们还难以预料，但并不鼓励。而且我们一般的政治文件也不将它称为香港的政治体制，而是叫香港的政治团体。它们都是作为社团法人在香港登记成立的，而不是作为政党。所以它们现在还没有很合法的地位。大家可以看到《基本法》第23条规定，“禁止香港的政治团体同外国的政治团体发生关系”。这里提到的也是“政治团体”而非“政党”。

提问：

许老师您好！我提一个常识性的问题。我们一会称香港和大陆，一会称香港和内地，请许老师帮我们区分一下，谢谢。

许崇德：

没有回归以前，我们可以称香港怎么样，国内怎么样。但回归以后我们就不能说国内和国外了。现在我们惯于称大陆这边为内地，香港、澳门、台湾是岛屿、半岛。说大陆呢，好像对台的时候说得多一些，因为台湾完全是一个岛屿。当然我从未在正式的中央文件中看到过。中央文件都是很规范的，都说的是“港澳地区”。但在我们的习惯上，“内地”和“大陆”都用，到底用哪一个比较合适，现在暂时还没有一个法定的称呼。

主持人：

今天的讲座到此为止，感谢各位老师的光临。最后我们以热烈的掌声感谢许老师的精彩演讲。谢谢各位！

后 记

2006年，中国政法大学校园文化建设办公室成立，同年毕业的我幸运地被招来了这里。我们办公室的第一个任务是编撰一本“云集中国政法大学学术演讲精粹”的书，这也是我初入职场的第一件“大活儿”，当然，那个时候我还只能做做校对等“打酱油”的工作。

我还记得在主楼903，时任主编陈夏红正为了书名而挠头，使得本已稀疏的长发更显飘逸，忽然收到舒国滢老师的短信建议——“思想的气象”，于是掷笔叫好！的确，书中20余万字，与其说是法大学术演讲的精粹，毋宁说是登上法大讲台的学者们思想的精华、智慧的结晶，它们交织在一起，形成了法大学术之气象。

虽言“大音希声”、“大象无形”，创意之初，我们也自知不能通过一套丛书便描摹出法大思想之气象，而只是期望能籍此传达法大的精神追求，传承法大的文化传统，传播法大的思想特质。而这也是校园文化办成立的初衷。

很惭愧，时隔9年，《思想的气象》第二辑方始问世，其中有人员变动的缘故，也有校园文化办工作重心转移的考虑，但只要我们的初心未变，便能时刻准备出发。去年，在校领导和宣传部领导的支持下，丛书的编撰工作得以重新启动。而我则被委以主编重任，说实话，颇觉惶恐，主要害怕自己学识短浅，砸了《思想的气象》这块好牌子。还好，领导给予了莫大的信任，同事们也给予了大力支持。

为了展现法大最新的学术动态，体现法大近年多科性、国际化的发展方向，本册主要收录了2014年以来在学校进行的精彩讲座，内容涉及法学、政治学、经济学等多个学科。但在编撰过程中，我们感到最痛苦的并不是内容太少，而是精彩的讲座太多，但因书的篇幅有限，我们只能忍痛割爱。

另外，虽然我们已跟每场讲座的主办单位取得联系并获得他们的授权，但由于时间仓促以及信息不畅等原因，实在无法及时与每一位演讲嘉宾取得联系，并获得他们的认可，在此我们谨致歉并期盼得到他们的谅解。我们已根据既有的信息，对每一位嘉宾、主持人、整理者进行了署名，同时我们也期望演讲嘉宾、主办单位以及整理者能够跟我们联系，以便呈赠样书，聊表谢意。

以上是本书编撰中两个最大的遗憾。不过有遗憾才有进步的动力，校园文化建设本不能一蹴而就，需要我们不断地用下一个进步来弥补上一个遗憾。

最后，衷心地感谢为本书的编辑出版做出贡献的各位同仁，感谢丛书总编高浣月的鼎力支持，感谢宣传部刘琳琳、武晓红、刘杰三位部长多方面的指导，感谢宣传部同事李叶、滑然在编辑工作中付出的努力。

《思想的气象》从第一辑到第二辑用了9年，相信第三辑不会再让大家久等，同时也期待能得到您的批评与指正，使我们能够做得更好。

孙黎萌
2016年1月